大清
300年

宋安之 ◎ 著

图书在版编目（CIP）数据

大清300年 / 宋安之著. -- 北京：新世界出版社，
2025. 6. -- ISBN 978-7-5104-8120-8

Ⅰ．K249

中国国家版本馆CIP数据核字第20255WL451号

大清300年

作　　者：宋安之
责任编辑：张晓翠
责任校对：宣　慧　张杰楠
责任印制：王宝根
出　　版：新世界出版社
网　　址：http://www.nwp.com.cn
社　　址：北京西城区百万庄大街24号（100037）
发 行 部：(010)6899 5968（电话）　(010)6899 0635（电话）
总 编 室：(010)6899 5424（电话）　(010)6832 6679（传真）
版 权 部：+8610 6899 6306（电话）　nwpcd@sina.com（电邮）
印　　刷：天津丰富彩艺印刷有限公司
经　　销：新华书店
开　　本：710mm×1000mm　1/16　尺寸：170mm×240mm
字　　数：314 千字　　印张：20
版　　次：2025 年 6 月第 1 版　2025 年 6 月第 1 次印刷
书　　号：ISBN 978-7-5104-8120-8
定　　价：68.00 元

版权所有，侵权必究

凡购本社图书，如有缺页、倒页、脱页等印装错误，可随时退换。
客服电话：(010)6899 8638

编者的话

　　清朝是中国历史上最后一个大一统王朝，也是非常独特的一个大一统王朝。它是由努尔哈赤创建的私产或者是家族财产形式的八旗制度起家，初为传统草原汗国式的权力分散政权，再在第二代皇太极时期糅入明朝的官僚模式，也就是中央集权制度，最终从传统汗国式政权大体过渡成为满、汉、蒙三族支持的中央集权式政权。入关以后，大清政权在康熙时期初步完善统治组织，在乾隆帝时期疆域达至巅峰，君权达到前所未有的高度集中。在文化上，清朝不只是考据学的巅峰，还产出了多部经典作品。诸如四大名著之一《红楼梦》、古典讽刺文学的巅峰《儒林外史》、古代规模最大的丛书《四库全书》等传世之作，至今仍深刻影响着中国乃至世界。

　　清朝横跨了古代和近代两个时代，有着古代王朝辉煌一面，亦有着落后于世界、腐朽不堪的一面，是很重要也很难评定的一个王朝。当然无论怎么样评定，它对现代中国的影响可谓方方面面。了解了清朝，也就可以进一步了解现代中国的源起。

　　从1616年努尔哈赤建立后金政权，到1636年皇太极正式称帝并改国号建立大清政权，再到1644年大清入关成为全国性政权，清朝作为最后的王朝，史学界对于它的灭亡有着不同的看法。很多人认为清实亡于乾隆帝这个实际在位时间最长的皇帝，因为乾隆帝晚年糊涂昏聩，为后世埋下很多隐患，一手酿成白莲教起义，使得清朝由盛转衰。深层次了解清朝从弱小走向强大、从白山黑水到君临天下的历史，会发现古代帝制家天下的模式注定是一条死胡同，只不过区别在于谁可以走得更远一些。在这样的框架之下，皇帝个人只能起到加速或者减缓国家灭亡的作用，所以清朝之亡，不是亡于某个人，而是亡于古代王朝无法修补的致命漏洞的制度上。

本书以清朝的帝王、后宫、大臣故事为主线，来深度分析清朝从草原汗国式政权蜕变为中央集权政权之路，从几代皇帝致力于打压八旗中的"八家分权"基因，最终完成集权，再到中期的辉煌与走向衰落。书中有着大历史镜头下的清朝独特之处，亦有显微镜下对于历史细微之处的探讨，这是一部狩猎农耕民族的发家史，是一个家族式开国和享国的历史，亦是一个拥有"分权"基因的政权，最终却建立起一个幅员辽阔的帝国的历史。

此书的侧重点为清朝中前期发展史，重点解读大清政权是如何从草原汗国式政权蜕变为中央集权式政权，如何从"先天"分权过渡成为"后天"集权，聚焦点在清朝皇帝对于八家分权的载体——诸王贝勒的防范打压和任用，以及清朝中前期的皇帝们在集权过程中的各种努力和尝试，力求给读者展现出清朝皇帝不一样的一面。因此，本书对清朝中前期的历史着墨比较多，对晚清的历史阐述比较简略。

正所谓千人千面，同样的历史，每个人看待的角度不一样，得出的结论自然不一样。本书的观点只是反映了作者个人对历史的研究与认知，读者有不同认识和看法实属正常，书中若是有不对之处，敬请读者指正！

目录

第一章　祖制的革新与再造

最"幸运"的开国皇帝 / 002

八家分权 / 010

继承之路 / 018

最后的馈赠 / 023

真正的开国皇帝 / 027

脆弱的皇权 / 038

本可称高祖的清太宗 / 048

最大的赢家 / 053

明朝的崩溃 / 057

特殊的过渡人物 / 062

真正的皇权 / 066

蛇吞象 / 073

开创与谋逆 / 082

第二章　失败的改革

　　皇权复张 / 090

　　母子斗法 / 095

　　顺治遗诏 / 108

　　马上得天下，马上治天下 / 115

第三章　皇权的巅峰

　　卸磨杀驴 / 124

　　平定三藩之乱 / 132

　　励精图治 / 138

　　超越元、明 / 146

　　康熙帝的烦恼 / 152

　　八家分权最后的辉煌 / 156

　　满洲视角下的圣祖庙号 / 162

　　遗诏与篡位 / 165

　　为盛世奠基 / 174

　　独裁的最后一步 / 186

　　被"刺杀"的皇帝 / 191

　　在位短暂亦是一种幸运 / 195

　　盛世与武功 / 199

边疆政策 / 209

《四库全书》与考据学的兴起 / 213

"冷血的政治机器" / 216

过继皇子的"小心机" / 222

乾隆帝的无奈 / 226

第四章　覆辙重蹈

嘉庆帝的高光时刻 / 234

生不逢时的守成之君 / 243

庸碌的"中兴之主" / 255

修陵乱象 / 266

咸丰帝vs崇祯帝 / 278

王朝运转的底层逻辑 / 296

回光返照，走向终结 / 301

第一章
祖制的革新与再造

最"幸运"的开国皇帝

游牧民族与狩猎农耕民族的区别

从中国大历史的角度来看，自秦朝至明朝，历代中原王朝面临的来自北方边境的威胁呈现出一个动态的移动过程。从秦汉之匈奴、隋唐之突厥与高句丽、两宋之辽金、金宋之蒙古，再到明朝之蒙古与后金（大清），边境的威胁逐渐从西北方向移至东北。在这个过程中，先是北方大草原上的蒙古族南下完成大一统，再是东北的后金（大清）入关完成大一统，成为中国历史上少有的两个少数民族建立的大一统王朝。

蒙古族之所以可以建立大一统政权，原因主要有两个：一是出现了雄才大略的成吉思汗。二是后继有人，他的后代中又出现一位同样雄才大略并且招揽了各族精英的忽必烈，最终在成吉思汗的基础上完成了大一统。元朝的统治方式太过粗犷，固守游牧文明传统而对农耕文明毫不关心，没有糅合治下庞大疆域中各地区的制度优势，内部又纷乱不断。因此，元朝迈过二世而亡的大关以后，倒在了百年大关之前。

清朝与元朝则大为不同，以女真族为前身的满族是狩猎农耕民族，这点与身为游牧民族的蒙古族大相径庭。满族具备较强的学习能力，加之并未受到如蒙古族西征时的西方文化影响，主要面向的是关内传承悠久的汉文化，并糅合其先进性，吸收了历代王朝各种制度的优势。因此，在明末乱世之中，满族在偶然与必然中崛起，并且最终建立了下一个大一统王朝。

明朝对东北的经营在明成祖朱棣时期达到巅峰。朱棣曾想效仿元世祖忽必烈建立起一个世界性的帝国，因此他在位期间南征北战，将明朝的疆域推至巅峰。当时，明朝对东北采取了直接统治的方式，设立了奴儿干都司。

遗憾的是，在明朝的十六位皇帝中，梦想建立世界性帝国的明成祖朱棣就是一个"异类"。在他之前，他的父亲明太祖朱元璋留下的祖制就是消极的锁国主义，认为"地广非久安之计，民劳乃易乱之源"。在他之后，虽然儿子明仁宗朱高炽和孙子明宣宗是少见的明君，开创了仁宣之治，但他们却与明成祖朱棣的想法截然不同，反而继承了朱元璋的消极保守主义。仁宣治世时期，明朝就开始收缩疆域，后世皇帝也大多如此。等到了明英宗朱祁镇时期，进一步收缩疆域，将东北的防御重心收缩至开原、辽阳一带。

当然，明朝并没有彻底放弃对东北的经营，而是采取了分而治之的策略，通过相互制衡和对立，再辅以军事震慑的方式，对东北进行低成本的间接统治。例如建州卫、建州左卫、建州右卫这三卫便是如此。三卫首领世代承袭明朝官职，彼此时常发生争斗，明朝对此持乐见其成的态度，并且辽东总兵不时介入其中予以干涉，以避免任何一方一家独大。

努尔哈赤的崛起

在这样的历史背景下，明朝末年，努尔哈赤开始崛起。

努尔哈赤的父亲虽是建州左卫指挥使塔克世，但他出生时，家道已经中落，后来他的祖父觉昌安和父亲塔克世在明朝的一次军事行动中被误杀。根据《清太祖武皇帝实录》记载，明朝当时对努尔哈赤的补偿是："遂还其尸，仍与敕书三十道，马三十匹，复给都督敕书"。

努尔哈赤虽心有怨言，但自知无法与明朝抗衡，所以只能接受这样的补偿条件。后来努尔哈赤在与夜黑、哈达、辉发三国使者交涉时，进一步披露了明朝对他的补偿："昔我父被大明误杀，与我敕书三十道，马三十匹，送还尸首，坐受左都督敕书，续封龙虎将军大敕一道，每年给银八百两，蟒缎十五匹。汝父亦被大明所杀，其尸骸汝得收取否？"可以看出努尔哈赤说这段话时，颇有些自得自许之意，他似乎对明朝误杀他祖父、父亲的仇恨已经释怀，并且认为明朝的补偿是足够的。然而时过境迁，当需要对明朝用兵时，这个曾经被选择性遗忘的仇恨又被唤醒。

由此也可以看出，努尔哈赤后来的崛起，有一部分原因就是他利用明朝对他的补偿来谋取利益，从而提升自己的实力。

努尔哈赤的起家依附于明朝辽东总兵李成梁。当时，李成梁与宫中太监勾结，垄断了关外的人参和毛皮的市场。为了方便自己更好地控制关外市场，李成梁扶持努尔哈赤成为本地势力的代言人，努尔哈赤也因此逐渐垄断了贩卖人参和毛皮到关内的特许权。

在李成梁的默许下，努尔哈赤开始吞并其他部落，势力日益壮大，成为关外地区一股不可忽视的势力。在此期间，努尔哈赤还对女真氏族社会中的狩猎组织牛录加以改造，仿照并糅合了明朝的卫所制度，编制了八旗（又称八固山）制度。努尔哈赤把麾下所属分为八组，称为旗，以八种颜色区分，每旗下分为五个"甲喇"，相当于卫所之下的五个千户所，每个甲喇又分为五个牛录，相当于千户所之下的百户所，每个牛录有三百人。

随着李成梁在明朝内部复杂的宫廷斗争中失势，努尔哈赤失去了靠山。不过，这时候的努尔哈赤已经羽翼渐丰，最终完成了女真各部的统一。反应迟钝的明朝并非毫无作为，试图通过扶持努尔哈赤的同母弟舒尔哈齐来分化这两兄弟，使其内斗，并且干涉努尔哈赤对叶赫部的用兵，不过舒尔哈齐并不是努尔哈赤的对手。万历三十九年（1611年），身为失败者的舒尔哈齐在囚禁中死去。

万历四十四年（1616年），努尔哈赤举行仪式，宣布"建元天命，定国号曰金，诸贝勒大臣上尊号曰覆育列国英明皇帝"（《清史稿·太祖本纪》）。至此，努尔哈赤正式建立起后金政权，意在重新恢复昔日两宋时期金国的荣光。

建立后金政权时，努尔哈赤并没有太大的野心，能恢复两宋时期占据的北方半壁江山，对他而言就是极限。初建的后金政权所面临的最大问题，在于贸易的开展。收集到的人参和毛皮如果无法进入庞大的关内市场，那就意味着不再有源源不断的白银收入，也就换不来至关重要的粮食资源。

满族的狩猎农耕传统，其形成的原因在于关外的白山黑水地区大多属于雨水较少的农耕区，并且土地生产力低下，仅靠农耕难以维持自给自足的生活，所以还要靠狩猎来维持生活。因此，对关内开展贸易成为迫在眉睫的事情。但自从李成梁失势以后，努尔哈赤与关内的贸易往来已经无法正常运行，长此以往就影响到了政权的运转。

于是，努尔哈赤效仿之前的蒙古大汗：你不开展贸易，我只能去抢了。当然，抢归抢，在道义上努尔哈赤还是要寻求师出有名，要站在道德制高点上。万历四十六年（1618年），努尔哈赤发布了与明朝结有"七大恨"的讨明檄文，开始进犯抚顺，破坏当地的生产活动并且大肆掠夺粮食。

直到此时，明神宗朱翊钧才后知后觉起来，开始重视努尔哈赤这一关外威胁，任命兵部左侍郎杨镐为讨伐努尔哈赤的主帅。王朝末期的种种问题在关键时刻显露无遗：偌大朝廷的文臣武将之中，杨镐身为万历二十六年（1598年）援助朝鲜战役之中的跑路将军，竟然被任命为主帅，其结果可想而知。

万历四十七年（1619年），杨镐采取之前对付女真的老办法，即分进合击的战术，将十万（一说二十万）大军分为四路，浩浩荡荡地杀向努尔哈赤的老巢赫图阿拉。面对这种情况，努尔哈赤采取各个击破的方法，他先是率领八旗主力迅速出击，在萨尔浒成功歼灭了轻敌冒进的杜松部，随后又在萨尔浒东北击溃马林部，紧接着消灭刘綎部，最后只剩下行动迟缓的李如柏一路败退，勉强幸存。

萨尔浒之战以努尔哈赤的胜利告终，这次战役使明军损失惨重，文武将领战死三百一十余员，军士阵亡四万五千余人，战马损失两万八千余匹。这场战役是明清战争史上的一个重要转折点，意味着新兴的后金政权渡过生死大关，走向了更广阔的天地，而明朝则错失了将风险扼杀在摇篮之中的最佳时机，使得对方一飞冲天，成为明末的大患。对此，《清史稿·太祖本纪》这样评价："萨尔浒一役，翦商业定。"萨尔浒之战以后，努尔哈赤一鼓作气，吞并叶赫部，并且攻陷辽阳、沈阳，兵锋直指辽河一线，明朝在辽东的控制开始崩溃。

后金的领地进一步扩大，尤其是夺取到辽河左岸的农耕区以后，粮食运转情况稍有好转，但依旧远远达不到自给自足。因此，努尔哈赤多次要求与明朝展开和平谈判，并且重新开放山海关进行贸易，但双方已交战到如此地步，和平谈判和开展贸易已变得不可能。在这种情况下，努尔哈赤只能继续发动攻势，以期进一步扩大领地，解决粮食危机，并迫使明朝进行谈判。天启六年（1626年），一直所向披靡的努尔哈赤在宁远之战中首次遭遇重大挫折，被明朝守将袁崇焕击退，被迫撤退到沈阳，不久病死，享年六十八岁。《清史稿·太祖本纪》对努尔哈赤的评价如下："太祖天锡智勇，神武绝伦，蒙难艰贞，明夷用晦，迨归附日众，阻贰潜消，自摧九部之师，境宇日拓，用兵三十余年，建国践祚。"

努尔哈赤的一生颇为复杂。他十岁丧母，随后父亲再娶，继母待他刻薄，使得他与父亲也变得疏远。在这样的环境下，他只能带着同母弟舒尔哈齐分家生活。这个时期他接触了对关内的贸易，也经历了祖父和父亲被明军误杀之事，想必他并没有多么悲伤，毕竟在他成长的路上，祖父和父亲并没有给予他太多疼爱和关怀，反而让他年少就为生计而发愁，不过也正是这样的经历，磨炼出了努尔哈赤坚毅勇敢的性格。之后他投靠李成梁，靠着自己的能力，成为李成梁在关外获取利益的代言人，他利用明朝统治者因误杀他祖父和父亲而产生的愧疚心理，逐步积累到足够的资本，最后建立了自己的霸业。

努尔哈赤有着雄才大略的一面，他所创建的八旗制度在当时是一种很先进的军事组织模式，也是后金（大清）初期在东亚所向披靡的关键所在。然而，他也有着鼠目寸光的一面,特别是在晚年,为了缓解粮食危机和夺取土地为八旗所有,努尔哈赤无故大规模地屠杀汉人,因此他得不到汉人真正的支持,这也极大地制约了其统治格局的扩展与深化。

身为清朝的奠基人,努尔哈赤既有着传统草原大汗粗犷和短视的一面,也有着开国皇帝雄才大略的一面。他用尽一生创建的后金政权,亦是一个很独特的政权。虽然并未采用中央集权,更像是权力分散的草原汗国政权,但他创建出的固定建制之八旗制度,也使得后金与草原汗国大为不同,八旗制度使得新生的后金政权足以应对初期的各种挑战。他死后虽然没有明确指定继承人,只是留下八王共治局面,但足以支撑政权平稳过渡。因此,前文提及的《清史稿》对他的评价,也算恰如其分。

死后三十五年地位被抬高

努尔哈赤死后,本质为汗国的后金并没有为其上庙号和谥号,甚至都不知有谥法。天聪九年(1635年),明朝叛将许世昌奏请为努尔哈赤上谥号,因此始上谥号"武"字。

崇德元年(1636年),皇太极正式称帝之际,尊谥父亲努尔哈赤为"承天广运圣德神功肇纪立极仁孝武皇帝",上庙号太祖,并编撰《太祖武皇帝实录》。这时期的努尔哈赤庙号为太祖,主谥号为"武",可以称之为太祖武皇帝。到了顺治十八年(1661年),年仅二十四岁的清帝福临驾崩,根据《清史稿·孙廷铨传》记载,在二十七日制满后,汉大臣吏部尚书孙廷铨曾提议:"大行皇帝龙兴中土,混一六合,功业同于开创。宜谥为高皇帝。"

当时"众皆和之",但四大辅政大臣之一的鳌拜持异议,最终为福临定谥号为"章",努尔哈赤谥号"武"字则被改为"高"字,并重新编撰《太祖高皇帝实录》。这短短几十字的记载背后,暴露出当时满汉之争的激烈,由此也可看出鳌拜并非只是一介武夫,而是有着高度的政治敏锐度。

谥号始于西周，一开始，"文"和"武"就是第一等美谥。但是到了西汉，开国皇帝汉太祖刘邦驾崩以后，为了突出他的伟大，特意从庙号中取"高"字为谥号，"高"字的意思是："德覆万物曰高；功德盛大曰高；覆帱同天曰高。"意思是高到无以复加。自此以后，大一统王朝的开国皇帝多以"高"字为主谥号，而割据王朝的开国皇帝则多以"武"字作为主谥号。如曹操在曹魏建立以后，被追尊为太祖，谥号武皇帝。又如南朝第一帝刘裕，死后庙号为高祖，谥号武皇帝。当然有些滥用谥号的割据王朝的开国皇帝也会以"高"字作为主谥号，但往往是德不配位，徒增笑柄。

平心而论，皇太极为努尔哈赤上"武"字主谥号，对于后金（大清）是一件标志性的事件，意味着这个新兴政权中的"汗国"基因被慢慢剔除，已经开始转向明朝那样的封建王朝。这个谥号也适合努尔哈赤，予其以割据王朝开国皇帝的待遇，而努尔哈赤当时连关外都没有统一，就是一个汗国的开创者，有此谥号对他而言已经很合适。等到吏部尚书孙廷铨提议为福临上谥号"高"时，当时清朝已从割据政权过渡成为全国性政权，福临是清朝入关以后的第一位皇帝，也是清朝成为全国性政权的第一位皇帝，自然要给予其大一统王朝开国皇帝的谥号待遇。从法统上来说，孙廷铨的提议无可挑剔。关外二帝时代和入关以后的清朝关系，可以参考秦国与秦朝、大蒙古国和元朝。

秦始皇统一六国之前，秦国只是一方割据政权，后世并不称其为"朝"。忽必烈灭南宋之前，他的祖父成吉思汗建立的大蒙古国虽疆域辽阔，但只是以军事征服为主，等到忽必烈改国号为"大元"，并且重新确立了中央集权政治，大元政权才被后世称之为"朝"。在中国历朝历代，能够被称为"朝"的，也就是被视为正统的政权，通常具备两种特质：一是拥有强大的实力，实现了大一统的局面；二是虽然未能一统天下，但各方势力相对均衡，形成南北对峙或势均力敌的局面，彼此间难以彻底征服对方。以南北朝为例，本来南朝承东晋之正统，但北方的隋代北周以后，再南下完成大一统，所以双方都被视为正统王朝，因此称之为南北朝。再以宋辽金大分裂时代来说，也大致是南北对峙的情况，因此元朝为前朝修史时，是为"三国（宋辽金）各与正统，各系其年号"，意为宋辽金俱为正统。

关外二帝时期，后金（大清）既没有成为全国性政权，也没有占据半壁江山，与明朝形成对峙，所以只能说是边疆割据政权，当时的正统是明朝。而明朝灭亡以后，大清打着替明朝复仇的旗号入关，并且最终统一全国，相当于继承了明朝的法统，所以第一位皇帝无论从哪方面来说，都适合"高"字谥号，可以定位为大一统王朝的开国皇帝。

因此，孙廷铨的提议得到了大臣们的普遍认同，其中也包括满族大臣，毕竟给驾崩的大行皇帝上顶级"高"字谥号也是好事，但鳌拜却不同意。鳌拜认为孙廷铨别有用心，是在否定关外二帝时期，他认为关外二帝时期同样是当时的正统。所以鳌拜干脆以"以祖压孙"，要将努尔哈赤的"武"字谥号改为"高"字谥号，来提高努尔哈赤的地位，给予其大一统王朝开国皇帝的标配待遇，而福临只能上"章"字谥号，虽然这个谥号也是第一等美谥，但显而易见远远不及"高"字谥号，并且意味着他只是继业之君。

康熙帝玄烨亲政以后，虽然革除了鳌拜擅权期间的各种乱政，但对于鳌拜改谥一事却也无可奈何，毕竟清朝发家始于努尔哈赤，如果再改努尔哈赤的谥号，就是贬低这位奠基之主，是动摇国本的事情，而且"高"字谥号再腾出来给谁也不合适，所以只能沿袭下来。由此，努尔哈赤也顺理成章地"升级"为太祖高皇帝，在清朝近三百年历史中享有独一无二的地位。

八家分权

汗位继承人之争视角下的分权

八旗制度有着两大独特之处：一是有清一代，满人无不在旗，也就是说满人即旗人，这是一种特殊的社会生活军事组织形式，也是清太祖努尔哈赤定下的根本制度。八旗制度也是传统草原汗国所不具备的特色制度，可以视为内部有序而团结的一种固定建制，也是之后清朝能得天下的关键之一。然而，之后八旗军队战斗力大幅度衰退，又给清朝造成庞大的财政负担，如同明之藩王一般，反而成为清朝一大弊端，是造成清朝衰败的重要原因之一。二是八旗制度的本质在某种程度上又跟传统草原汗国的权力不集中有着相似之处，因为八旗制度的本质是八家分权，而不是集权。

努尔哈赤身为八旗制度的开创者，八旗对他来说如同私产一般，因此他将八旗赐予子侄，由他们充当各旗旗主，即八和硕贝勒。各旗旗主掌握着本旗的军政大权，旗下所辖之人谓之属人，即使旗下大臣也不例外，双方是主奴关系，属人的第一效忠对象是旗主，而不是汗王（皇帝），这有着浓厚的奴隶制度色彩。

第一章 | 祖制的革新与再造

这里要说明一下，当时后金并未设置王爵制度，贝勒之上没有郡王和亲王，按照清中期大臣阿桂等纂修的《满洲源流考》的解释：贝勒是"管理众人之称"。再结合当时情况来看，贝勒是拥有属人的部落长、酋长、头人，因此在八旗建立和发展的过程中，凡是被分予一定数量牛录属人的爱新觉罗家族成员，均以贝勒称之。早期女真人对蒙古各部落长也称其为贝勒。从这方面来看，清朝的起家是独一无二的，是以私人财产组织或者说是家族财产组织之八旗制度而发家，这点是历朝历代所没有过的。

大一统王朝中，与其相似的是李唐和元朝：李唐是父子两代人打天下，以开国皇帝唐高祖李渊和秦王李世民为核心，以太子李建成和齐王李元吉为辅，也可以说是家族式开国；元朝是草原汗国起家，同样也是家族式开国，历经三代人而实现了大一统。然而，即使李唐开国有家族色彩，元朝更有家族色彩并且以草原汗国发家，但两者并没有成立类似八旗这样的统治组织，与清朝最多是形似而不是神似，本质上并无相同之处。

再简单来说，清太祖努尔哈赤建立八旗制度的核心是八王共治，后金的各种收入和战利品都由八旗均分。只不过由于努尔哈赤是开创者，又是爱新觉罗家族的大家长，所以对八旗拥有着绝对的控制力，毕竟八旗也只不过是他的私产而已，所以他可以赐予，也可以剥夺或者重新分配。但当他去世以后，后继之君再如何作为，也只是继承者，而非开创者，他们对八旗的控制岂能和努尔哈赤比？

由于各种原因，八家分权的走向不是集权，而是进一步分权。据中国台北故宫博物院整理的《旧满洲档》记载，天命五年（1620年），代善嗣位被废时，努尔哈赤曾说："此后立阿敏台吉、莽古尔泰台吉、皇太极、德格类、岳讬、济尔哈朗、阿济格阿哥、多铎多尔衮（二兄弟一奶同胞，当时多铎七岁，多尔衮九岁，都尚且年幼，应是二人合管一旗）八王为八和硕贝勒。为汗者接受所给予的八旗人众，食其贡献。政务上汗不得恣意横行，汗承天命执政，任何一位和硕贝勒若违犯扰乱政治的恶行，其余七位和硕（贝勒）集会议处，该辱则辱之，可杀则杀之。生活道德谨严、勤勉政事者，纵使治国之汗出于一己私怨欲罢黜降等，其他七旗对汗可以不让步。"

当时的背景是努尔哈赤选定的第一位继承人嫡长子褚英被废杀后，选定的第二位继承人次子代善又被剥夺继承资格，所以努尔哈赤这番话看似是在限制后金大汗的权力，并促进八王之间相互监督和对大汗的监督，实则是为了避免以后新的大汗对诸如代善等其他儿子下手，他不想自己的子嗣自相残杀。在继承人的选择上，努尔哈赤已经尝到了用人不察的苦果，他错选了心胸狭隘且暴戾的嫡长子褚英作为继承人，最终褚英落得被处死的下场。如今，代善又失去了继承资格，而他本人又有十六个儿子，这不禁让人忧虑，未来家族内部的争斗将会激烈到何种程度。

据《太祖武皇帝实录》记载，到了天命六年（1621年）正月十二日，努尔哈赤与代善、阿敏、莽古尔泰、皇太极、德格类、济尔哈朗、阿济格、岳托诸王等，对天焚香祝曰："蒙天父地母垂佑，吾与强敌争衡，将辉发、兀喇、哈达、夜黑同一语音者俱为我有……今祷上下神祇，吾子孙中纵有不善者，天可灭之，勿令刑伤，以开杀戮之端。如有残忍之人，不待天诛，遽兴操戈之念，天地岂不知之，若此者亦当夺其算。昆弟中若有作乱者，明知之而不加害，俱怀理义之心，以化导其愚顽，似此者天地佑之。俾子孙百世延长，所祷者此也。自此之后，伏愿神祇不咎既往，惟鉴将来。"说明努尔哈赤率领子、侄、孙发誓，是想要进一步以誓言来避免后代子孙自相残杀，当时他应该是敏锐地察觉到了八家分权的弊端，因此只能一方面通过各种方式引导限制后代子孙同室操戈，一方面进一步完善制度。

据清人蒋良骐辑录的《东华录·太宗录》记载：天命七年（1622年）三月，谕分主八旗贝勒曰："尔八人同心谋国，或一人所言有益于国，七人共赞成之，庶几无失。当择一有才德能受谏者，嗣朕登大位。"说明努尔哈赤晚年致力于进一步完善八王共治制度，提出在他死后实行八王共治国政制度，即所有重大政务由众贝勒共同商议决定，四大贝勒轮流按月主持政务。这意味着他并不直接指定继承人，而是由八位子侄也就是八旗旗主来共同推举新汗，新汗可出自八旗中任何一个旗主。

努尔哈赤此举，一方面是对他早年八家分权理念的进一步贯彻和延续，另一方面也表明他深感无力干预诸子间为争夺汗位而展开的激烈竞争。所以他采取了这样的策略：一方面限制继任大汗的权力，免得一人上位，其他人都被除掉，另一方面增强八王的权力，让子侄们在不自相残杀的前提下慢慢角逐，并通过友好协商的方式来推选出新的大汗。

努尔哈赤的策略不能说高明，也不能说不高明。其背后的原因主要在于他不仅是一位大汗，更是一位有血有肉的父亲。在开创基业途中，他早年禁锢死弟弟舒尔哈齐，晚年又处死嫡长子褚英。后期努尔哈赤难以再施雷霆手段，做不到快刀斩乱麻，只能采取这个不是办法的办法，来最大程度地避免后代自相残杀。而副作用就是，八家分权制度导致了旗人对旗主的忠诚超越了对皇帝的忠诚，这一现象一直困扰着之后四代皇帝，直到雍正帝时代才得到妥善处理。

二十四旗

清朝的八旗并非只有八旗，其实一共有二十四旗，分别是八旗满洲、八旗蒙古和八旗汉军。

其中，八旗满洲自是不必多说，由满族人编制而成，是努尔哈赤乃至后金（大清）起家开国的根源力量所在。清朝以八旗满洲为根本，所以清廷极力扩大其编制，除却自然繁衍以外，还将关外地区的索伦、达斡尔、鄂伦春、锡伯等部人员先后编入八旗满洲，被称为"新满洲"，这样的效果也是显著的。据《大清会典事例》记载，至乾隆四十一年（1776年），北京八旗满洲共有六百七十六个佐领，比入关前夕增加了一倍多。

其次便是八旗蒙古。努尔哈赤在逐步统一女真的过程中，为了壮大自己的势力以抗衡明朝，对于蒙古部落采取拉拢手段，最先迎娶了蒙古科尔沁部贵族明安之女，从此开启了满蒙二百多年的联姻历史，因此他也将蒙古人编入八旗。天命年间，努尔哈赤始设蒙古旗，至皇太极在位的天聪九年（1635年）正式编成蒙古八旗，其地位略次于八旗满洲，高于八旗汉军。

最晚成立的八旗汉军，地位也最末。天聪五年（1631年），皇太极始设汉军旗，至崇德七年（1642年），最终完成汉军八旗的编制。这里要注意一点，八旗汉军和绿营虽然都由汉人组成，但两者大为不同。八旗汉军由早期归附后金（大清）的汉人组成，属于"原始股"之一，也属于旗人，起初人丁稀少，在入关以后迎来高速发展。入关以后，清朝在统一全国的过程中，一方面将降清的明军及其他汉兵，参照明朝旧制，以营为基本单位进行组建，以绿旗为标志，是为绿营。一方面清朝统治阶级深感八旗军队数量太少，想要快速扩张，同时为了安置降顺的前明官兵，因此将价值较高的降清明军编入八旗汉军，意在安抚，表明这些归降者同样是旗人的一部分，属于自家人。

例如顺治二年，多铎征南明时招降的大批明军就被编入八旗汉军。顺治十八年，前明黔国公沐天波之子沐忠显被编入正白旗，大西延安王艾能奇之子左都督艾承业被编入镶黄旗。到了康熙年间，平定三藩之乱时，也陆续将降清官兵编入汉军八旗。从这里也可以看出，从努尔哈赤到皇太极，清朝一步步剔除着政权中的局限因素，从类似于传统的草原汗国过渡成为拥有满、蒙、汉三族支持的中央集权式政权。不过随着时间的推移，八旗人口的迅速膨胀反而成为庞大的财政负担。面对这样的问题，统治者选择了"卸磨杀驴"，下令将大量八旗汉军子弟出旗为民。

根据《清高宗实录》记载，乾隆七年（1742年）四月，筹汉军归籍移居。谕：

> 八旗汉军，自从龙定鼎以来，国家休养生息，户口日繁。其出仕当差者，原有俸禄钱粮足资养赡，第闲散人多，生计未免窘迫，又因限于成例，外任人员既不能置产另居，而闲散之人，外省即有亲友可依。及手艺工作可以别去营生者，皆为定例所拘，不得前往，以致袖手坐食，困守一隅，深堪

轸念。

　　朕思汉军，其初本系汉人。有从龙入关者，有定鼎后投诚入旗者，亦有缘罪入旗，与夫三藩户下归入者，内务府王公包衣拨出者，以及招募之炮手，过继之异姓，并随母因亲等类，先后归旗。情节不一，其中惟从龙人员子孙，皆系旧有功勋，历世既久，自无庸另议更张。其余各项人等，或有庐墓产业在本籍者，或有族党姻属在他省者，朕意欲稍为变通，以广其谋生之路，如有愿改归原籍者，准其与该处民人，一例编入保甲。有不愿改入原籍，而外省可以居住者，不拘道里远近，准其前往入籍居住。此内如有世职，仍许其带往，一体承袭。其有原籍并无倚赖，外省亦难寄居，不愿出旗，仍旧当差者听之。所有愿改归民籍，与愿移居外省者，无论京外官兵闲散，俱限一年内具呈，本管官查奏。如此屏当，原为汉军人等生齿日多、筹久远安全计，出自特恩，后不为例。此朕格外施仁，原情体恤之意，并非逐伊等使之出旗为民，亦非为国家粮饷有所不给，可令八旗汉军都统等详悉晓谕，仍询问伊等有无情愿之处，具折奏闻。

乾隆帝的大致意思是考虑到八旗汉军的生计艰难，又限于规定不能置产另居，不能有其他营生手段，为了给其一条谋生之路，所以恩准可以出旗为民，拥有自由之身，并不是驱逐出旗，也不是舍不得国家粮饷，并非强制。乾隆帝这番话虽然说得冠冕堂皇，但具体执行起来，并不是采取自愿原则，而是强制性的。这使得八旗汉军大规模出旗为民，而节省下来的粮饷自然补充到了八旗满洲子弟身上，等于是舍八旗汉军而保八旗满洲。

上三旗与下五旗

　　清朝八旗有着上三旗和下五旗的区分，上三旗由皇帝亲领，下五旗则由诸王、贝勒和贝子分领。

之所以有这样的区别，还要从后金开国说起。努尔哈赤身为八旗开创者，虽然之后将八旗赐予子侄，但留下正黄旗和镶黄旗亲领，是为默认的上旗。到了皇太极顺利继位以后，自然也要沿袭传统，继续亲领两黄旗。不过皇太极很聪明，知道父亲留下的两黄旗不一定可以真正为自己所用，便将自己控制的两白旗的旗号改色换为两黄旗，而原两黄旗也因此成为新的两白旗。

皇太极之后还吞并了正蓝旗。为了彻底控制正蓝旗，皇太极将自己亲领的正黄旗与正蓝旗混编之后，又从中分出一部分给予其长子豪格所统领的镶黄旗，再将其改色为正蓝旗。如此一来，皇太极统领两黄旗，长子豪格统领正蓝旗，等于拥有了三旗，相对于其他五旗自然占据优势，这也可以视为最初的上三旗。皇太极猝死以后，十四弟多尔衮身为摄政王，为了进一步增强自己的实力，将自己亲领的正白旗顶替正蓝旗，将其纳入上三旗。等到多尔衮死后，福临亲政，并没有再做更改，遂确定上三旗为镶黄旗、正黄旗、正白旗。

上三旗之中，以镶黄旗为首。按照传统，如果一个人同领两旗，应该是正在前，镶在后，但因为努尔哈赤晚年将两黄旗中的正黄旗分给大妃阿巴亥所生的阿济格和多尔衮，最后阿济格成为正黄旗旗主，幼子多铎则与他同在镶黄旗，意在多铎日后继承该旗。但因为多铎年幼，所以努尔哈赤实际掌控该旗，因此从这一阶段开始，镶黄旗成为八旗之首，成为八旗第一旗。

抬旗

康熙二十七年（1688年），根据《清圣祖实录》记载，出身汉军正蓝旗的大臣佟国纲上书康熙帝，说自己一族"本系满洲"，希望将他所在的族群转为满洲旗下，最终康熙帝同意将佟国纲及其族人转为满洲旗下，并且转为满洲镶黄旗。不过康熙帝认为佟氏一族人数众多，不能一起都改，那样会造成管理上的不便。当然还有另一层意思，即由汉军旗转为满洲旗，而且还是转为八旗之首的镶黄旗，这可谓天大的赏赐，如此恩赏不可滥封，所以只是将佟国纲和他的部分直系亲属纳入满洲镶黄旗，并改称佟佳氏。而其他佟姓族人仍保持汉军旗人身份，形成同样是佟氏一族而族群划分却截然不同的情况。而佟国纲之所以从地位最末的八旗汉军中的正蓝旗一跃升为地位最高的八旗满洲中的首旗镶黄旗，主要原因不是他一族本为满洲的原因，而是因为他是康熙帝的生母孝康章皇后之兄，也就是康熙帝的舅舅，他以外戚身份而享受此殊荣，抬高了出身，是为抬旗。

抬旗，顾名思义是由低抬向高，乃是褒奖酬劳之举。自康熙朝开始形成定例，一般针对的是皇帝后宫中的皇后（包括被追封的皇后）和贵妃及其娘家在下五旗者，皆编入上三旗以提高出身。还有一种特殊的抬旗情况，即八旗中的包衣（世仆）被抬旗。诸如内务府镶黄旗包衣佐领旗人高斌，其女为乾隆朝首位皇贵妃之慧贤皇贵妃，因此高斌被乾隆帝屡屡重用，先是升为内务府主事，之后不断升迁，官至文渊阁大学士、太子太保，最后以外戚身份，全家被抬入满洲镶黄旗，改称高佳氏。

除此之外，拥有功绩的大臣也可以抬旗。诸如雍正五年，雍正的宠臣河南巡抚田文镜，被雍正以政绩突出为由，"命抬入正黄旗"，由汉军正蓝旗出身被抬入汉军上三旗。

一般来说，抬旗不会跨越族属划分。例如田文镜，即使抬旗他也依旧是在原属的八旗汉军之内。但外戚抬旗可以跨越族群划分，诸如前文中提到的佟国纲。这体现了清朝治国策略的灵活性，为了巩固政权和提高外戚地位，对于族群的划分，不是以血缘关系为主，而是采取了模糊且具有弹性的标准，可以视情况而定。为了扩大八旗满洲的势力范围，今日可以接纳索伦部，明日便可以将其纳入新满洲。同样，为提高外戚地位，原本属于八旗汉军，明日便可以抬旗为八旗满洲，这样的政策灵活性，是其他朝代所没有和不及的，也成为清朝的一大鲜明特色。

继承之路

努尔哈赤死前对于继承人的安排主要围绕两大核心：一是八王共治制度，意在八王集体决策和治国，并且相互制约。二是八王推选出一位新汗，又是另一重制约。新汗出自八王之中，双方形成相互制约的局面。同时以新汗为主，余下七王为从，一定程度上避免了八家分权太甚的情况。这一制度创新有余，但是局限性太大，并不符合那个时代。事实证明，在生产力落后的古代，只有施行中央集权的政权，才可最大程度地集中力量，不易产生内乱，从而才有机会夺取天下。努尔哈赤之后的后金政权经过皇太极的改造，亦是走向了中央集权的道路，八家分权的制度并没有延续多久。

八王共治便是八和硕贝勒共执后金国政，其中又分为四大贝勒和四小贝勒。拥有大权的是天命元年（1616年）四月努尔哈赤建立后金政权时所封的四大贝勒，按年龄排序为大贝勒代善、二贝勒阿敏、三贝勒莽古尔泰、四贝勒皇太极。他们年龄居长，长期追随努尔哈赤征战，立下了赫赫战功，又长期负责处理日常政务，所以拥有很大的权力。在努尔哈赤死后，所谓的八王共治，其实可以说是四贝勒自治。所谓在八王中推选一位新汗，其实就是在四贝勒之中推选一位新汗。

第一章 | 祖制的革新与再造

四大贝勒之中，大贝勒代善为努尔哈赤第二子，按年龄顺序排在四大贝勒之首。他在长子褚英被处死后，曾一度被视为努尔哈赤的继承人，但他犯了两大错误。据《满文老档》记载，努尔哈赤曾言自己死后，将"诸幼子及大福晋交由大阿哥（代善）抚养"。但代善沉不住气，不待努尔哈赤死去，便与大福晋阿亥眉来眼去，结果在天命五年（1620年）三月，被努尔哈赤的另一位庶福晋揭发。有人猜测皇太极是幕后推手，因为皇太极与代善之间因为争夺汗位继承权而积怨甚深，当时的朝鲜人甚至认为皇太极有"潜怀弑兄之计"，后来记载于本国《李朝实录》之中，也有可能是庶福晋单纯因为妒忌而为之。总之，这件事使得努尔哈赤大怒，父子二人之间的关系开始紧张。

屋漏偏逢雨，同年九月，代善听信后妻的谗言，竟然虐待儿子硕讬，以至于硕讬萌生了叛投明朝的念头。事发以后，代善还多次请求处死硕讬，从小受后母虐待的努尔哈赤审明此案后，严厉斥责代善，认为他不配担任一国之君，从此代善的地位一落千丈，彻底失去了继承汗位的资格。天命后期，他也没有什么突出表现，这说明他已在一定程度上失去了努尔哈赤的重用。从这里可以看出，代善虽然战功赫赫，在军事上卓有成就，但政治能力严重不足，弱点显而易见，虽是"宽柔"之人，但不合适当大汗，最终草草出局。

四大贝勒中的二贝勒阿敏出身特殊，他并非努尔哈赤的子嗣，而是努尔哈赤同母弟舒尔哈齐的次子。舒尔哈齐曾试图自立门户，最终遭囚禁致死，而努尔哈赤并未因此斩尽杀绝，反而将阿敏还有其他兄弟抚养长大。努尔哈赤建立后金政权后，阿敏受封和硕贝勒，按年龄排行被称为二贝勒，与代善、莽古尔泰、皇太极并称四大贝勒。但由于这层非直系血缘的关系，阿敏自然与汗位无缘。

阿敏的性格也注定他成不了大业，他不善与人相处，性格孤僻且心胸狭窄，还好记仇，对自己的弟弟也做不到公平对待，导致"诸弟衣食供给，厚薄不均"。

除此之外，阿敏跟父亲舒尔哈齐一样，总是想着自立门户。天聪元年（1627年），阿敏出征朝鲜期间，就想带着褚英的长子杜度在朝鲜自立门户，结果遭到杜度拒绝，之后又迫于岳讬、济尔哈朗、阿济格等人的压力才返回后金，之后阿敏被幽禁至死。

四大贝勒中的三贝勒莽古尔泰为努尔哈赤第五子，他是军事上的巨人、政治上的矮子，典型的有勇无谋。其母富察氏因故得罪努尔哈赤，为了讨好父汗，天命五年（1620年），莽古尔泰竟然做出了弑母这样大逆不道的行为，这一举动非但未能给他带来政治上的好处，反而让他的声誉一落千丈。

四大贝勒中的四贝勒皇太极为努尔哈赤第八子，他文武双全，综合能力最强，很得努尔哈赤的器重，可谓深孚众望。面对美色诱惑，皇太极也能坦然处之。根据《满文老档》记载，努尔哈赤的第四任大福晋阿巴亥不仅曾向代善示好，为了多一重保障，她还曾送饭给皇太极，想要提前结交这个潜力股。档册中记载："又一次，送饭食与四贝勒，四贝勒受而未食。"当时皇太极虽然接受但并没有吃阿巴亥送的饭食，意在拒绝，这点比之大哥代善高了不止一个档次。此外，皇太极还有另一重优势，即他得到了诸小贝勒的拥护。

诸小贝勒与皇太极的亲密度，甚至超越了父兄关系。诸如天命七年（1622年），努尔哈赤的女婿乌尔古岱接受了汉官馈赠的黄金，随后他将这件事上报给皇太极，皇太极先指示他"不如暂留此金，以待事发"，然后与三小贝勒岳讬、济尔哈朗和德格类商议，事后他们不但对三大贝勒封锁消息，连努尔哈赤也没有上报，由此可见小贝勒们对皇太极的支持之深。

三小贝勒之所以支持皇太极，其背后有个关键原因，那就是他们的父兄所面临的问题过于严峻，使得他们认为父兄无法保全乃至会损害他们的利益。因此，他们认为皇太极可以维护他们的利益。

以岳讬和硕讬为例，两人是一奶同胞，然而父亲代善娶了后妻以后，昔日的慈父仿佛变成了继父，代善不只虐待硕讬，亦虐待岳讬。对于这样的父亲，岳讬不相信代善继承汗位以后自己会一步登天，反而觉得代善若是成为新汗，自己肯定没好果子吃。

济尔哈朗更是不用说，有着父亲舒尔哈齐的前车之鉴，他一直谨小慎微，跟哥哥阿敏的关系也不好，而且对于阿敏这个政治上的低能儿也是敬而远之，生怕牵连到自己。

努尔哈赤死后，据蒋良骐《东华录·太宗录》所载，阿敏曾提议拥立皇太极，但条件是自己"出居外藩"，结果并未如愿，他当时还对弟弟济尔哈朗提及此事，想要获取其支持，结果也被拒绝。济尔哈朗回应道："我谓必无是理，力劝止之，彼反责我懦弱，我用是不复与闻。"德格类与其同母哥哥莽古尔泰之间的矛盾也颇深，莽古尔泰杀死了自己的生母，德格类对他岂能没有怨言？更何况，莽古尔泰连生母都能痛下杀手，一个同母弟弟在他眼中又算得了什么？所以，德格类可以支持任何人，但肯定不会支持这个哥哥。

有着少壮派小贝勒们的支持，加上皇太极自身能力出众，又得努尔哈赤的喜爱，所以在四大贝勒之中已隐隐占据优势。因此，尽管努尔哈赤晚年看似留下了八王共治的局面，并没有明确指定继承人，但从当时皇太极的声望以及他非但未受打压反而被重用的情形来看，说明努尔哈赤已默认皇太极为继承人。

八王共治的制度虽然在一定程度上对继任大汗的权力构成了制约，但也有效避免了众贝勒为争夺汗位而进行残酷的斗争。由于权力被多方分摊，新汗的权力也受到限制，大汗位置的吸引力也因此减弱，所以皇太极并没有因为众望所归、声望太高而引来父亲的猜忌和众兄弟的围攻，这也是他之后可以顺利继承汗位的重要原因。

此外，根据《清太宗实录》中皇太极继承汗位以后的誓言记载，可以推断出在努尔哈赤临终之际或逝世后不久，皇太极便与其他三大贝勒达成了利益共识，即承认或者允许三大贝勒对于支持自己的小贝勒行使管辖权。皇太极首先宣誓会善待所有贝勒，"我若不敬兄长，不爱子弟，不行正道，明知非义之事而故为之，兄弟子侄微有过愆遂削夺皇考所予户口，或贬或诛，天地鉴谴，夺予寿算"。随后三大贝勒也宣誓："我三人若不各教养子弟，或加诬害，我三人当罹凶孽而死。若我三人善待子弟，而子弟不听其父兄之训，不殚忠于君上，不力行其善道者，天地鉴谴，夺其寿算。"意思是他们对于小贝勒们有着管辖权，同时保证不对拥护皇太极的小贝勒进行报复。

皇太极要求小贝勒对天起誓："若背父兄之训，而不尽忠于上，摇乱国是，或怀邪凶，或行谗间，天地谴责，夺其寿算。"要求小贝勒听命于父兄。

正是因为几方达成了共识，所以努尔哈赤死后，代善的长子岳讬和第三子萨哈廉第一时间劝代善支持皇太极，父子三人快速达成共识，率先拥戴皇太极继承汗位。皇太极再三推让后，最终"勉为其难"地于后金天命十一年（1626年）九月初一"即位于沈阳，诏以明年为天聪元年（《清史稿·太宗本纪》。"另据近代史学家孟森先生考证，努尔哈赤的天命和皇太极的天聪都是本系尊称，并非年号，后相沿即作年号）。

皇太极虽然如愿以偿成为新的大汗，但这时的他只是名义上的大汗，天聪初年的后金实行的是努尔哈赤晚年设置的八王共治制度。在此制度下，所有重大政务均需众贝勒共同商议决定。四大贝勒轮流值月主政，听政时四大贝勒并坐，代善与皇太极居于中间位置。而在私下见面时，皇太极仍需对三大贝勒行兄长之礼以示尊重。大汗还不得干涉各旗内部事务，这时的皇太极并没有绝对权威，不只是比不上中央集权王朝的皇帝，也远远比不上开创者努尔哈赤，他面对的挑战才刚刚开始。

第一章 | 祖制的革新与再造

最后的馈赠

努尔哈赤于天命十一年（1626年）八月十一日去世，他死后不久就发生了两件大事：一是前文提到的大贝勒代善与儿子岳托和萨哈廉迅速拥戴四贝勒皇太极继位。二是努尔哈赤的第四任大福晋阿巴亥被逼死殉葬。阿巴亥当时年仅三十七岁，她先后为努尔哈赤生下第十二子英亲王阿济格、第十四子睿亲王多尔衮和第十五子豫亲王多铎。

关于阿巴亥之死，成书于皇太极正式称帝的崇德元年（1636年）的《清太祖武皇帝实录》中有详细记载："饶丰姿，然心怀嫉妒，每致帝不悦，虽有机变，终为帝之明所制。留之恐后为国乱，预遗言于诸王曰：'俟吾终，必令之殉。'诸王以帝遗言告后，后支吾不从。诸王曰：'先帝有命，虽欲不从，不可得也。'后遂服礼衣，尽以珠宝饰之，哀谓诸王曰：'吾自十二岁事先帝，丰衣美食，已二十六年，吾不忍离，故相从于地下。吾二幼子多尔衮、多铎，当恩养之。'诸王泣而对曰：'二幼弟吾等若不恩养，是忘父也，岂有不恩养之理。'于是后于十二日辛亥辰时自尽，寿三十七，乃与帝同柩，巳时出宫，安厝于沈阳城内西北角。又有二妃阿迹根、代因扎亦殉之。"

简单来说，就是努尔哈赤害怕自己死后，心机颇深的阿巴亥会酿成大祸，所以下令让阿巴亥殉葬，因此阿巴亥被诸王逼死殉葬。

鉴于阿巴亥曾与代善有过不体面的往来，努尔哈赤可能害怕自己死后，阿巴亥会做出不检点的事情导致自己英名受损。但是仔细思量，事情似乎又没有那么简单，前文交代过代善之所以与阿巴亥产生过暧昧关系，是因为努尔哈赤生前安排在自己离世后，幼子和大福晋阿巴亥交由代善抚养，所以二人才因此搭上线，一个是贪恋年轻后母的美色，一个是想着在老大汗死后找到新的依靠以稳固自身地位。

这样的身后安排在落后的狩猎农耕社会并非罕见，而是一种延续已久并且约定俗成的传统，这点努尔哈赤自然心知肚明，所以即使发生这样的事情，他虽然很生气，但并没有因此废掉代善继承者的身份。后来代善听信后妻的谗言，虐待自己与发妻所生之子，使得努尔哈赤大怒，认为他没有人君的器量，才废掉了他的继承者之位。

某种程度上来说，因为有着这样的传统，所以面对正妻与次子的暧昧关系，努尔哈赤只是大怒，说明也算勉强理解这种行为。既然如此，他又何必害怕自己死后阿巴亥与代善或者其他年长的儿子走到一起呢？

关于阿巴亥之死还存在另一种说法，即这可能是皇太极一人的意思。或是皇太极得位不正，被认为夺取了多尔衮的汗位，所以他要通过此举来打压潜在的反对力量。或是阿济格、多尔衮、多铎三兄弟势大，又有生母阿巴亥作为后盾，对其他旗主威胁太大，所以皇太极要先除掉阿巴亥这个主心骨。

说皇太极得位不正，主要有两点依据：一是根据朝鲜人李肯翊所著《燃藜室记述》卷二十七记载，努尔哈赤临终时，曾遗命由十二子多尔衮继承汗位，大贝勒代善为摄政。二是顺治年间，身为摄政王的多尔衮，作为努尔哈赤去世时的当事人之一，更是直接说道皇太极的汗位"原系夺立"，等到多尔衮去世，顺治帝亲政以后，追责多尔衮罪状时，《清史稿》记载其一罪为"擅称太宗文皇帝序不当立，以挟制皇上"。《东华录》中的记载则更为完善："擅自诳称太宗文皇帝之即位原系夺立，以挟制中外。"

第一章 | 祖制的革新与再造

　　但仔细推敲，认为皇太极得位不正的说法不足为信，因为努尔哈赤晚年的政治格局中，皇太极继位已是大势所趋。努尔哈赤也默认他为继承人，若此时传位于年仅十五岁的多尔衮，不仅违背了其确立的"八王共治"祖制，更是将多尔衮置于险境，并且可能引发皇太极对多尔衮的猜忌与迫害，从而导致后金内乱。努尔哈赤显然不会做出这般自毁根基的决定。

　　再者，从年龄和地位来看，多尔衮并非最合适的人选。他下面还有两个弟弟，一个是同母弟多铎，排行十五，是嫡出幼子。一个是十六弟费扬果，是庶出幼子。努尔哈赤对阿济格、多尔衮、多铎三兄弟虽然都很宠爱，但对嫡出幼子多铎的喜爱明显更多一些。例如，努尔哈赤晚年将两黄旗的六十牛录，分给阿济格十五牛录，多尔衮十五牛录，多铎十五牛录，自留十五牛录，其中阿济格和多尔衮在正黄旗，多铎与自己在镶黄旗。在天命九年的元旦贺仪中，多铎与其他旗主并列代表一班，意在以后由多铎继承镶黄旗。多尔衮可没有这样的待遇，所以努尔哈赤即使要传位幼子，也应该是多铎。更何况当时多尔衮并未立战功，一个十多岁的孩子，又能展现出多大才能使得努尔哈赤晚年想要传位于他呢？

　　这一切分明就是多尔衮大权在握以后，为了提升自身的威望，所以刻意宣扬皇太极得位不正的言论，表明自己才是真正的汗位继承人。因此，朝鲜人李肯翊可能基于此传闻进行了加工并记录下来。至于皇太极因为害怕日后阿巴亥联合三个儿子对其他旗主造成威胁所以要除掉她的说法，倒是有一定可能性，皇太极可以此与其他贝勒达成共识，但此举也不符合现实。

　　努尔哈赤死后，皇太极的首要事情是获得其他贝勒的支持，然后继承汗位。在这个关键时刻，如果他对其他贝勒说阿巴亥和她的三个儿子以后威胁太大，所以要提前除掉阿巴亥，那么其他贝勒会怎么想？

　　还没有继承汗位，就急匆匆地打压异己，还要下死手，其他贝勒还会支持皇太极吗？他们肯定会害怕下一个轮到自己。更关键的是，虽然当时多尔衮才十五岁，多铎才十三岁，但阿济格已年满二十二岁。努尔哈赤去世时，三人肯定在场，如果努尔哈赤没有当场下令让阿巴亥殉葬，事后由皇太极一人说出这是大汗遗命，即使获得其他兄弟支持，但成年的阿济格肯定会反对。到时候一旦三兄弟联合起来反对，内部将产生严重分歧，这对皇太极顺利继承汗位是巨大障碍。因此，从逻辑上看，皇太极没有理由在这个关键时刻自找麻烦，下令让阿巴亥殉葬应是努尔哈赤本意无疑。然而，他的动机应该不至于是害怕死后阿巴亥做出不检点的事情，而是害怕阿巴亥会酿成大祸。

史料记载里的"虽有机变，终为帝之明所制"这句评价可谓很有深意，说明阿巴亥还是很有心机的，而能够洞察并压制她的唯有努尔哈赤。努尔哈赤所担忧的，正是自己离世后，阿巴亥可能会利用阿济格、多尔衮、多铎三子的强大力量，再联合代善，形成一股不受控制的势力。这股势力肯定会对新任大汗皇太极造成巨大威胁，甚至引发内部战争。

代善与皇太极不和，代善"宽柔"但无雄才大略，明显不是皇太极的对手。代善曾一度被剥夺嗣位，因此对皇太极的威胁有限，双方并没有闹到自相残杀的地步。然而，代善又是一个耳根子软的人，比如他听信后妻之言而虐待自己的亲生儿子。如果有野心的阿巴亥在他耳边吹枕边风，到时候代善可由不得自己，从而对新兴的后金政权构成颠覆性的威胁，所以阿巴亥留不得。

天命末年，努尔哈赤还将镶白旗旗主即褚英的长子杜度调入镶红旗，再由皇太极长子豪格担任旗主，相当于皇太极和豪格父子掌握了两白旗，进一步加强了皇太极的实力。努尔哈赤晚年的这一系列的行为，是有感于八家分权格局的弊端，害怕分权趋势进一步扩大，最终演变成"国乱"，因此他采取了防微杜渐、未雨绸缪的策略，旨在一定程度上为继任者皇太极铺平道路，是对皇太极这位继承者的最后馈赠。

真正的开国皇帝

从八家分权到一家集权

皇太极继位后,因为他的身份是继承者而非开创者,所以他的权威远远不如父亲努尔哈赤。因此,八王共治制度得以全面实施,后金的军政要事必须经过众贝勒共议,并且达成一致后才能贯彻执行。

面对这种情况,皇太极登基后,据《清太宗实录》卷一记载,他在每旗设立了一位总管旗务大臣,直接管理旗务,"凡议政处,与诸贝勒偕坐,共议之,出猎行师,各领本旗兵行,凡事皆听稽查"。以当时八家分权的情况,虽然设总管旗务大臣未必能立即取得显著成效,但总归是在各旗中渗入自己的势力,是一个好的开始。

到了天聪三年(1629年)正月,皇太极又采取了拉拢少壮派即众小贝勒来压制其他三大贝勒的方法。《清太宗实录》卷五记载:"先是天命六年二月,太祖命四大贝勒按月分值,国中一切机务,俱令值月贝勒掌理。及上即位,仍令三大贝勒分月掌理。至是,上集诸贝勒八大臣共议,因令八大臣传谕三大贝勒,向因值月之故，一切机务，辄烦诸兄经理，多有未便，嗣后，可令以下诸贝勒代之，倘有疏失，罪坐诸贝勒。"

皇太极这招可谓是驱虎吞狼，利用众小贝勒来削弱其他三大贝勒的权力，若三大贝勒不同意，就是得罪了众小贝勒，不用等皇太极发难，众小贝勒便会群起而攻之。三大贝勒虽然洞悉皇太极的意图，但鉴于此举尚未直接触及自身势力，又不好得罪众小贝勒，所以只能"皆称善"，于是"遂以诸贝勒代理值月之事"。

天聪四年（1630年）三月，二贝勒阿敏被派往镇守遵化、永平、迁安、滦州四城。明军攻破滦州后，他便弃城逃走，并在逃亡过程中残忍地杀害了投降的官兵并屠城。皇太极闻讯后大怒，随即召集诸贝勒共议阿敏之罪，最后判定阿敏为死罪。然而，皇太极不忍心杀他，或者说是因为杀他造成的影响太大，会引起其他人的反弹，最终决定改判为幽禁。阿敏被剥夺了大量的财产，仅留庄六所、园二所、奴仆二十。崇德五年（1640年），阿敏死于幽所，享年五十五岁。阿敏的镶蓝旗则交由其弟济尔哈朗统领。济尔哈朗是一个谨小慎微的人，一向支持皇太极，对皇太极忠心耿耿。接任镶蓝旗后，他自然对皇太极唯命是从，使得皇太极得以顺利地消除三大贝勒之一的阿敏带来的威胁。

天聪五年（1631年），据《清史稿》卷二百十七记载，在大凌河战役中，三贝勒莽古尔泰所部遭受重创，他向皇太极上奏时，皇太极偶然提及有传闻称莽古尔泰的队伍因未听号令而延误了战机的事情，莽古尔泰听后非常生气，说没有这样的事，两人由此发生口角。莽古尔泰认为皇太极是在故意为难他，一怒之下"抚佩刀，频目之"，他的同母弟弟德格类连忙劝阻，并用拳头打他试图平息其怒火，这反而使莽古尔泰更加生气，于是他抽出佩刀左右挥出。皇太极见状极为震怒，骂道："是固尝弑其母以邀宠者。"说莽古尔泰是一个为邀宠而亲手弑杀母亲的大逆不道者。

莽古尔泰并没有意识到，只要他的议政权和兵权在手里一天，皇太极就不会放过他，而此次皇太极应该也是故意为难他，想以此为契机打压他。他失去理

第一章 | 祖制的革新与再造

智、拔刀乱挥的行为正中皇太极下怀,更给了皇太极收拾他的理由。

此事发生后,诸贝勒议莽古尔泰大不敬,将其"革去大贝勒,降居诸贝勒之列,夺五牛录属员,又罚银一万两入官"。至此,三大贝勒又去其一。到了天聪六年(1632年)十二月,抑郁的莽古尔泰"以暴疾卒",终年四十六岁。

莽古尔泰死后,其同母弟德格类接管正蓝旗。天聪九年(1635年)十月,德格类暴疾而亡。两个月后,莽古尔泰的同母妹妹莽古济的属下冷僧机出首,告发莽古尔泰和德格类生前曾与莽古济、正蓝旗两位主将屯布禄、爱巴礼等人密谋叛乱。莽古济与皇太极存在矛盾,其属下冷僧机在这个时间点站出来揭发,分明是有针对性的。当时有人质疑,但皇太极不想放过这个千载难逢的好机会,或者说这可能就是皇太极授意为之,总之,他借此发动了一场声势浩大的整治行动。结果"搜得牌印十六,文曰'大金国皇帝之印'"。皇太极遂以大逆之罪追夺莽古尔泰的爵位,与皇太极有矛盾的莽古济被处死,屯布禄、爱巴礼及"亲支兄弟子侄俱磔于街"。莽古尔泰一子被处死,余子及德格类之子俱降为民。两贝勒的人口财产全部归皇太极所有,正蓝旗也落入皇太极手中。

这场风波中,莽古济成为清朝唯一一位在政治斗争中被处死的公主。德格类身为坚定支持皇太极的小贝勒,只因为是皇太极集权路上的阻碍之一,皇太极竟丝毫不念及昔日情分,即使他已离世,仍被"坐同谋,追削贝勒。子邓什库,并坐,削宗籍"。

早在继位之初,掌正白旗的皇太极为了增强实力,就将长子豪格于天命末年接管的镶白旗实际掌控在自己手中。再以监护人的身份,将自己掌控的两白旗与阿济格、多尔衮和多铎三兄弟掌握的两黄旗互易旗纛,也就是改旗色,两白和两黄旗下属人也随之改变旗籍。同时,皇太极将努尔哈赤自留的十五牛录分给多铎,多铎成为正白旗主旗贝勒。阿济格和多尔衮两兄弟在镶白旗各有十五牛录,年长的阿济格为镶白旗主旗贝勒,多尔衮为不主旗议政贝勒。

至此,皇太极拥有了两黄旗,又将正蓝旗置于麾下,等于拥有了三旗。这是一个标志性事件,意味着皇太极在内部斗争中开始占据上风,汗权得到极大加强。不久后，正蓝旗被混编，皇太极令长子豪格掌管，自此，父子二人共掌三旗。短短一年多的时间，三大贝勒中的两人就被夺权架空，只余代善一人与皇太极共理国事，代善自然心有戚戚焉，害怕下一个就轮到自己。

天聪五年（1631年）十二月，莽古尔泰因大凌河战事被打压而削去大贝勒爵位后，三大贝勒只剩下代善一人之际，根据《东华录·太宗录》记载，礼部参政李伯龙奏，"朝贺时，每有逾越班次，不辨官职大小，随意排列者，请酌定议制"。

李伯龙的奏议，很可能是皇太极授意。诸贝勒都心领神会，认为莽古尔泰虽然按年龄为长，但多有狂悖之举，不应在即将到来的贺正旦之际，再按女真旧俗与皇太极并坐，但他们低估了皇太极的野心。皇太极借机命代善与诸贝勒共议，代善领会了皇太极的意图，自己一个人又独木难支，只能主动说道："我等奉上居大位，又与上列而坐，甚非此心所安。自今以后，上南面居中坐，我与莽古尔泰侍坐于侧，外国蒙古诸贝勒坐于我等之下，方为允协。"如此这般表态，大家自然是称善附和，并议定行礼。天聪六年（1632年）正月初一，皇太极接受众臣朝贺时，正式南面独坐，代善与莽古尔泰在两旁"侍坐"。至此，皇太极完成了集权的第一步，结束了与三大贝勒共理国政的局面。

此后，皇太极对代善也是屡屡敲打。例如在天聪九年（1635年），代善曾宴请与皇太极有矛盾的莽古济，皇太极便以此小事为由发难，对其严加斥责。几番敲打后，代善再也无力与皇太极争锋。代善因对皇太极有拥戴之功且没有野心，所以皇太极敲打归敲打，并没有痛下杀手。原因有两个：一方面是提防代善，使其位高而权不重。根据朝鲜史料《沈馆录》卷六记载，代善晚年是"常时朝政老不预知"的状态。一方面是试图树立"兄友弟恭"的榜样，表面上对代善很尊敬。诸如崇德四年（1639年）十一月，代善打猎受伤，皇太极亲自为代善包扎，用金杯赐酒，还说了几句煽情的客气话，并流下了眼泪。

在政治上集权的同时，皇太极也在经济领域推行集权政策，对八旗集团的控制更为严格。根据《天聪朝臣工奏议》记载，皇太极在天聪后期就开始按丁分配国有土地:"我皇上立法,每丁给田五百,一家衣食,凡百差徭,皆从此出。"这说明土地从原来尽属八旗,已经开始转变为国家所有。

皇太极在位初期的大致十年时间里,他倾注了大量心力来打压各旗旗主,初步打破了努尔哈赤留下的八家分权祖制,完成一家集权,为自己正式称帝奠定了坚实的基础。

初建霸业

皇太极之所以可以在内部顺利地进行一家集权,一个重要原因在于他军事上的高歌猛进,不然没有战功加身,他又岂能在内部顺利集权呢?

后金政权早在1616年建立之前就已无法对关内开展贸易,加之1626年努尔哈赤在宁远大败后明朝又构筑关宁锦防线,并联合朝鲜、蒙古封锁后金,后金经济几近崩溃,内忧外患之际,人心惶惶。与后金联盟的喀尔喀蒙古贝勒认为后金不是明朝的对手,因此在其宁远大败后开始背信弃义。根据《清太宗实录》记载,他们"专意助明,移师逼我",并且多次劫杀后金使者。

在这种情况下,无论是复仇立威,还是对外扩张、打开封锁,紧邻后金西侧的喀尔喀蒙古都是征讨首选。因此,天命十一年(1626年)十月初十,继大汗位一月有余的皇太极任命代善和阿敏等人率领精兵一万征讨喀尔喀蒙古扎鲁特部,并且迅速获胜。此后,喀尔喀蒙古以及其他观望的蒙古诸部纷纷倒向后金,这也为之后皇太极取道蒙古进而绕道入关创造了条件。

次年也即天聪元年(1627年),皇太极命阿敏率领大军东征朝鲜,兵围汉城,迫使朝鲜签下城下之盟,解决了后金的后顾之忧。同时,皇太极还迫使朝鲜同意在义州定期互市,以此开辟新的贸易方向。

而早在后金天命七年(1622年),明将毛文龙占领皮岛(今朝鲜椵岛)后,虽然以游击战的方式不断骚扰后金大后方,但因为明廷无饷,只能以通商的方式自筹粮饷,最后甚至与后金开展走私贸易。后金以义州为互市之地,就是想以此为基地扩大与皮岛的走私贸易，同时还能由朝鲜商人作为中介，用满洲地区的土特产换取到明朝的货物。

毛文龙的后台是魏忠贤，因此一直无事，后来天启帝驾崩，魏忠贤被崇祯帝用计除去以后，毛文龙的地位就开始变得岌岌可危。天聪三年（1629年），明朝蓟辽督师袁崇焕以尚方剑斩杀毛文龙。不过，毛文龙的死并不代表走私贸易的结束，长期的贸易走私已使皮岛成为明朝与后金之间走私贸易的中转基地，并且形成了完整的利益链。毛文龙死后，走私贸易并没有被禁绝。

当然，走私贸易并没有让后金糟糕的经济状况得到根本性扭转，皇太极想要与明朝议和并开展贸易的想法也没有实现。因为连年战争，尤其是宁锦之战失败以后，导致后金"大饥，斗米价银八两，有人相食者"。于是在天聪三年，皇太极率领大军取道蒙古，越过长城，直扑北京，想要以战求和，如果不成功便掠夺物资以解燃眉之急。

《东华录·太宗录》曾提到"太祖初未尝有必成帝业之心"。意思是努尔哈赤创业之初并没有图谋天下之心，到了皇太极继任为大汗，他也没有这样的野心，毕竟明朝虽迟暮，但依旧是个庞然大物。只是山海关一禁，若不开展贸易，就会使得后金的经济几近崩溃，所以皇太极一直谋求议和与通商，但没想到这次绕道入关进军北京竟异常顺利，明军并没有想象中强大。皇太极兵临城下时，其野心也随之膨胀。

然而，明朝还没有到崩溃的地步，京师危急，各地勤王大军络绎不绝。八旗军队只擅长野战，不善于攻城，短时间内根本攻不下北京，到时候还会被反包围。面对诸贝勒大臣纷纷请战攻城的局面，根据《清太宗实录》记载，皇太极以假意谦逊之辞回应："朕承天眷佑，攻固可以必得，但所虑者，坚城之下，倘失我一二良将劲卒，即得百城，亦不足喜。"将攻不下城说为体恤部下，由此可见皇太极的情商之高。

皇太极以战求和的计划最终失败。根据《清太宗实录》记载，天聪四年（1630年）二月，皇太极在撤军之前还曾召集明朝降将询问明朝为何不肯议和，想必他当时心里定是郁闷和不解的。此次直逼明朝京师，他原以为明朝会惊恐万分，应该主动议和才是，但明朝并没有。不过皇太极也不是没有收获，既然议和无望，他便采取掠夺策略，从而获取了大批物资，极大地缓解了后金的燃眉之急。

绕道入关后，皇太极为了进一步扩大后金的生存空间，并且重新开辟对明朝的贸易窗口，于天聪六年（1632年）开始向蒙古高原进军。当时蒙古的草原霸主是察哈尔部的林丹汗，他是成吉思汗的嫡系后裔。林丹汗虽有心恢复先祖霸业，但他缺乏凝聚人心的能力，也没有建立八旗那样的固定建制，部众凝聚力和战斗力远不如快速崛起的后金，所以并不具备与之抗衡的实力。因此，早在天聪二年（1628年），为避开皇太极西征喀尔喀蒙古的兵锋，林丹汗率部西迁，沿途击溃内蒙古诸部，并占领了呼和浩特，将自己的势力扩展到了今甘肃和青海地区。

面对皇太极率领的八旗精锐和归顺的蒙古各部军队，林丹汗一方"惊恐无措"，只得放弃故土，渡过黄河，向西奔往占据今西藏及其附近地区的图白忒部落。实力大损的林丹汗鉴于藏传佛教在蒙古的深远影响，决定向西藏进军，意图控制当地僧俗大权，再号令全蒙古。然而，还没走到青海，林丹汗不幸染上天花，于天聪八年（1634年）八月死于西拉他拉大草滩（今甘肃天祝藏族自治县境内），结束了空有雄心壮志却无能为力的一生。

林丹汗不战而逃后，皇太极再次从蒙古高原南下侵袭明朝边境。皇太极致书明朝大同、阳和、宣府各地言官，要求议和，同时纵兵抢掠，结果明朝官兵不敢出战，只能将原本用于犒赏林丹汗的余下财物献出，假装同意议和并共定盟约开展贸易，使得皇太极以为对明开展贸易有了新的突破，没想到这只是对方的缓兵之计。事后，双方并没有真正开展贸易，可以说皇太极被摆了一道。

两年以后，也就是天聪八年（1634年）三月，根据《清太宗实录》记载，皇太极在致朝鲜国王李倧书中提及自己"上当受骗"之事："壬申年我往征察哈尔，收服其国，直抵黄河班师，路经宣府、大同边境，又与明国诸臣言修好事，据云奉伊主命，同予议和，因宰牛马，盟于天地，相与互市，予遂还兵。予方信为实然，复遣使致书宁远，岂知竟无一言相报。及致书宣大，亦败前盟。此非我误中明国之计，而与之盟，实冀望太平之心切耳，假使志在贪得，不乐太平，则以我乘胜之兵，长驱直入，不知彼作何状矣！"他解释自己因为"实冀望太平之心切耳"才受骗，同时最后一段话表明自己的军队兵强马壮，明朝不是其对手，暗示朝鲜要站对位置。

天聪九年（1635年），皇太极命多尔衮、岳讬、萨哈廉和豪格率领一万精兵再次西征察哈尔。林丹汗的三福晋苏泰和其子额尔孔果洛额哲率领臣民一千余人降顺，其他蒙古贝勒、台吉也陆续归顺，察哈尔部彻底降服于后金，漠南蒙古（今蒙古高原南部的蒙古各部统称）也全部被收进后金版图。1234年，金国亡于蒙古与南宋的南北夹击，401年后，后金将蒙古察哈尔部降服，也算是报了当年的一箭之仇。

额尔孔果洛额哲到达沈阳后，将元朝的传国玉玺进献给皇太极。对于皇太极来说，元朝的传国玉玺在某种程度上代表着政权合法性，他自然欣喜若狂。随后，皇太极又被以额尔孔果洛额哲为首的漠南蒙古四十九个封建主尊奉为"博格达彻辰汗"。至此，皇太极初步建立了塞上霸业。

大清第一位皇帝

皇太极一贯强调"以力服人，不如令人中心悦服之为贵也"，因此杀伐之外，皇太极在安抚人心方面也卓有建树。他的站位远高于父亲努尔哈赤，所以在继位后，他通过一系列政策，使得后金内部的各种矛盾大为缓和。

在继承父亲努尔哈赤对蒙古的策略上，皇太极秉持"剿抚兼施"的原则。他在位时期，对于归顺或联合紧密的蒙古贝勒、台吉一向宽厚待之，并且进行大规模联姻。皇太极有十四个女儿，又抚养岳讬和图伦各一女，这十六个公主中有十二个嫁与蒙古贝勒、台吉。皇太极的两个皇后和三个贵妃都出自博尔济吉特氏，其中孝庄文皇后所生的皇九子便是后来的清世祖福临。爱新觉罗家族的其他贝勒也多与蒙古贝勒联姻。

得益于这些联姻，很多蒙古贵族成为地位尊崇的皇亲国戚。诸如皇太极的两位皇后——孝端文皇后和孝庄文皇后，她们的娘家蒙古科尔沁部因此备受推崇。孝端文皇后的父亲莽古思被追封为和硕福亲王，莽古思之子宰桑被追封为和硕忠亲王，宰桑之长子吴克善系科尔沁左翼中旗第一代亲王，宰桑四子满珠习礼被封和硕达尔汉巴图鲁亲王。因此，《清史稿》卷五百一十八载称："科尔沁以列朝外戚，荷国恩独厚，列内扎萨克之首，有大征伐，必以兵从。"

厚待蒙古诸部可以说是皇太极延续其父的路线，至于汉人方面，皇太极并没有萧规曹随，而是大力纠正努尔哈赤所推行的民族压迫政策。天命十年（1625年）十月，努尔哈赤在辽东大肆屠杀汉人，激起了汉人大面积的反抗，造成了恶劣影响。天聪五年（1631年）的大凌河战役中，固守的明军在粮草断绝的情况下依旧坚持了很长时间，就是因为后金军队以往"不论贫富，均皆诛戮，即顺之，不免于死"，所以他们宁可战死不敢投降，直到皇太极表达出足够的诚意才愿意出城投降。

皇太极吸取以往的教训，禁止滥杀汉人，还提出满汉一体的政策。早在天聪三年（1629年），皇太极在绕道入关时攻取遵化、永平、迁安、滦州四城后，便告诫驻守的贝勒和大臣："朕与贝勒等会师征明，志在绥定安辑之也。归降之地土，即我地土，归降之民人，即我民人。凡贝勒大臣有掠归降地方财物者，杀无赦，擅杀降民者抵罪。"之后二贝勒获罪被幽禁，其中一条罪名就是弃城时屠城。虽然皇太极只是借题发挥，意在打压阿敏，但如此惩罚也震慑了其他贝勒和大臣，禁止滥杀汉人的政令也很快得到施行。

对于汉族上层人物和知识分子的拉拢，努尔哈赤和皇太极父子在政策上倒是非常一致，皇太极还更进一步，他特别重视拉拢这类人物为后金所用。因此他在位时期，不仅八旗蒙古军得以组建，八旗汉军也被编制而成。他的身边也围绕着一群汉人官僚。文官有范文程、宁完我、洪承畴、刚林、冯铨，武将有李永芳、孔有德、耿仲明、尚可喜等人。其中孔有德、耿仲明、尚可喜三人降清时，军队中还有炮兵部队，这极大地提升了后金军队的战斗力。

对于那些拥有自己的武装力量、手握兵权的汉人军阀，皇太极也给予其与皇室成员同等的待遇。例如孔有德之后被加封为恭顺王，耿仲明被加封为怀顺王，尚可喜被加封为智顺王，他们并称为清初三顺王。

1644年明朝灭亡前夕，崇祯帝为号召吴三桂入京勤王，封其为平西伯，清军入关以后，摄政王多尔衮直接加封吴三桂为平西王，这无疑是延续了皇太极对汉人军阀的拉拢政策。此举彰显了清朝上层统治者的实用主义精神，不拘泥于形式，只要对朝廷有用处，就对其加官晋爵。相比之下，南明永历朝廷在国之将亡时，统治者还迂腐地认为王爵乃社稷重器，不愿实封手握重兵的孙可望为秦王，只是勉强封其为平辽郡王，直至最后才不得已实封孙可望为秦王。等到孙可望兵败，只带领一百多名官兵降清，顺治帝即刻封其为义王，丝毫不吝惜爵位，最后靠着孙可望的情报，从而快速击溃了南明永历政权。这样的政策灵活性，也是清朝可以平定天下的重要原因之一。

在完成了内部集权，获得满、蒙、汉三族支持，并稳固了对东北的统治后，天聪十年（明崇祯九年，1636年），八旗贝勒大臣、以额尔孔果洛额哲为首的漠南蒙古诸部首领和以孔有德为首的汉人将领齐聚沈阳，拥戴皇太极登基为帝。同年四月十一日，皇太极在沈阳天坛举行祭天大典，正式"践天子位"称帝，受尊号为"宽温仁圣皇帝"，定国号"大清"，改年号为"崇德"。

历经十年努力，皇太极将汗权成功转变为皇权，后金也从草原汗国初步转型成为中央集权式国家。从此，皇太极身兼多重身份，他不仅是后金的第二位大汗，也是蒙古博格达彻辰汗，更是大清第一位皇帝，并且是大清王朝的开国皇帝。

皇太极建立的多元化大清政权，是以满洲为主体，融合蒙古和汉人参与的联合政权，仿佛是当年元世祖忽必烈建立的元帝国的缩小版。当年明成祖朱棣梦想成为下一个元世祖忽必烈，建立起世界性帝国，结果终其一生都未达成。相比之下，皇太极建立的霸业虽然远不及明成祖朱棣，但他已初步搭建好多元化帝国的框架。更重要的是，皇太极之后，大清帝国后继有人，并且连续几代雄主辈出，最终建立起幅员辽阔的大清政权，这与明成祖之后明朝疆域逐渐收缩的情况形成了鲜明对比。

皇太极步入了下一个阶段的挑战——面对八家分权祖制的反抗，他要如何维持和加强皇权？如何建立国家的框架？国家应该如何生存？种种头疼的问题，都需要他去一一面对。

脆弱的皇权

将中央集权制度加诸八旗框架之上

从军事角度来说,八旗制度无疑是一种先进的军事组织模式,这也是后金(大清)可以开国并且所向披靡的关键之一。但整体来说,八旗制度属于私人财产组织模式或者说是家族财产组织模式,有太多的局限性,以这样的组织模式治理国家,很明显是落后于中央集权模式的。

八旗制度在某种程度上意味着八家是平等的,想要一家集权的皇太极对此自然心知肚明,因此在他统治时期逐步将更为先进的中央集权制度即明朝的官制加入后金(大清)政权之中。在建立国家行政机构时,皇太极敕令"凡事都照《大明会典》行,极为得策",他广泛借鉴明朝的制度,甚至将明朝的官僚系统诸如六部直接搬运使用,尽管形式相似,但实质与运作方式却有其独特之处。

天聪三年(1629年)四月,皇太极创立了文馆,并派儒臣负责翻译汉字书籍、记录本朝政事,以昭信史。鉴于当时八王共治的复杂局面,这一机构并非表面那般简单,而是皇太极为吸纳汉臣特意设置的机构,汉臣可以通过该机构向皇太极谏言，从而起到类似智囊团的作用。

天聪五年（1631年），汉臣宁完我提出"请设六部"。同年七月，后金便效仿明朝的制度设立吏、户、礼、兵、刑、工六部，同时每部以贝勒一人主其事，下设承政、参政、启心郎等分掌其职。这意味着诸贝勒与皇太极不再是平等关系，而是君臣关系。

虽然在典章制度上多仿明制，但后金毕竟不是明朝那样的大一统王朝，只是偏居一隅的关外政权，占据主体的民族也不是汉族，所以"凡事都照《大明会典》行"并不适合后金的国情，并非长久之计。

根据《天聪朝臣工奏议》卷上高鸿中《陈刑部事宜疏》记载，天聪六年（1632年），任刑部承政的高鸿中就对皇太极"凡事都照《大明会》典行"的观点提出不同意见，认为"我国事，有可依而行者，有不可依而行者"，皇太极也深刻认识到这个问题，开始思考解决之法。次年八月，宁完我正式向皇太极提出"参汉酌金"策略，提出《大明会典》并非一日而成，而是经过多次修改而成，更何况后金与明朝国情不同，所以建议去掉不合时宜的旧制度和习惯，吸取汉文化中合乎时宜的典章制度，同时还要保留有利于满洲贵族的制度。简单来说，就是保留对自身有利的制度，再综合汲取汉文化中有益的制度，形成独特的具有自身特色的中央集权政体。在这一思想的指导下，后金（大清）开始形成自己独特的政治体系。

在皇太极正式称帝的前一个月，也就是崇德元年（1636年）三月，他下令改文馆为内三院，即内国史院、内秘书院和内弘文院，并设置八承政，分管内三院事务。不久，内三院的官制得到进一步调整，增设了大学士与学士职位，是为清代内阁前身。据《清史稿·太宗本纪二》记载，以希福为内弘文院大学士，范文程、鲍承先俱为内秘书院大学士，刚林为内国史院大学士。在三院六部之外，皇太极还设置了都察院。根据《清太宗实录稿本》记载："凡有告理者，或被断屈者，许先在刑部告诉；若刑部不为断理，将审事大人的名字明写，赴都察院告诉；都察院审明转奏，若竟投驾前告诉者，照例打鞭子。"说明都察院位在刑部之上，并隐含着对八旗贝勒大臣不法行为的监督意图，旨在进一步打压八家的分权企图。《清会典事例》则有着更为具体的记载："凡有政事悖谬及贝勒、大臣骄肆慢上、贪酷不清、无礼妄行者，许都察院直言无隐，倘知情蒙蔽，以误国论。"

皇太极还特设蒙古衙门，负责管理蒙古诸部事务，后改为理藩院。这就是仿明制之外，根据自身情况而设置的机构。在皇太极的构建下，大清政权最终形成以内三院、六部、都察院以及理藩院为核心的行政机构，合称"三院八衙门"。其中，除了理藩院，余下都是仿明制而设立。至此，建成了一套比较完整的国家机构，并且与八旗制度并存，开始逐步取代早先八旗"以旗代政"行使国家权力的状况，相当于将中央集权制度的框架加在八旗制度之上。通过这套国家机构，皇太极将权力进一步集中起来，加强了皇权。

八旗制度毕竟是立国之根本，皇太极不可能将这一制度革除，而且八旗制度也有其先进性。崇德二年（1637年），皇太极正式设立议政王大臣会议制度。这一制度可以视为努尔哈赤创建的八王共治制度的稀释版，最早可以追溯到努尔哈赤初创八旗时。根据《清史稿·刑法志》记载："每旗设总管大臣一，佐管大臣二。又置理政听讼大臣五人，号为议政五大臣。"到了天命八年（1623年），在八王之外，又设八大臣，负责监察贝勒行为、议论国政得失和战事情形。到天聪年间，这一制度已具雏形，只是未有名目而已。

等到皇太极时代，为了稀释八旗贝勒和议政大臣的权力，皇太极一方面创建诸如内三院进行分权，一方面又在每旗复设议政大臣三员，旨在进一步扩大参会人数，使其权力分散，以此来抑制旗主贝勒的权力。"议政"是一种正式的职衔，由皇帝任免，这样皇帝既可以批准品级低的贝子和皇室贵族以外的大臣参加议政，也可以罢免议政的某一贵族或大臣，相当于皇帝可以通过将支持自己的宗室成员和大臣加入会议之中，形成多数压倒少数的局面，以此来操纵该会议，这一举措巧妙地将本用于分散皇权的会议转变为加强皇权的工具。

皇太极的纠结

皇太极改国号为大清后,希望得到朝鲜的承认。然而,作为明朝的朝贡国,并且在不久前受到明朝抗倭援朝大恩的朝鲜拒绝了这一要求。于是,皇太极亲自率军进入朝鲜,军队势如破竹,朝鲜无力抵抗,此时处于灭亡前夕的明朝也无力救援。最后,被困在南汉山城的朝鲜国王李倧因粮草耗尽,只能被迫开城降清。双方将汉江渡口的三田渡作为盟誓的会场,崇德二年(1637年)正月三十日,朝鲜国王李倧在皇太极面前伏地请罪,从此大清取代明朝成为朝鲜的宗主国。之前一直明里暗里相助明朝的朝鲜,经此一战后,再也不敢援助明朝。同年,阿济格领兵攻克皮岛,斩杀明东江总兵沈世魁。至此,大清政权解决了一大一小两个后顾之忧。

完成这些后,皇太极开始集中精力对付明朝这个唯一的对手。他一方面继续派遣大军入关,深入畿辅和山东等明朝腹地掠夺物资以补给军需,沉重地打击了明朝的有生力量。这一时期的清军并无军纪可言,因为以掠夺为目的,所以只要一遇到抵抗,破城之后不论军民,通通将其屠杀或掠取为奴仆;另一方面,皇太极开始与明朝进行正面对决,崇德五年(1640年)到崇德七年(1642年)间,清军在松锦之战中进行了经典的围城打援,最终消灭了明朝在辽东的精锐部队。洪承畴与祖大寿相继降清,明朝在辽东的防御体系完全崩溃,再也无力反击清军,只剩下山海关的吴三桂部尚在苦苦支撑。松锦之战为大清政权之后入关打下了坚实的基础,由此,大清入关进而图取天下已成为必然之势。

根据《清太宗实录》记载:"是役也,计斩杀敌众五万三千七百八十三,获马七千四百四十匹,甲胄九千三百四十六件。明兵自杏山,南至塔山,赴海死者甚众,所弃马匹、甲胄以数万计。海中浮尸漂荡,多如雁鹜。"

松锦之战后,崇祯帝再也坚持不住了,在他的授意下,明朝兵部尚书陈新甲派遣职方郎中马绍愉前来议和。据《清史稿·太宗本纪二》记载,都察院参政祖可法、张存仁言："明寇盗日起，兵力竭而仓廪虚，征调不前，势如瓦解，守辽将帅丧失八九，今不得已乞和，计必南迁，宜要其纳贡称臣，以黄河为界。"意思是现在明朝式微，既然想议和，那应该让他们纳贡称臣，并且以黄河为界。

出人意料的是，皇太极并没有采纳该建议，反而致书崇祯帝："向屡致书修好，贵国不从，事属既往，其又何言？予承天眷，自东北海滨以讫西北，其间使犬使鹿、产狐产貂之地，暨厄鲁特部、斡难河源，皆我臣服，蒙古、朝鲜尽入版图，用是昭告天地，正位改元。迩者兵入尔境，克城陷阵，乘胜长驱，亦复何畏。余特惓惓为百万生灵计，若能各审祸福，诚心和好，自兹以往，尽释宿怨，尊卑之分，又奚较焉？古云：'情通则明，情蔽则暗。'使者往来，期以面见，情不壅蔽。吉凶大事，交相庆吊。岁各以地所产互为馈遗，两国逃亡亦互归之。以宁远双树堡为贵国界，塔山为我国界，而互市于连山适中之地。其自海中往来者，则以黄城岛之东西为界。越者各罪其下。贵国如用此言，两君或亲誓天地，或遣大臣莅盟，唯命之从，否则后勿复使矣。"

皇太极的大致意思是想要议和并与明朝开展贸易，而且提出的条件很优越，即以宁远双树堡为明朝界，塔山为大清界，这是当时双方的实际控制地界，等于维持现状，并没有提出过分要求，可谓诚意满满。没想到马绍愉回到北京后，因为秘密议和的消息泄露，崇祯帝不想背负议和的罪名，于是将陈新甲下狱论死，议和之事也不了了之。

虽然皇太极在大胜的情况下也坚持议和，但他对入关之事却早有准备。根据《清太宗实录》卷六十二记载，崇德七年（1642年）九月，汉军将领李国翰、佟图赖、祖泽润、祖可法、张存仁等请求乘胜夺取北京，皇太极却表示："取燕京如伐大树，须先从两旁斫削，则大树自仆。朕今不取关外四城（宁远、中后所、前屯卫、中前所），岂能即克山海？今明国精兵已尽，我兵四围纵略，彼国势日衰，我兵力日强，从此燕京可得矣。"大致意思是没必要冒险直接进军北京，要稳扎稳打，从其他方向形成合围之势，取下北京指日可待。1644年明朝灭亡后，清朝顺利入关，摄政王多尔衮遵循皇太极遗言，即一旦攻克北京，便立刻迁都，坚决主张迁都北京。可见皇太极对清军入关后的战略部署早有筹谋。

由此可见，皇太极对入主中原、夺取天下有着不小的野心。他制定了详细计划，并且不时入关侵袭明朝和掠夺物资。但他又一直坚持议和并想与明朝开展贸易，似乎很是纠结，这又是为什么呢？

最重要的原因皇太极其实并没有直接说出来，那便是明朝虽如迟暮老人，但并非瘫痪老人。即使在松锦之战后，明朝也并非毫无还手之力。尤为关键的是，大清政权作为满族人在关外建立的政权，并非正统政权内部崛起的势力，不易获得关内民众普遍的认同感。对明朝来说，大清属于"外夷"，一旦大清兵围北京，明朝内部的凝聚力便会空前加强，到时候鹿死谁手就不太好说了。因此，皇太极采取稳扎稳打的方式，同时考虑到明朝境内农民起义正盛，明朝已处于垂死挣扎的状态，故选择静观其变。事实证明，他的策略是明智的，不久以后李自成攻入北京，明朝灭亡，关内失去了主心骨，清朝入关以后遇到的阻力自然大减，因此所向披靡。

还有一个重要原因在于，大清政权内部并非铁板一块。表面上看，皇太极已经将权力分散的后金政权过渡成为中央集权的大清政权，从汗权走向了皇权，然而，君主制的实施实际上是对八王共治制度的否定。换言之，从八旗共治转变为皇权独揽，势必要侵犯其他旗主贝勒的权益。因此，皇太极虽然成功建立了皇权统治，但他的崇德皇权的基础却相当脆弱，表面的平静之下，实则暗潮涌动。

皇太极在天聪年间的集权，其重要策略之一便是借力打力，即利用众小贝勒来打压其他三大贝勒。到了崇德年间，众小贝勒反应过来，才发现皇太极不是要成为八家之首的大汗，而是要做凌驾于八家之上的皇帝。因此，皇太极的对手从三大贝勒变成了试图保住自身半独立权势的诸王贝勒。

崇德元年（1636年），皇太极正式称帝后创建新的封爵定例，想要以国家爵位制度来重新定义八旗旗主地位，于是封大贝勒代善为和硕礼亲王，贝勒济尔哈朗为和硕郑亲王，多尔衮为和硕睿亲王，多铎为和硕豫亲王，豪格为和硕肃亲王，岳托为和硕成亲王，阿济格为多罗武英郡王，杜度为多罗安平贝勒，阿巴泰为多罗饶余贝勒。

但到了崇德三年（1638年），诸王贝勒竟然依旧拒绝遵循新的封爵定例。因此，皇太极大怒。据《清史稿·太宗本纪二》记载，秋七月壬戌朔，谕诸王大臣曰："自古建国，皆立制度，辨等威。今亲王、郡王、贝勒、贝子、公主、额驸名号等级，均有定制，乃皆不遵行，违弃成宪，诚何心耶？昔金太祖、太宗兄弟一心，克成大统。朕当创业之时，尔等顾不能同心体国恪守典常乎？"

《清太宗实录》对此则有着更加详细的记载。皇太极认为诸王贝勒不遵循定例，会"乃久则忘之"，于是愤然说道："昔尔等请朕上尊号时，朕深知尔等所行如此，是以固辞不受，谓国中有嫉妒不良之人难以化诲，彼时尔等皆毅然身任，以为断无此事，于是始从尔等所请，随创立制度以辨等威。乃三年以来，竟不遵循。"大致意思是说当初你们推举我上位的时候，我早已预见今日的局面，因此我坚决推辞不接受。我说国中有嫉妒心强、品行不端并且难以教化开导的人，是你们力劝，说这种情况不会发生，我才接受你们的请求，随后创建制度以分辨等级权威。没想到三年时间，你们竟然都不遵循。皇太极此言一出，诸王贝勒无言以对，只能"皆引罪"。由此可见，诸王贝勒对皇太极建立的皇权制度有着强烈的抵制之心，连封爵定例都如此，更何况其他事情。皇太极欲以国家爵位制度之力打破八旗内部长期固有的等级关系的愿景，终是化为泡影。

皇太极的集权行为不仅使他与诸王贝勒矛盾重重，而且连长子豪格都卷入其中。崇德元年（1636年），豪格被封肃亲王，并掌户部，他的堂兄成亲王岳讬掌兵部。当时皇太极大力加强部务监督，豪格和岳讬对于二部启心郎"往往探听我二人之言，即行陈奏"的行为表示不满。豪格身为皇长子，按理说不应该有此怨言。究其原因，一方面是豪格本身政治素养低，一方面是虽然皇太极建立了皇权，但八王共治的余绪犹在，即使是豪格这个亲儿子也认为皇太极不能如此监督他们。最终，岳讬被指控犯有离间皇太极和豪格父子关系以及离间郑亲王济尔哈朗与豪格之间的关系等罪，被降为多罗贝勒，其在兵部的职务也被罢免。同时，豪格也被降为多罗贝勒，他在户部的职务也被解除。

崇德八年（1643年），也就是皇太极在位的最后一年，根据《清太宗实录》记载，皇太极还曾说道："朕素于诸王、贝勒、贝子、公等一切家事，俱不预闻。"这里的"家事"，应该指的是包含诸王贝勒等对所属人员拥有相对独立的管辖权，不受皇权干涉。按理来说，当时皇太极的个人权威已达到顶峰，即使如此，诸王贝勒等依旧享有一定的独立特权，皇帝不能干预其"家事"。从这里可以看出，皇太极称帝后的八年间，高歌猛进的大清政权内部看似定于一尊，实则处在皇权代表皇太极与八家分权代表诸王贝勒等的激烈斗争中。一方想要往一家集权的路上狂奔，一方则是虽屡遭打击，看似不是其对手，但暗地里一直死命拉着皇权集中的马车，不想让其往前走，双方都在暗暗较劲。

面对内部的隐患，皇太极一直有着清楚的认识和防范。根据《清太宗实录》记载，早在天聪九年（1635年）二月，汉人降将就劝皇太极进军攻打明朝，皇太极却谕曰："朕反复思维，将来我国既定之后，大兵一举，彼明主若弃燕京而走，其追之乎？抑不追而竟攻京城？或攻之不克，及围而守之乎？彼明主若欲请和，其许之乎？抑拒之乎？若我不许而彼逼迫求和，更当何以处之？倘蒙天佑，克取燕京，其民人应作何安辑？我国贝勒等皆以贪得为心，作何禁止？此朕之时为廑念者也。"皇太极提出了多个疑问，并且隐晦地点出八旗贝勒是"贪得为心"，意思是这些实权派太过贪心，是不可控的因素之一。

崇德七年（1642年）六月，明朝派人议和之际，皇太极在给朝鲜国王李倧的敕令中进一步透露出自己的忧虑："诸王贝勒等咸谓明之国运将亡，正宜乘此机会攻取燕京，安用和为？但念战争不已，伤民必众，朕心实有所不忍。况纵蒙天眷，统一寰区，义安之道，经理之方，正多筹画，欲使子子孙孙永守而弗替，亦未可骤言也。昔大金不尝抚有中原乎？盛衰有时，具载史册。朕之真心如此，诸王等所见如彼，进取与和好二者孰善，以王谊属一体，故降敕商议，宜直陈所见，勿得隐讳。特谕。"皇太极此举有三个用意：一是一如既往地显示自己的仁义，说是为了避免生灵涂炭而不忍心发动战争。这看似冠冕堂皇，实则经不起推敲，八旗军队几次绕道入关掠夺物资，对百姓造成巨大伤害，那时候怎么不谈仁义？二是让李倧以局外人的身份给他出主意，以此展现大清的实力，意思是大清想要取代明朝是一念之间的事情，同时给朝鲜以警告。三是皇太极并不忧心军事上的成败，而是鉴于金国的历史教训，害怕自己即使得到天下也难以长久维系，恐其会迅速由盛转衰。皇太极之所以有这般顾虑，是因为他还没有完成对皇权的最后构建，与诸王贝勒间矛盾重重。因此，内部问题使他举棋不定。

鉴于皇权的脆弱性，皇太极忧虑一旦入关后顺利得到半壁江山或者整个天下，届时诸王贝勒实力膨胀，很容易不受控制，甚至可能天下还未坐稳，内部就要兵戎相见。因此皇太极静待明朝内部发生大变，根据《清实录》记载，在去世前不久，皇太极就准确推断出"明之必亡昭然矣"。同时，他力求加强中央集权，在制度上进一步剥夺诸王贝勒的权力。但留给他的时间并不多了，或者说已经没有了。崇德八年（1643年）八月，皇太极猝死于盛京后宫，享年五十二岁，死后上庙号太宗，初谥"应天兴国弘德彰武宽温仁圣睿孝文皇帝"，后累加谥为"应天兴国弘德彰武宽温仁圣睿孝敬敏昭定隆道显功文皇帝"，主谥号为"文"，是标准的大一统王朝二代皇帝的待遇。

皇太极死后，大清又陷入了新一轮皇位争夺战中。一是因为皇太极死得太突然，二是因为他生前并没有立储君。还有个重要原因在于努尔哈赤所确立的八和硕贝勒共同推选嗣汗的祖制限制，从这里也可以看出当时皇权的脆弱性。

《清史稿》这般评价皇太极的作为：

> 太宗允文允武，内修政事，外勤讨伐，用兵如神，所向有功。虽大勋未集，而世祖即位期年，中外即归于统一，盖帝之诒谋远矣。明政不纲，盗贼凭陵，帝固知明之可取，然不欲亟战以剿民命，七致书于明之将帅，屈意请和。明人不量强弱，自亡其国，无足论者。然帝交邻之道，实与汤事葛、文王事昆夷无以异。呜呼，圣矣哉！

这段话对皇太极的评价也算公允，认为清朝之所以可以顺利入关夺取天下，主要是因为皇太极打下了牢固的基础。纵观皇太极一生作为，他的确是文武双全。军事上，皇太极开疆拓土，使得大清政权大致拥有了今天的东北地区，大致统一了关外，迫使明朝不得不退居山海关内，只余宁远四城孤悬关外。皇太极还降伏了漠南蒙古和朝鲜，挟势与明朝对峙。明朝的边患也由正北方的蒙古诸部转变成为东北的大清政权。政治上，皇太极进行大刀阔斧的改革，将八家分权改为一家集权，将中央集权的制度加诸八旗框架之上，建立起了一个优越的政治组织形式，使得清朝入关后可以快速适应疆域极速扩张的局面，并迅速完成"本土化"，为大一统的政治格局奠定了基础。

在历朝历代的二代皇帝中，皇太极可谓独树一帜。他在位期间的清朝虽然并非全国性政权，只是偏居一隅的割据政权。但纵观其作为，与大一统王朝的二代皇帝相比也是不遑多让，其历史贡献之卓越，足以跻身前三之列。

在革新祖制方面，同样为二代皇帝，同样为太宗，面对祖制之下的诸王问题时，皇太极比明太宗朱棣（朱棣庙号初为太宗，后被嘉靖帝改为成祖）的做法更为彻底。朱棣发动靖难之役并成功登基，这本身已是对祖制的一次重大背离，但此后他并没有再次违背祖制。针对棘手的藩王问题，朱棣采取隐性削藩的策略，逐步剥夺藩王三护卫的兵权，只保留藩王的经济特权，使得藩王再也没有能够颠覆朝廷的能力。然而，此举也带来了弊端，即藩王只享俸禄而不理政事，且待遇优厚，给明朝造成了庞大的财政负担。反观皇太极，他直接用君主制否定八王共治制，将八家分权格局改为一家集权的模式。

当然，两者的情况也有所不同。朱棣继位时，明朝已是一个成熟的全国性政权，开国皇帝朱元璋在位三十一年，他定下的各种制度已经相对完善且实施了相当长一段时间，祖制没那么容易撼动。加之朱棣本身是藩王造反起家，上位以后需要其他藩王的支持，所以他也就没有进行根本性的改革。努尔哈赤虽已初步建立了后金政权，但尚未统一关外地区，各种制度并不完善，只是建立了八旗制度。皇太极继位后，通过完善政权制度，加入中央集权的元素，才以这种方式打破了八家分权的格局。

大清300年

本可称高祖的清太宗

身为实际上的开国皇帝，皇太极可以说是一位被严重低估的开创者。他的遗憾在于，他在位十七年，使得大清拥有入关席卷天下的雄厚实力，在明朝灭亡后迅速入关成为全国性政权，却猝死于明朝覆灭前夕。他的儿子顺治帝的作为不及他，但因为顺治帝是清朝成为全国性政权后的第一位皇帝，因此被尊为世祖。而且有些尴尬的是，他的儿子顺治帝福临是世祖，他的父亲努尔哈赤是太祖，他的孙子康熙帝玄烨是圣祖，而他夹在中间只是太宗。

虽然庙号太宗是大一统王朝二代皇帝的标准待遇，但高祖的庙号其实更适合皇太极。

庙号是中国古代君主驾崩后在庙中被供奉时所称呼的名号，起源于商朝，在周朝和秦朝时期一度被废止，自汉朝开始恢复使用，从此一直沿用了两千年之久。按照"祖有功宗有德"的标准，一般开国皇帝称之为祖，后继之君有功德者为宗。

如果后继之君称之为祖，要么是滥用庙号，诸如魏明帝曹叡，身为三国时期曹魏第二位皇帝，竟然在生前就为自己定下了烈祖庙号，此举实属荒谬。要么确实有大功绩，诸如大一统王朝中的汉世祖刘秀、元世祖忽必烈和清世祖顺治帝福临。上世祖庙号一般分两种情况，第一种情况是指断代史开创者的特定庙号。刘秀便是其中的最佳代表，在西汉灭亡十五年后，刘秀以西汉宗室身份，打着汉家旗号再度恢复汉家之天下，建立了东汉，成大一统之基业，因此庙号为世祖。第二种情况是授予那些虽非政权初创者，却能在王朝发展的关键时刻展现出非凡才能的君主特定的庙号。忽必烈便是其中的最佳代表，他虽是蒙古帝国的第五任大汗，但开创了一个全新的历史时期，建立了元朝并且最终完成了大一统，使割据政权过渡成为全国性政权，因此上庙号世祖。顺治帝福临也属于这种情况。

提起庙号就不得不提谥号，因为一般皇帝死后不只上庙号，还会上谥号。诸如本章第一节提到的努尔哈赤，死后上太祖庙号，主谥号为"高"，因此清朝人称呼努尔哈赤时，会称呼其为太祖高皇帝，这就是典型的以庙号加谥号的称呼。

谥号起源于西周，范围较之庙号要大一些，是古代皇帝、皇后、贵族、大臣等社会地位较高的人物死后，根据其一生功过给予或褒或贬评价的文字。帝王之谥由礼官议上，臣下之谥则由朝廷审议赠予。谥号在秦朝时曾被短暂废止，汉朝时重新启用。

庙号和谥号都可以概括皇帝一生的功过，这二者在早期是比较客观公正的。以庙号来说，在开创时期的商朝，前后相传十七世三十一王，只有"太""高""世""中"四种庙号。至汉朝恢复起用庙号以后，西汉十二帝中只有四帝拥有庙号，比如汉景帝就没有庙号。以谥号来说，战国时期赵武灵王通过进行胡服骑射改革，使得赵国迅速强大，甚至可以跟秦国抗衡，但在继承人问题方面他犹豫不决，还选错了人，最终凄凉地饿死于沙丘，谥号"武灵"二字可谓恰如其分，"武"字在谥号中极具赞美之意，"灵"字在谥号中则极具贬低之意，很符合赵武灵王这既英明又昏庸的矛盾人生。

再以汉朝来说，西汉开国皇帝汉太祖刘邦和东汉开国皇帝汉世祖刘秀这两位皇帝的谥号一个是"高"，一个是"光武"。刘邦的"高"字谥号为后代树立了一个典范，后世大一统王朝的开国皇帝，主谥号多为"高"。割据王朝的开国皇帝的谥号，一般分为两种情况，有以"高"字为主谥号者，也有自知之明者以次一等的"武"字为主谥号。西汉其他皇帝都为二字谥号，并且都以"孝"字开头，意在以孝治天下。而孝之后的这个字才是关键所在，可以全面评价皇帝的一生功过。以汉文帝刘恒来说，他的庙号为太宗，谥号"孝文"。关键就是这个"文"字，可谓美谥之一，"经天纬地曰文"。而汉文帝刘恒之后，一般历朝历代的二代皇帝，佼佼者上庙号"太宗"，主谥号为"文"；一般者则参考汉文帝的大哥汉惠帝刘盈，他没有庙号，只有"惠"字谥号，此字既有褒义之意，亦有平庸无能之意，倒也符合汉惠帝的一生功过。因为西汉只有四位皇帝有庙号，所以后世一般以谥号来称呼西汉皇帝，诸如前文提到的汉文帝。

虽然庙号和谥号在西汉的评定很严格，但随着时代的发展以及君权的加强，庙号和谥号开始滥用起来。诸如三国时期曹魏有三祖。到了唐朝以后，庙号开始普遍化，除了亡国之君，一般情况下皇帝都有庙号。自唐朝开始，皇帝谥号的字数越来越多，诸如大家熟悉的唐太宗李世民，他的庙号自然是太宗，初谥为文皇帝，后来累计加谥为文武大圣大广孝皇帝。由于谥号越来越长，并且不如庙号具有客观公正性，因此后世称呼唐朝及其之后的宋朝皇帝，多以庙号代称。

到了君权高度集中的明清两朝，皇帝的谥号越发繁复。明朝开国皇帝明太祖朱元璋，谥号为"开天行道肇纪立极大圣至神仁文义武俊德成功高皇帝"，共有二十一个字，之后的明朝皇帝谥号都为十七个字。清朝在此基础上有过之而无不及，清太祖努尔哈赤累计加谥为"承天广运圣德神功肇纪立极仁孝睿武端毅钦安弘文定业高皇帝"，谥号有二十五个字，可谓史无前例。之后的清朝皇帝谥号也有二十三个字之多，比明朝开国皇帝明太祖朱元璋还要多两个字。

明清时期，庙号和谥号逐渐被滥用，只要不是作为太差的皇帝，往往都能获得好的庙号和谥号。以签下不平等条约的道光帝来说，其死后庙号宣宗，谥号"效天符运立中体正至文圣武智勇仁慈俭勤孝敏宽定成皇帝"。宣宗是一个好庙号，像明宣宗朱瞻基，与父亲明仁宗朱高炽共创仁宣之治，颇有作为，因此死后上庙号宣宗。再往前有唐宣宗李忱，他文韬武略，有着"小太宗"之称。道光帝无论文治还是武功，都远不及之前两位宣宗。再以谥号来说，道光帝的主谥号

第一章 | 祖制的革新与再造

"成"字也是美谥。

明清时期自明太祖朱元璋开始实行一世一元制，也就是说一个皇帝一辈子只用一个年号。因此，除了明英宗朱祁镇两度登基为帝和清太宗皇太极的特殊情况而拥有两个年号外，其他皇帝都是终身用一个年号，因此称呼明清皇帝时多以年号代称。诸如大家熟悉的康熙帝玄烨，康熙就是他的年号。除了以年号称呼，次之便是用庙号称呼，虽然庙号多有重复，但是庙号前面加上所在朝代，便能清晰区分。至于用谥号称呼皇帝的情况则少之又少。

那为什么说高祖庙号更适合皇太极呢？先来说说太祖庙号和高祖庙号的区别，以开创时期的商朝只有"太""高""世""中"四种庙号为标准，太祖庙号的含金量比高祖庙号要高。

就实际情况来看，通常那些主要依靠自身力量开创基业的开国皇帝，其庙号会被尊为太祖。诸如汉太祖刘邦、宋太祖赵匡胤、明太祖朱元璋等，他们的先辈和家族并未给予其显著的直接帮助。反之，如果开国皇帝是靠着先辈努力和家族势力，有着较高的起点，那么他们往往会被授予高祖的庙号。诸如隋高祖杨坚，父亲杨忠为北魏到北周时期的名将，是西魏十二大将军之一，隋朝建立后被追尊为太祖。唐高祖李渊的祖父为西魏八大柱国之一的李虎，李氏一族在李虎时代开始兴旺发达，才有了日后李渊从太原南下夺取天下之事，因此唐朝开国后李虎被追尊为太祖。

某种程度上来说，高祖可以说是世祖的加强版，世祖是站在前人的肩膀上做出了一番大事业，使王朝进入了一个全新的时期。诸如前文提及的汉世祖刘秀，虽然他自身能力超群，但在王莽篡汉后烽烟四起的乱世中，西汉宗室的身份给他带来了极大的便利。还有元世祖忽必烈和清世祖顺治帝福临，也是因为有前人开基，所以才得以建立初具规模的政权。这点性质和高祖其实是一样的，只不过高祖虽然起点也高，但并没有那么大的优势。诸如隋高祖杨坚和唐高祖李渊虽有家族助力，但他们的家族并未建立新政权，所以他们仍需克服重重困难开辟新王朝，难度还是很大的。

参考隋高祖杨坚立国后追尊父亲杨忠为太祖，唐高祖李渊追尊祖父李虎为太祖。以此来看，皇太极身为开国皇帝，将太祖庙号追封给"创一代"努尔哈赤，那么他的庙号上为高祖其实更合适。

皇太极虽然功勋卓著，但有一个难以回避的遗憾，那便是他猝死于入关前夕。他在位时期大清并没有成为全国性政权，他打下的天下也只有关外一隅之地，远不及隋高祖杨坚和唐高祖李渊打下的天下。因此，"太宗"和"高祖"两个适合皇太极的庙号，最终选择为皇太极上"太宗"庙号。虽然只是"宗"字庙号，但太宗是"宗"字庙号之最，属于二代皇帝中佼佼者专属。

1644年明朝灭亡，清朝随后入关，标志着全国性政权的更迭。这一年既是明朝的结束，也是清朝的开始，因此清朝的正式建立应从1644年开始算起，而之前的割据时代则可以参考秦朝与秦国的关系，并不能纳入全国性政权时期。

清朝入关以后，出于政治上的考量，对关外二帝的历史地位进行了抬升。诸如前文提到的鳌拜，他力排众议，将努尔哈赤的谥号从"武"改为"高"，对努尔哈赤这个"创一代"给予大一统王朝开国皇帝的标准待遇。那么皇太极这个"创二代"自然只能给予大一统王朝二代皇帝的标准待遇，不宜给予"高祖"庙号这种大一统王朝开国皇帝的标准待遇，以免破坏关外二帝时期一脉相承的历史连贯性。所以皇太极只能是太宗，也不会像明朝朱棣那般，庙号初为太宗，结果一百多年以后被后世子孙嘉靖帝改庙号为成祖。

出于政治考量，皇太极死后面对的是不能过度抬高庙号的情况，以免遮盖了"创一代"努尔哈赤的光芒。而他的孙子康熙帝，则是庙号被过度抬高。康熙帝死后，儿子雍正帝因为登基有着"篡位"争议，一开始根基不稳，为了彰显自己的孝心并稳固统治，他特意抬高父亲康熙帝的地位，甚至不顾礼制地为其上庙号圣祖。

无论是太宗的庙号，还是后来提及的高祖庙号，终究只是几百年前的历史。从这个角度，我们不禁为大清王朝真正开创者的皇太极感到遗憾。并且借此说说庙号、谥号、年号，这是在之后内容中绕不开的知识点。

第一章 | 祖制的革新与再造

最大的赢家

皇太极猝死后，新兴的大清政权再次走到历史的十字路口。幸运的是，努尔哈赤留下的八和硕贝勒推选嗣汗的祖制，虽然是阻碍皇权集中的存在，但在关键时刻又开始发挥作用了。当时虽然已不是八王共议国政的政治格局，但作为祖制的延续，皇位继承人最终通过议政王大臣会议的讨论得以确定，这意味着诸王贝勒依旧如同努尔哈赤去世后那般，拥有推举国君的重要权力。

当时在立储问题上最有发言权的是议政王大臣会议中的代善、多尔衮、豪格、济尔哈朗四位亲王以及阿济格和多铎两位郡王，但皇太极多年打压诸王贝勒，使得诸王贝勒无法关起门来几个人就可以商议出谁来继承皇位，皇太极亲领的两黄旗也开始在立储问题上发挥关键作用。根据《清史稿》卷二百四十九记载，皇太极死后五天，多尔衮便在三官庙召大臣索尼商议皇位继承人之事。索尼出自皇太极亲领的两黄旗，可以说代表了两黄旗的态度，多尔衮也是借此试探。索尼回道："先帝有皇子在，必立其一。他非所知也。"意思是必须立先帝之子。

争论到最后，掌握两红旗的代善因为与多尔衮有旧怨，掌握镶蓝旗的济尔哈朗因为只是努尔哈赤的侄子，无法参与皇位争夺战，并且又是被皇太极一手扶持起来，只能坚定地支持皇权一方，所以这二位亲王支持掌握正蓝旗的皇太极长子豪格。加上两黄旗的支持，豪格拥有了六旗支持，而多尔衮只有两白旗支持，等于统治集团内部大多数成员已经达成共识，倾向于拥立先帝之子。

然而，豪格能被其他五旗支持，并非基于他的个人能力，而是凭借其作为皇太极长子的身份。事实上，豪格的个人能力并不强，用多铎的话来说，他属于"性柔"之人，皇太极也认为豪格"庸愚"，所以皇太极并无立他为储君之意。豪格之所以在皇太极在位时期得到重用，一是因为他军事能力强，颇有战功。二是因为皇太极继承汗位时，他的十一个儿子里只有长子豪格年满十九岁，已成年，其余诸子或年幼或早殇。也就是说皇太极在集中皇权的过程中，无论他愿意不愿意，子嗣中只有长子豪格才能为他助力。

皇太极去世后，两黄旗大臣也遇到了同样的难题。鉴于皇太极其他儿子年纪小且没有战功，两黄旗想到了一个权宜之计。根据《清世祖实录》记载，皇太极刚刚去世，两黄旗的主要大臣图尔格、索尼、图赖、锡翰、巩阿岱、鳌拜、谭泰、塔瞻八人就前往豪格家中，"言欲立肃王为君，以上（清世祖福临）为太子，私相计议"。再加上之前索尼对多尔衮的回复，可以看出两黄旗并非真心支持豪格，他们的底线是先帝之子继承皇位。还有一个重要原因在于，豪格亲领的是正蓝旗，如果豪格继位，两黄旗固然可以保住天子上旗的地位，但肯定要屈居于正蓝旗之下，这是两黄旗大臣所不愿见到的。

多尔衮虽然有两白旗支持，但他与同母哥哥阿济格和同母弟多铎之间并非毫无嫌隙，皇太极对此早有预见，所以对这三兄弟采取了打压分化的策略。诸如天聪二年（1628年），阿济格获罪被贬，皇太极任命多尔衮为镶白旗主旗贝勒，阿济格则被降为不主旗议政贝勒。努尔哈赤死后所留的十五牛录，阿济格和多尔衮认为他们三兄弟应该一人分五牛录，皇太极却以应分给幼子为由，做主将其都分给多铎，并在崇德四年（1639年）看似无意地提及此事，暗示多铎获得太祖遗产最多。皇太极一番操作下来，三兄弟的关系自然出现裂痕，有勇无谋的阿济格与多尔衮矛盾最深，多尔衮对这位兄长也不以为然。入关后，为了共同的利益，三兄弟的关系逐渐缓和，多尔衮与弟弟多铎更是结成了政治同盟，但这已是后续之事。虽然当时多尔衮有着阿济格和弟弟多铎的支持，但他害怕这是捧杀之计，并没有深信，所以多尔衮争夺皇位时也在犹豫不决。

据《清史稿》记载，到了关键的八月十四日，先是"两黄旗大臣盟于大清门，令两旗巴牙喇兵张弓挟矢，环立宫殿，率以诣崇政殿。诸王大臣列坐东西庑，索尼及巴图鲁鄂拜首言立皇子"，旨在为立先帝之子造势。从这里也可以看出，皇太极建立的崇德皇权对皇位继承人的选择产生了深刻的影响。随后，众人开始商讨皇位继承人，本来豪格有机会一争高下，但他或许出于自知之明，或许是想效仿父亲皇太极当年以退为进之举，最终表示"福小薄德，非所堪当"，主动退出了竞争。阿济格和多铎则支持多尔衮继位，但多尔衮犹豫不决，然后多铎毛遂自荐道："若不允，当立我。我名在太祖遗诏。"但多尔衮说道："肃亲王（豪格）亦有名，不独王也。"一句话让多铎哑口无言，又说道，不立我，论长当立代善。从这里也可以看出多铎也并非真心实意支持多尔衮，可能有捧杀之意，等到多尔衮犹豫不决时故意拆台。

代善当时掌握着两红旗，又是诸王贝勒之长，但他常年被皇太极打压，本身没有太大权力，两红旗又人才凋零，所以他识趣地说道："我老矣，能胜此耶？"以此抽身而出。从这里也可以看出崇德皇权的脆弱性，因为传统皇位传递的父死子继的方式并没有占据主流。除了皇太极的长子豪格被拥戴继位之外，代善、多尔衮、多铎这三位皇太极的兄弟，或是被他人拥戴，或是要求自己继位，最终导致了双方僵持不下的局面，彼此都不愿对方继位。

从某种程度上来说，代表皇权的两黄旗在这场皇位争夺战中起到了关键作用。两黄旗并非真心实意地支持豪格，所以豪格无缘皇位。同时，两黄旗反对多尔衮继位，多尔衮也无法压制这股力量。这说明此时的皇权即便显得脆弱，但也依然是皇权，其权威性和影响力远非八王共治下的汗权可比，两者已不再处于同一个层级。

在这种情况下，聪明的多尔衮提出立皇太极第九子福临为新君，自己和济尔哈朗为辅政。这样一来双方都满意。中央集权式的政权体系中，父死子继的皇位传递方式在这场皇位争夺战中初步体现出来。福临当时才六岁，多尔衮虽然没争夺到皇位，但可以借助辅政来掌握实权。代善看到不是与自己有旧怨的多尔衮继位，自然也欣然同意。济尔哈朗本就支持先帝之子继位，达成目的不说，还能成为辅政大臣，自然也同意。两黄旗更不用说，福临继位意味着他们还可以保持天子上旗的地位，也不用怕正蓝旗居于其上，自然乐意之至。统治集团内部经过冲突和妥协后，六岁的福临继位。福临成为这场皇位争夺战中的躺赢者，并于次年改元顺治，这就是大家熟悉的顺治帝。

多尔衮成为这场皇位争夺战的最大赢家，他选择济尔哈朗与自己共同辅政，是为了让其他势力放心。一向谨小慎微又才干平平的济尔哈朗根本不是他的对手，多尔衮早已谋划好了要独揽大权。此后雄才大略的多尔衮最终不负众望地实现了父亲努尔哈赤和兄长皇太极的愿望——带领清军入关，使清朝成为全国性政权。

这也是新兴政权的优势所在，其内部不乏有远见卓识之人，往往能在王朝命运的关键时刻做出正确选择，从而避免王朝分裂，并且抓住天下大乱的时机，完成大一统的霸业。而患有"王朝末世综合征"的政权，非但无法把握良机，反而内部争斗不断，明末就是如此，到了南明更是延续了这种内斗。

最后唯一的失败者就是豪格，什么都没有争到，而且因为他是主动退让，也不能像多尔衮那样退居次席，辅佐朝政。即使内心有万般不甘，豪格也只能无奈认命。

政治斗争向来残酷，充斥着生死较量。对于政治素养不高的豪格而言，错失皇位或许已是遗憾，但他未曾料到，之后还要付出生命的代价。顺治五年（1648年）二月，豪格凯旋，不久被多尔衮构陷削爵，下狱幽禁，同年三月死于狱中，时年四十岁。豪格死后，他的福晋被多尔衮所纳，另外还有两个福晋分别被济尔哈朗和阿济格所纳。身为太宗长子，豪格曾与皇位只有一步之遥，最后却在政治斗争中一败涂地。即便身为亲王，一旦在政治斗争中失利，不只保不住自己的性命，连妻子都成为仇人侧室，下场相当凄凉。

明朝的崩溃

在关外后金(大清)实力日盛之际,明朝逐渐日暮途穷。从经济角度来看,明朝亡于财政崩溃,主要是由于朝廷长期拖欠军饷所致。明末担任户部尚书的毕自严在其所著的《度支奏议·堂稿》卷四之《详陈节欠各边年例钱粮数目疏》中记载,自万历三十八年至天启七年,各边防地区欠饷累计九百六十八万两,其中蓟镇五十三万两。边关长期拖欠军饷,自然导致明军战斗力急剧下降。等到1644年以后,降清明军的战斗力显著提高,有个重要原因就在于降清明军有军饷可拿。在财政近乎崩溃的情况下,明朝的统治者却粗暴地以加征三饷(辽饷、剿饷、练饷)来解决问题。底层百姓被进一步剥削,社会矛盾进一步激化,最终突破底层百姓所能承受的极限,导致农民起义接连不断。这个以农民起义为开端建立的明朝,最终也亡于农民起义,令人唏嘘。

从道德角度来看,明朝末年的官僚体系已腐朽至极,贪污腐败成为常态。国家面临外患之际,朝臣们却仍将党争置于首位,导致很多精英没有发挥出其才能,反而在内部斗争中遭到打压。精英们的注意力从治理国家转向了内部斗争,这种政治腐败衍生的弊端延续到了南明政权,并且愈演愈烈。

从阶级角度来看,自开国皇帝明太祖朱元璋废除丞相制度以来,明朝的皇权运作与宋朝显著不同。宋朝皇帝秉持不杀士大夫的原则，而明朝皇帝对官僚体系实施了严厉的追责制度，从某种角度来看，这体现了一种更为公平的政治理念，也是明朝能延续近三百年之久的原因之一。然而，正因为对官僚集团如此苛刻，所以明朝近三百年的历史，也是一部皇帝与官僚集团对抗的历史。在对抗中，双方或是皇权占据上风，或是官僚集团占据上风。到了崇祯帝时期，官僚集团占据上风，并且不再配合崇祯帝，即使崇祯帝依照以往的规则进行严厉追责也无济于事，加之统治策略跟不上时代发展，最终阶级斗争激化，明朝因此亡国。

从王朝周期律或者三百年周期律来看，自秦以后，中央集权式王朝往往会走进一个死胡同，即难以跨越三百年大关。例如，西汉与东汉合计长达四百零五年，北宋与南宋共历三百一十九年，但这是两个朝代叠加，并不能算打破这种定律。而明朝历经洪武开国、永乐盛世、仁宣治世、土木堡之变中衰，此后偶有中兴，最后内部矛盾无法调和，积重难返，引发了大规模农民起义，最终在立朝二百七十六年时亡国，这亦是历史规律下的必然结果。

从王朝兴衰的角度来说，除了诸如西晋这般畸形的王朝外，大多数王朝的开国皇帝多为雄才大略之主，往后几代也往往是雄主或者治世明君。然而，到了王朝晚期，则接连出现平庸乃至昏聩之主。诸如明朝前期有明太祖朱元璋、明成祖朱棣、明仁宗朱高炽、明宣宗朱瞻基等明君，到了后期出现了如万历帝这样的长期在位却懒于政事的皇帝。随后，明朝又经历了泰昌帝仅一个月的短暂统治。再之后是泰昌帝的两个年少且无根基的儿子先后成为天子，即天启帝和崇祯帝。崇祯帝虽有中兴之志，却并非帝王之才，无力统御四方，明朝焉有不亡之理？

明末北方天灾不断，对大明王朝来说可谓雪上加霜。当然天灾仅是一部分原因，天灾再严重，一般不可能持续十几年，如果刚开始处理得当，并不会造成太大影响。然而，明末官僚系统腐败至极，并没有处理好赈济救助等事项，使得天灾的危害愈演愈烈，最终迫使底层民众无法生存，纷纷揭竿而起，农民起义军的队伍随之壮大。

不论从哪个角度来说，当时的明朝已到了要崩溃的地步。王朝的末代皇帝尤其是拥有一定实权的皇帝要负最大的责任，崇祯帝难辞其咎。

崇祯帝朱由检是一位有风骨却无能力的平庸之主，纵观他在位的十七年，虽勤勉不辍，却未能把握正确的施政方向，勤政只不过让他在错误的道路上走得更快更远而已。崇祯帝虽有中兴之志，想将处于崩溃边缘的明朝从深渊之中拉回，结果却加速了王朝灭亡，亲手将明朝推向了深渊。

在大方向上，崇祯帝显得过于固执，施政没有灵活性。他不像皇太极那般，一方面为了加强皇权，在内部进行大刀阔斧的改革；另一方面稳扎稳打，没有贸然入关夺取天下，只是想与明朝开展贸易以增强自身实力，即使松锦之战后大清占据优势，明朝在辽东的防御体系全面崩溃，皇太极依旧以议和为主。崇祯帝则僵硬地延续了之前明朝皇帝对关外的政策，以收复失地为主要目标，从而在内部农民起义频发的情况下，使得明朝陷入了腹背受敌的困境，并且两大对手的势力也因此迅速膨胀。面对皇太极的议和，崇祯帝依旧置之不理。松锦之战后，崇祯帝才打算议和，但只是秘密议和，事情泄露以后，他将兵部尚书陈新甲推出去处死以背锅。如果崇祯帝和皇太极一般，先同意议和以稳住关外局势，减轻财政负担，避免陷入双线作战的困境，再集中力量解决内部问题，那么明朝或许不会那么快灭亡。

在具体施政上，崇祯帝打烂了一手好牌。他上位以后先是与文官集团合作除掉了魏忠贤，此举看似顺天应人，同时也相当于自废武功。因为他杀掉魏忠贤后，还大幅度削弱了厂卫系统，厂卫系统对文官集团不再起到牵制作用，使得文官集团一家独大。等到崇祯帝后知后觉，再度起用太监势力，想要以厂卫系统压制文官集团时，却为时已晚。纵观崇祯一朝，崇祯帝与大臣们的关系也很紧张。李自成进军北京时，崇祯帝号召百官捐款，结果杯水车薪，很明显他被大臣们抛弃了。等到李自成进京后，大多数大臣纷纷投降，想要做新朝的从龙功臣，没想到却"享受"到了"追赃助饷"的待遇。

崇祯帝的心胸不够宽广，对臣子没有最基本的信任，难以赢得人心。以孙传庭为例，他英勇战死沙场，崇祯帝却怀疑他诈死潜逃，拒绝给予其应有的抚恤和荫封，此举使天下将士彻底寒心，孙传庭忠心耿耿却落得如此下场，还会有多少将士愿为明朝、为崇祯帝效命呢？因此《明史》本传记载："传庭死，而明亡矣。"几个月后，李自成进军北京，一路上抵抗者寥寥无几，大多望风而降。

崇祯帝如此低端的操作还不止一次。崇祯二年（1629年），皇太极第一次绕道入关打到北京城下时，袁崇焕率领关宁军至北京击退后金军，结果关宁军却不被允许进城休整，袁崇焕还遭到逮捕。对此，关宁兵自然不能接受，最终哗变，东奔撤回宁锦。袁崇焕于崇祯三年（1630年）八月被崇祯帝凌迟处死。《明史》本传记载："崇焕死，边事益无人，明亡征决矣。"

崇祯九年（1636年），清军绕道入关时，唐王朱聿键即后来的南明隆武帝组织军队北上勤王。王朝末世之际，崇祯帝还固执地坚守藩王不掌兵的祖制，将朱聿键废为庶人并下狱。国之将亡，他依旧不愿意分出哪怕一点点权力，最后带着自己固执坚守的皇权走向万劫不复的深渊。

崇祯帝的一系列昏庸操作导致的结果就是众叛亲离，他不仅与文官集团对立，更使自己陷入了孤立无援的境地。加之国库空虚，又常年拖欠军饷，对忠臣苛刻且忠奸不分，所以在位后期，崇祯帝对武将已经没有太大控制力。明朝末期，武将纷纷拥兵自重，割据一方。因此，当李自成进军北京时，崇祯帝号召天下勤王，结果只有蓟镇中协总兵唐通率领八千人入京援助。崇祯帝欣喜过后，依旧犯了老毛病，对唐通心存疑虑，派杜之秩为监军太监与唐通一起去守居庸关。不料，杜之秩率先投降，唐通也随之倒戈。李自成到达北京后，京师三大营几乎未做抵抗便溃不成军。

崇祯帝这一生可谓令人唏嘘不已，他本是太平藩王，并无帝王之才，但父、兄先后病亡，将他推上了历史舞台。十七年的帝王之路，虽事必躬亲，但却弥补不了性格的缺陷。他缺乏远见，生性多疑且刚愎自用，造成了忠臣不得善终、奸佞小人把持朝政的局面。虽然明朝当时已经积重难返，但还有一定的回旋余地，如果崇祯帝稍具帝王之才，不固守成规，不说中兴明朝，再延续几十年也不是不可能，但他却背道而驰，非但没有让衰落的明朝重焕生机，反而加速了其灭亡的

第一章 | 祖制的革新与再造

步伐。崇祯帝最值得称道的地方，或许在于他最后选择以有尊严的方式结束了自己的生命，并且留下遗诏："朕凉德藐躬，上干天咎，然皆诸臣误朕。朕死无面目见祖宗，自去冠冕，以发覆面。任贼分裂，无伤百姓一人。"在生命的最后一刻，曾经执意加派田赋的崇祯帝才明白该如何爱民。

特殊的过渡人物

明末清初之际,作为一位特殊的历史过渡人物,身为农民起义军领袖的李自成靠着"均田免粮"政策获得了百姓的广泛支持,最终他推翻明朝,被世人认为是下一位明太祖朱元璋式的人物。他建立的大顺政权,也被视为下一个大一统王朝,但他出人意料地迅速走下神坛,成全了清朝这个"黄雀在后"者。

李自成之所以能成为这一历史转折的关键人物,是因为他加速了明清两朝的更迭。至于皇太极所派遣的八旗军队为何不敢贸然入关,甚至多次绕道进犯却不敢倾尽所有兵力进攻北京,有个重要原因就是前文说过的"外夷"原因,明朝内部对大清政权有着天然的抵触感,认为"外夷"不讲道义,只知杀戮。因此,只要朝廷尚存,即便崇祯帝再无能,官僚集团腐败再严重,它依旧是主心骨般的存在。虽然军队常年处于军饷拖欠的困境,但在面对"外夷"威胁时,他们会暂时停止内部纷争,团结起来并义无反顾地支援北京,守住最后的防线。

但李自成不一样,他崛起于明朝内部,不属于"外夷"。明朝就是靠农民起义开国的,李自成同样靠农民起义崛起,所以官绅阶级认为李自成会如同朱元璋一般雄才大略,会维护他们的利益。因此,对大清而言坚不可摧的北京,对李自成来说却如同不设防一般。他于崇祯十七年(1644年)正月建立大顺政权,二月便自西安挥师北上，一路上守军大多望风而降。即便遇到了山西总兵周遇吉的殊死抵抗，也只是稍微减缓了他的前进速度。到达北京城下时，守城的三大营面对大顺军队一触即溃，李自成轻而易举地进入了北京，明朝随之覆灭。此后，天下陷入四方势力角逐的局面：关外的大清、占据北方的大顺李自成、盘踞西南的大西张献忠以及偏安南方半壁江山的南明王朝。

站在风口的李自成入主北京后，并没有及时从农民起义首领的身份转变为天下之主的身份。在军事上，李自成错误地认为关外大清政权和明朝的恩怨与自己无关，并没有视大清政权为威胁，所以没有在北京一带布置重兵。诸如在陕西的袁宗第统领的右营为大顺军攻城野战的五大主力之一，却被李自成调往湖广对战明军左良玉部。李自成在大同留下张天琳镇守，在真定留下马重僖镇守。对于扼守东北、华北咽喉要塞的军事重镇山海关，他只是一方面招降吴三桂部，一方面派降将唐通率原部八千人前去接管。

在政治上，李自成进入北京后，展开大规模的"追赃助饷"，翘首以盼的前明大臣们被浇了一盆冷水，他们不仅没有受到优待，大多数人反而在这个过程中连家产都保不住，此举不仅深深触怒了官绅阶级，也动摇了李自成的统治根基。

如此，本来官绅对关外的大清怀有敌视，但经过李自成这般打击，入关后维护官绅利益的大清政权反而迅速得到其真正认可，这成为清朝坐稳天下的关键因素之一。

在关键的山海关方面，李自成招降的吴三桂最终选择了反悔。虽然主流说法是依据吴伟业的《圆圆曲》，认为吴三桂因爱妾陈圆圆被大顺将领刘宗敏霸占，所以"冲冠一怒为红颜"，但吴三桂镇守边关多年，久经沙场，又怎么会被儿女情长冲昏头脑呢？

根据清代学者张怡《謏闻随笔》卷一记载："闻其父大将军襄为所系，索饷二十万。"因此，已在进京路上的吴三桂大为震惊，认为自己上当受骗，随即率领兵马返回山海关。这个说法似乎更接近真相。吴三桂为什么会这么轻易相信父亲吴襄被追赃助饷呢？有个重要原因在于，李自成在北京大规模地追赃助饷使得官绅人心惶惶，吴三桂自然也不例外。一直精神紧绷的他，听到父亲被捕的消息便立即信以为真，并因此反悔了对大顺政权的投降决定。

当然，无论真相是哪一个，吴三桂终究选择了反悔，并且来了一招"驱虎吞狼"之计，即向大清政权写求援书信，引清军入关，意图借助清军来对抗李自成的大顺军队。

得知吴三桂降而复叛后，李自成亲自率领军队赶往山海关。关于军队人数，各方史料记载不一。据《清实录》记载其军队人数为二十万，但据查继佐《罪惟录》卷三十一之《孤臣纪哭》记载是"兵六万"。无论兵力多与少，李自成很明显没有考虑到关外大清的威胁，或者说对其威胁程度认识不足，认为大清政权不足为患。据顾诚《南明史》考证，吴三桂一方军队人数有五万，清军人数则有七八万。

李自成的大顺军队和吴三桂部在山海关展开大战，双方战至关键时刻，清军在摄政王多尔衮率领下加入战场，李自成一方大败，狼狈逃回北京。李自成返回北京后并没有固守待援，这很可能是因为他意识到大顺军在北京及周边地区兵力薄弱，加之自身刚经历大败，担忧难以抵挡清军攻势而守不住京城。此外，他起兵十五年来形成的"掠夺即走"的思维惯性，也促使他在北京举行即位典礼后，便带着靠追赃助饷得来的大笔财产仓皇西逃，将北京拱手相让。

明末清初之际，李自成的崛起具有相当大的偶然性。他利用明朝疲于两线作战的空当，不仅没有被一举歼灭，反而借明朝统治崩坏、民不聊生之机，队伍日益壮大。但在这个过程中，李自成并没有建立自己的根基之地，只是流动式作战。直到崇祯十三年（1640年），他才开始迅速崛起，虽然他之后在西安建立了大顺政权，并且由此向北京进军，但他在西安经营的时间很短，远远比不上明太祖朱元璋当年经营江南那般，更无法与清太祖努尔哈赤和清太宗皇太极两代人在关外的长期经营相提并论。面对强大的清军，李自成显得力不从心。自退出北京后，他的军队便一蹶不振，屡战屡败，继续流动作战。到了次年（顺治二年，1645年），根据《明史》记载："自成走咸宁、蒲圻，至通城，窜于九宫山。

秋九月，自成留李过守寨，自率二十骑略食山中，为村民所困，不能脱，遂缢死。或曰村民方筑堡，见贼少，争前击之，人马俱陷泥淖中，自成脑中锄死。"李自成于湖北通山县九宫山被当地农民武装杀死。

真正的皇权

多尔衮的集权

多尔衮由睿亲王成为摄政王后迅速掌握了大权。顺治帝福临大权旁落,多尔衮实际代行皇权并且有着强烈的称帝之心,他需要最大限度地集权。他的立场不再是诸王,而是站在皇帝的角度,由此皇权反而得到了极大加强。清朝入关后,从地方割据政权过渡成为全国性政权,因此继天聪汗权转变成为崇德皇权后,清朝的皇权迎来第二次历史性飞跃,成为真正的中央集权国家下至高无上的皇权,为清朝后续皇权的日益集中奠定了基础。

根据《清世祖实录》记载,务实的多尔衮在掌握实权后,迅速实施了一系列集中皇权的措施。崇德八年(1643年)十二月,在还没有改元顺治之际,多尔衮就联合济尔哈朗以"先帝置我等于六部时,曾谕国家开创之初,故令尔子弟辈暂理部务,俟大勋既集既行停止。今我等既已摄政,不便兼理部务,我等罢部事而诸王仍留,亦属未便,今欲概行停止"为由,"罢诸王贝勒等办理部院事务"。虽然当时豪格和多铎等人以"皇上冲年初登帝位,我等正当各勤部务,宣力国家，以尽臣职"为由而有所异议，但并没有改变这一结果。再结合豪格和多铎曾"出外放鹰，日久始归"，也可以看出二人曾短暂地进行过政治联合。

将诸王贝勒置于国家机构之外后，多尔衮又"谕都察院各官曰，尔等俱系朝廷风纪之官，向来诸王、贝勒、贝子、公等办理国政及朝谒勤惰原属吏部稽核，今官员听之吏部，王贝勒等应尔衙门稽察，有事应纠参者，须据实奏闻，方为称职"。将以往对诸王贝勒处理政务成绩的考核及言行举止的监督从吏部分出，改由都察院来稽查，旨在进一步加强对诸王贝勒的监督。

顺治元年（1644年）正月，朝鲜国王李倧在岁贡之外，又以所获倭刀等物作为礼物赠送给多尔衮，多尔衮认为"此等馈遗"诸王贝勒之举应该被废除，"遂定议，嗣后凡外国馈送诸王贝勒礼物，永行禁止"。

六月，"大学士冯铨、洪承畴启言，国家要务莫大于用人行政臣等备员内院，凡事皆当与闻。今各部题奏，俱未悉知，所票拟者不过官民奏闻之事而已，夫内院不得与闻……所以防微杜渐，意至深远。以后用人行政要务，乞发内院拟票，奏请裁定。摄政和硕睿亲王是其言"。大致意思是经过多尔衮同意，内院大学士的职权得到扩展，意味着国家机构的权力得到了进一步的加强，间接打击了诸王贝勒。

同年十月，"定诸王、贝勒、贝子、公俸禄。摄政王三万两。辅政王一万五千两。亲王一万两。郡王五千两。贝勒二千五百两。贝子一千二百五十两。镇国公、辅国公俱六百二十五两"。顺治三年正月再次更定，并且将俸禄制扩大到各级满族官员。顺治七年正月，又再次更定满洲诸王贝勒以下官员的支给俸米数目。其中最高的和硕亲王为六千石，最低的骁骑校、护军校、他赤哈哈番等官为三十石。当年还定八旗前锋、护军、领催以及马甲每名月给饷银二两，匠役一两。顺治六年定步兵月饷一两。

俸禄制的逐步推行，意味着入关之前八家分权格局下的收入与俘获物由八旗均分的局面被彻底打破。八旗从分养国人转变为由国家供养，上至亲王，下至家丁，都要依赖国家财政，这从根本上改变了皇帝与八旗旗主的关系，改变了皇权与八家分权的对立格局，使得皇权开始对八旗具有绝对的支配权。在此之后，清朝掌握了全国的财政命脉，拥有了更为稳固的社会基础，进而加强了皇权。

顺治六年（1649年），多尔衮"谕诸王及诸大臣，有干预各衙门政事，及指摘内外汉官，谓某贤能应升，某劣应降者，不论其言之是非即行治罪"。严禁诸王大臣干预政务及交接汉官，以此来保证行政权和人事权的统一，并且进一步削弱诸王权力。顺治七年（1650年）五月，"先是禁满洲大臣，不许往来王府"，意在削弱亲王旗主对旗下大臣的控制。

多尔衮屡屡打击诸王贝勒，延续皇太极时期加强皇权的路线，固然离不开他背后两白旗的支持以及个人的非凡能力。还有个关键在于，皇太极在位时期多尔衮通过支持皇权来保证自身权力，年幼的顺治帝登基后多尔衮成为摄政王，则彻底倒向了皇权，如此一来就削弱了反对皇权的势力，并且多尔衮与崇德皇权的两黄旗结盟，强强联合之下，自然是无往而不利，所以多尔衮的集权较皇太极时期更为高效。

两黄旗之所以与多尔衮结盟，一是为了酬谢多尔衮提议立福临为皇帝，使得两黄旗保住了天子上旗的地位。二是他们有着共同的对手，即被两黄旗抛弃的豪格。甚至连济尔哈朗也被两黄旗排斥，因为济尔哈朗虽然支持先帝之子继位，但他心中的第一人选是豪格，而非福临。在这样的历史背景下，多尔衮开始将势力渗入两黄旗，想要彻底控制两黄旗。两黄旗八位主要大臣中，巩阿岱、锡翰和谭泰先后转入多尔衮门下，隶属正黄旗的内大臣冷僧机也转入多尔衮门下。

索尼一度支持多尔衮，不过之后随着多尔衮的功劳和权势越来越大并展现出一定野心后，索尼敏锐地察觉到如此下去顺治帝最高统治者的地位将会越来越危险，因此不再支持多尔衮，并且试图削减多尔衮的影响。据《清世祖实录》记载，在顺治元年（1644年）九月，索尼与巩阿岱谈及多尔衮功劳时，索尼冷冷地说道："所克燕京空城尔，流贼尚存，何功之有？"图赖和鳌拜等两黄旗大臣也坚决不依附于多尔衮，而是一心效忠顺治帝。不过在入关前后，因为双方有着共同的对手，加之多尔衮的权势还没有达到巅峰，所以双方整体来说相处得比较融洽，多尔衮也可以容忍反对他的两黄旗大臣。等到权势大涨后，多尔衮才开始肆无忌惮地打压索尼和鳌拜等忠于顺治帝的两黄旗大臣。

打压诸王贝勒之余，多尔衮还重点打压同为辅政的济尔哈朗和宿敌豪格。济尔哈朗是多尔衮独揽大权的敌人，豪格则是多尔衮皇位争夺战中的最大敌人。济尔哈朗寄希望于用豪格来制衡多尔衮，叔侄二人结为政治同盟，他们最大的依仗不是自己亲领的一旗，而是背靠皇权的两黄旗。多尔衮得到两黄旗支持并且拉拢部分两黄旗大臣后，自然可以没有后顾之忧地去打压他们。

根据《清史稿·多尔衮传》记载，早在顺治元年（1644年），同为辅政并且排名在多尔衮之前的郑亲王济尔哈朗就"谕诸大臣，凡事先白王，书名亦先之，王由是始专政"。济尔哈朗主动要求将自己的名字写在多尔衮之后，承认自己在多尔衮之下。从这里可以看出，在多尔衮独揽大权的路上，济尔哈朗面对有两白旗和两黄旗共四旗支持的多尔衮根本没有招架之力，一开始就不是他的对手。济尔哈朗的父亲舒尔哈齐和哥哥阿敏怀有异心，想要自立门户，结果被剥夺兵权，最终被禁锢至死，所以济尔哈朗一向谨小慎微，势力只局限于亲领的镶蓝旗。因此，多尔衮不要求自己一人辅政，并且跳过掌握两红旗的代善，要求与实力弱小的济尔哈朗共同辅政，这样可以使两黄旗的警惕心大为降低并且不会反对他。待辅政后，实力不强的济尔哈朗不过是多尔衮集权路上的垫脚石罢了。

济尔哈朗即使一开始承认在多尔衮之下，也无济于事，因为多尔衮的野心远不止于此。多尔衮想得到真正的皇权，自然不允许与自己不同派系的济尔哈朗和他共同辅政，所以济尔哈朗屡遭打压。清朝入关后的顺治元年，济尔哈朗被封为信义辅政叔王，而多尔衮被封为叔父摄政王，此时多尔衮的地位明显在济尔哈朗之上。顺治四年（1647年）二月，多尔衮以济尔哈朗"府第逾制"的微小过失为由，对其"罚银二千，罢辅政"。同年七月，多尔衮任命弟弟多铎为辅政叔德豫亲王，与弟弟多铎结成了政治联盟。

共同的默契

当多尔衮的地位越来越稳固，他面临的最后也是最大的对手便是豪格。早在顺治元年（1644年）四月，多尔衮就借机废豪格为庶人，但因为当时多尔衮地位未稳，加之同年十月清廷决定西征南下，朝廷正值用人之际，同时为了缓和内部矛盾，所以豪格又被恢复了亲王爵位。顺治五年（1648年），当豪格出征四川并成功消灭了张献忠领导的大西政权后，他的声望开始回升，这是多尔衮所不能容忍的，因此开始对豪格展开最后一击。

对豪格下手前，多尔衮做了万全准备。他先是进一步打压豪格的最大支持者济尔哈朗。《清史稿·济尔哈朗传》记载："五年三月，贝子屯齐、尚善、屯齐喀等讦王诸罪状，言王当太宗初丧，不举发大臣谋立肃亲王豪格。召王就质，议罪当死，遂兴大狱。勋臣额亦都、费英东、扬古利诸子侄皆连染，议罪当死，籍没。既，改从轻比，王坐降郡王。"济尔哈朗被降为郡王。当年谋划拥立豪格的两黄旗大臣鳌拜、索尼、锡翰、塔瞻等数十人俱被牵连，相当于多尔衮借机将两黄旗不依附于自己的大臣都打压了一番。其中索尼被革职，被发往盛京看守昭陵，直到多尔衮死后才被召回北京。鳌拜于四月因为当年议立顺治帝时"擅发兵丁守门"，所以也被拟革职，后得旨免于革职才逃过一劫。多尔衮将可能保护豪格的济尔哈朗和两黄旗大打压以后，豪格的生命也走到了尽头。

根据《清世祖实录》记载，豪格最初被议为死罪。政治上，十一岁的顺治帝对此有着兔死狐悲之感，害怕豪格死后多尔衮再无阻碍，自己或将成为下一个目标。亲情上，顺治帝不忍心大哥豪格被处死，因此表示"如此处分，诚为不忍，不准行"。但在多尔衮的操纵下，"诸王内大臣复屡奏言太祖长子亦曾似此悖乱置于国法"，最后顺治帝"乃从众议，免肃亲王死，幽系之，夺其所属人员"。虽然豪格免于死罪，但只不过是换了一个死法，被幽禁一个月后即死于狱中，时年四十岁。正值壮年而死，他是不是被多尔衮授意害死，已不言而喻。

豪格身为清太宗皇太极的长子,为何会落得如此凄凉的下场呢?固然是因为他最大的支持者济尔哈朗和两黄旗的部分大臣已经自身难保,但其实还有一个重要原因,那就是在皇位争夺战中,豪格被两黄旗大臣抛弃,双方的关系很是微妙,两黄旗虽具备一搏之力,但他们的忠诚底线在于顺治帝,而非豪格。

此外对顺治帝来说,多尔衮固然是一个巨大的威胁,但豪格同样不是省油的灯。甚至换个角度来说,豪格比多尔衮的威胁还要大,因为他是太宗的长子。当年议立新帝,两黄旗最早支持的就是豪格,即使豪格之后与两黄旗部分大臣有怨,但豪格依旧大概率可以获得两黄旗内部其他势力的支持。这样的认可度是多尔衮所没有的,而且豪格在顺治帝继位后,曾有交好多铎并且收买谭泰的举动,说明他不甘心与皇位失之交臂。如果多尔衮被剪除,顺治帝立足未稳,那么豪格这个太宗长子想要抢班夺权,可是有着巨大优势。因此,对于处死豪格这一决定,两黄旗中无人反对,两黄旗另外一大代言人孝庄太后也没有提出异议,只有顺治帝一人反对。由此可见,多尔衮与两黄旗达成了一定的默契,即借机除掉豪格,这样对双方来说都有利。

顺治帝对大哥豪格的所作所为及其潜在的威胁也心知肚明,所以顺治帝亲政以后,虽然在顺治八年(1651年)追复豪格亲王爵位,为其建碑纪绩,并且在顺治十四年(1657年)再次"立和硕武肃亲王碑",但对父亲清太宗皇太极死后、自己继位之际的豪格事迹只字不提,并且对豪格身后待遇的给予也只是中规中矩。顺治十三年(1656年),据《清世祖实录》记载,豪格的旧部正蓝旗朱玛喇上奏顺治帝,认为豪格与多铎功劳相当,但由于多尔衮的打压,豪格的功劳虽然很大,但获报远远不及多铎,顺治帝这才下诏:"下议政王、贝勒会议,寻议,肃亲王功大未酬,封号赏赉应如豫王例,王薨后数年未给俸禄,应为补给。"意思是通过议政王大臣会议讨论,豪格确实是功劳大而酬劳少,所以封号和赏赐应该参考豫亲王多铎。豪格死后数年没给的俸禄,也应该补上。

关于豪格曾经争夺皇位之事,顺治帝虽然没有提及,但对此事很是敏感。顺治八年(1651年)四月,多尔衮的党羽冷僧机曾在奏言中提到两黄旗大臣原誓约立豪格为君,顺治帝立即令谭泰传谕两黄旗大臣于法司对质。由此可见,顺治帝对当年两黄旗欲立豪格一事耿耿于怀。豪格的野心也不小,如果豪格没有被多尔衮除掉,等到顺治帝亲政,豪格和顺治帝很容易反目成仇,届时不善权谋的豪格的下场就不好说了,可能会更惨。豪格被多尔衮害死,顺治帝可以为他平反,也可以追封他,豪格的后代可以承袭铁帽子王爵位,但如果与顺治帝起冲突的话,这些待遇估计都不会有。毕竟,顺治帝并非心慈手软之辈,被多尔衮架空七年之久,他的内心疯狂而果决。某种程度上来说,豪格死在多尔衮擅权期间,也是一种幸运。

多尔衮在摄政的七年期间,他集中皇权的行为,加之入关后清朝发生的巨大变革,使得后金(大清)的八家分权格局被彻底改变。清太宗皇太极毕生致力于用君主制取代八王共治以及用皇权取代汗权的愿望,终于得以实现。近代史学家孟森先生如此评价:"盖自顺治八年后,已尽破太祖八固山分立之制。上三旗既永为自将,下五旗亦故主罕存,强宗各拥所属之弊已扫除矣。"在多尔衮摄政期间,清朝的皇权迎来最后的蜕变,成为真正的皇权,虽然之后随着顺治帝亲政和驾崩后偶有起落,但整体来说,皇权处于向上的趋势且越来越集中。曾经的立国之本八旗制度,其影响则越来越小,此时的八旗制度反倒像是一种依附于皇权的特殊兵制了。

第一章 | 祖制的革新与再造

蛇吞象

得"民心"者得天下

在担任摄政王的七年里，多尔衮之所以可以打压诸王贝勒并且集中皇权，是因为清朝迎来了历史性的飞跃，由割据政权成为全国性政权。有着这样巨大的功绩加身，多尔衮的权柄自然越来越大，所以可以顺利推进内部的改革。在统一全国的过程中，统治集团成员获取到越来越多的利益，避免了内部分裂的倾向，同时国家尚未一统，因此统治集团内部的斗争并不剧烈。

在实际继承父、兄两代人的基业后，多尔衮敏锐地抓住了明朝灭亡的时机，趁着李自成立足未稳，应吴三桂之请，打着替明朝报仇的旗号发兵，在山海关击败了李自成，并顺势占领北京，使得清朝完成了入关大业。进入北京后，清朝统治集团对于下一步的行动举棋不定，根据史学家吴晗摘编的《朝鲜李朝实录中的中国史料》上编卷五十八记载，当时英亲王阿济格认为趁着兵威大肆屠戮一番，再派诸王镇守北京，然后大军退回关外或退保山海关即可。多尔衮则持反对看法，他遵循皇太极之前说过的话，即"若得北京，当即徙都，以图进取"，于是多尔衮坚持迁都北京，并且让顺治帝在北京再次举行登基大典，以此来增强清朝的正统性并稳定人心。

多尔衮还大力笼络人心。以崇祯帝身后之事来说，李自成处理得极为潦草。根据《明史》和计六奇的《明季北略》记载，李自成将崇祯帝和周皇后草草葬于北京昌平的田贵妃墓。根据《清世祖实录》记载，多尔衮令官民为崇祯帝服丧三日，之后"以礼葬明崇祯帝后及妃袁氏、两公主并天启后张氏、万历妃刘氏，仍造陵墓如制"。多尔衮将崇祯帝葬身之处升级为明十三陵中最后一陵的思陵，并为崇祯帝定谥号为庄烈愍皇帝。崇祯帝吊死的槐树还被清朝认定为"罪槐"，终清之世都以铁链锁着。可以说，清朝对崇祯帝的身后安排相当周全，给予了他作为皇帝应有的待遇。虽然思陵建造得相对简陋，但终究还是被尊为帝陵。多尔衮的处理方式与李自成当时的草率处理形成了鲜明对比。

多尔衮的手段还不止如此。他展现出求贤若渴的姿态，重用前明旧臣，即使投降过大顺政权的前明旧臣也一概被接纳，甚至还给予其晋级的机会。他大力维护官绅的利益，凡是被大顺政权夺去的田产一律"归还本主"，甚至还下令："故明勋戚赐田、已业，俱准照旧。"这对于饱受李自成的大顺政权"追赃助饷"政策折磨的官绅来说是天大的好事，有了对比，他们自然真心实意地支持清廷。

在中央官制方面，清初议定满、汉大学士共六员，实现了满汉各半的平衡局面。顺治五年（1648）七月，清廷始设六部汉尚书和都察院汉左都御史各一员，即为复职制度。以陈名夏为吏部尚书、谢启光为户部尚书、李若琳为礼部尚书、刘余佑为兵部尚书、党崇雅为刑部尚书、金之俊为工部尚书、徐起元为都察院左都御史。自此，六部最高长官尚书一职，既有满族尚书也有汉族尚书，总数达到十二位。大学士的品级上，满族为一品，汉族为五品。

在六部方面，实权掌握在满族官员手中，汉族官员负责执行，这样的任命方式表面上看起来比较公正，大大笼络了前明官僚，成为清朝入关以后推行满汉一体政策的具体措施之一。

在民生方面，多尔衮停征明末加征的辽饷、剿饷、练饷。对房屋被圈占和遭受兵灾的地方还减免了赋税。

多尔衮对八旗子弟欺压老百姓的行为也采取了严厉的惩治措施。当时，正黄旗尼雅翰牛录下的三位成员可能是想改善一下伙食，打算屠宰一户人家的家犬，遭到家主的坚决拒绝。因此，他们射了家主一箭，家主深感愤怒，于是将这件事上告官府。多尔衮得知此事后，直接下令斩杀射箭者，并将其他参与者鞭打一百下，并且下令凡是强取豪夺民间百姓财产者鞭打八十。对于京城遭大顺军队兵灾后生活无着的人，多尔衮下令相关衙门查访登记，然后给予其钱粮补贴。

上述一系列举措，均发生在顺治元年（1644年）多尔衮进入北京以后的短短数月之内，被保住利益的前明官绅自然大力支持清廷。在明末时期生活困顿、几近绝望的底层民众对清朝同样给予高度认可。实际上，对于底层百姓而言，谁当皇帝并不重要，重要的是他们可以更好地活下去。所谓"得民心者得天下"，这里的"民心"其实很多时候不在于百姓，而在于官绅也就是精英阶层。因为只要百姓的基本温饱得到保障，任城头换多少大旗也无所谓，在未触及这一生存底线之前，百姓不会铤而走险去造反，自然也就没有发声的能力，所以拥有实力、拥有话语权的官绅也就是精英阶层在很大程度上代表了民心。而清朝的一系列操作，自上而下地赢得了民心，正因为策略得当，所以很多官绅争相归顺清朝，清朝才可以在接下来的统一战争中无往而不利。

奠定大一统格局

明朝灭亡后，天下分为四大势力，分别是入关以后的清朝、李自成的大顺政权、张献忠的大西政权以及明朝残余势力南明。

从大历史的角度来看，中国古代的分裂倾向越来越弱。东汉灭亡后是三国两晋南北朝大乱世，期间西晋短暂大一统三十六年，这段乱世长达三百六十余年。唐朝灭亡后，有七十余年的五代十国乱世。北宋结束五代十国分裂的局面完成了局部统一，南宋与金朝南北对峙。元、明、清政权交替之间，则没有出现长期的分裂局面。

之所以如此，是因为历经三次衣冠南渡①后，南方的经济已经全面超越北方。而自元代起，以北京为中心的政治格局逐渐形成，都城需要大量的物资供养，这样一来，北方更是依赖南方的补给。这在某种程度上意味着政权的稳固依赖于漕运经济的支撑，如果只得北方半壁江山，将难以实现自给自足。正如《国榷》记载，清廷在犹豫是否南下之际，河道总督杨方兴便说道："不得江南，则漕运阻矣，将何以成天下？"这反映了当时的历史环境已经不具备分裂的条件，天下一统成为必然趋势，关键在于哪一方能够更胜一筹。

这四大势力中，最具正统性的是由明朝残余势力拥戴藩王继统的南明。南明也是抵抗清朝时间最长的政权，这也说明了当年明太祖朱元璋大封藩王于地方的政策并非一无是处。

四大势力中，清朝的优势是巨大的。从实力的角度来说，清朝历经清太祖努尔哈赤和清太宗皇太极两代经营。尤其是皇太极革除政权中的弊端，加强了中央集权，并且仿明制将中央集权制度的框架加诸八旗制度框架之上，此时的国家机构与明朝的国家机构有着诸多相似之处，并且建立了优越的政治组织形式。因此，在入关后，清朝一方面利用中央集权的国家机构来迅速"本土化"，招降前明旧臣并让其处理国家政务，一方面利用八旗制度中的军事优势来征服辽阔的关内疆域。同时，皇太极建立的大清政权不是单一的满洲政权，而是吸纳了蒙古人和汉人参与的联合政权。对于拥有军队的汉人精英，清朝也给予其相当高的礼遇，诸如入关前皇太极封明朝降将孔有德、耿仲明、尚可喜为王，还有入关后封吴三桂为平西王。完善政权的框架已经打好，那么极速扩张自然也不是什么难

---

① 西晋末年，琅邪王司马睿渡江，在西晋灭亡以后延续了晋朝国祚，史称东晋，中原士族相随南逃，是为第一次衣冠南渡。唐朝安史之乱后，中原士庶避乱南奔，是为第二次衣冠南渡。北宋灭亡后，宋高宗赵构渡江延续宋朝国祚，史称南宋，中原士庶随之南迁，是为第三次衣冠南渡。三次衣冠南渡使得开发程度不高却土地肥沃的南方得到了极大开发。

题。从统治者的角度来说，清朝入关前，清太祖努尔哈赤和清太宗皇太极是雄主。清朝入关后，实际统治者多尔衮亦是一大雄主，他为清朝成为全国性政权奠定了基础。

再反观李自成的大顺政权，前文中提到过，他建立政权的时间太过短暂，没有形成完整的体系，也没有稳固的根基之地。虽然一度占据北方半壁江山，但进入北京后，李自成并没有完成从农民起义领袖到天下之主的身份转变，他不重视关外大清的威胁，并且对官绅进行大规模的追赃助饷。李自成遭遇山海关之败后，便放弃北京而逃。张献忠的大西政权与李自成的大顺政权本质上一般无二，各方面都不完善。

对明朝农民起义形势了解最清楚的，莫过于大清政权的汉族大臣范文程，劝谏多尔衮发兵明朝时，他如此说道："虽与明争天下，实与流寇角也。"这也为多尔衮等人后续的用兵策略提供了大致的战略方针。范文程是一代名臣，能屈能伸。崇德八年（1643年）十月，多尔衮的同母弟豫郡王多铎图谋抢夺范文程的妻子，最终被罚银一千两并夺十五牛录。等到清朝入关的关键时刻，范文程并没有因此事而心怀芥蒂，而是积极献言献策，立下大功。

占据南方的南明小朝廷则延续了明朝的各种弊端，党争不断，内斗不止，可以说南明明知内斗会亡国，但是亡国也要内斗。

南明政权自建立之初就面临着继统不明朗的问题。崇祯帝在北京自缢殉国，加之没有提前将太子送往留都南京，包括太子在内的三个儿子在北京城破后为李自成所俘，不知所终，因此南明政权在迎立哪位藩王为新君的问题上陷入了争议。以血统来说，福王朱由崧距离帝系最近，他的父亲朱常洵为明神宗朱翊钧第三子，也是实际上的次子，因为明神宗的次子一出生便已死去。朱由崧的大伯是明光宗朱常洛，朱常洛几个儿子中只有天启帝和崇祯帝活到了成年，天启帝无嗣而死，崇祯帝的三个儿子不知所终。因此在诸藩中，福王一脉与帝系最近，朱由崧与崇祯帝是平辈，为堂兄弟，虽然他比崇祯帝年长，但可以援引"兄终弟及"来继统。

明朝末年朋党斗争的积弊在此刻展现得淋漓尽致。福王朱由崧的祖母郑贵妃当年受明神宗宠爱，因此，郑贵妃之子也就是第一代福王朱常洵曾差点被明神宗立为储君，但东林党坚决不同意，他们力挺皇长子也就是后来的明光宗朱常洛，最终使得朱常洛坐稳储君之位，朱常洵只得无奈出京就藩。有着这桩陈年旧事，在南京的东林党人以在籍礼部侍郎钱谦益为首，坚决反对立福王朱由崧为帝，反而以"立贤"为名，提议迎立明神宗侄子潞王朱常淓为新君。

福王朱由崧无奈之下，在守备凤阳太监卢九德出面联络下，求助于拥有兵权的江北四镇，并获得了凤阳总督马士英的支持。最终，朱由崧得以顺利继位，改年号为弘光，建立了南明的第一个政权——弘光政权，这也是南明最强大的政权。

这也引发了一个严重的后果。明末朝廷对军队的控制本就薄弱，并且常年拖欠军饷，再加上有袁崇焕、卢象升、孙传庭这样为国尽忠却遭遇不幸的前车之鉴，军队战斗力急剧下降。此次南明政权新建，又因为继统的问题，使得最应该继位的福王朱由崧反而要求助江北四镇。而江北四镇凭借在立国过程中立下了定策之功，变得飞扬跋扈。本就陷于党争漩涡的弘光政权，还要面对武将难以控制的问题，所以这个小朝廷一开局旗号最正，但弊端也最多，毫没有新兴政权的气象，反而如同病入膏肓的末世王朝。

占据半壁江山的弘光政权，其权力构架是松散的。弘光帝朱由崧昏庸无能，东林党以党争为先，并不会真正配合他。武将则嚣张跋扈，朝堂上下竟无一中兴之才。唯一在史书上留下浓重一笔的史可法，也如同崇祯帝一般空有骨气却无力回天。在继统问题上，身为南京兵部尚书的史可法是十足的实权派，却在迎立福王时优柔寡断，他本着谁也不得罪的想法，想要迎立崇祯帝的叔叔桂王朱常瀛，并且向凤阳总督马士英写信历数不可让福王朱由崧继位的理由，将其骂得一无是处。然而，当马士英看到福王朱由崧得到手下武将的支持后，迅速改变立场，转而支持福王朱由崧，并且出卖了史可法。福王朱由崧继位后，尴尬的史可法只能自请督师淮扬，主动离开权力中心。

由此看来，清朝一统天下并不是自身实力超强，而是其他三方势力水平有限，清朝主动出击，其他三方势力则被动接招。多尔衮的策略是兵贵神速，不给对方喘息和积蓄实力的机会。顺治二年（1645年）初，在多尔衮的号令下，清军分为两支攻入陕西，一路为英亲王阿济格率领，以汉人吴三桂为前锋。一路为豫亲王多铎率领，以汉人孔有德为前锋。双方在潼关展开激战，大顺军队大败，李自成只能放弃西安，并且东下湖北襄阳。根据《清世祖实录》记载："声言欲取南京，水陆并进。"李自成在面对强敌时选择了撤退，并将目标转向了相对较弱的南明弘光政权，想要夺取江南之地，企图东山再起。但结果是糟糕的，清军紧追猛打，李自成一路丢城弃地，彻底失去了稳固的后方，再度回到了早年流动式作战的状态。在湖北通山县九宫山，李自成被杀，大顺政权自此崩溃。

清军与李自成的大顺军交锋时，南明弘光政权并没有趁机收复北方失地，而是做着"联虏（清朝）平寇（李自成）"的美梦。弘光帝派遣使者前往北京向清廷提出议和，但此时的清廷已不是当年皇太极时期的清廷，弘光政权也不是曾经的明廷，所谓的议和不过是一厢情愿，但弘光政权就是沉浸在这个编织的美梦中不能自拔。虽然弘光政权内部有大臣建议可趁其兵力空虚之际收复山东，但马士英和史可法担心触怒清廷，选择按兵不动。弘光元年（顺治二年，1645年）初，史可法下令让江北四镇首领之一的高杰前去充当清军盟友，想要与清军一起攻击李自成，结果高杰还没有作为，便在睢州被已经暗中降清的河南总兵许定国诱杀。

没有危机感的弘光政权内部权力分散，又如同李自成的大顺政权搞"追赃助饷"一般，弘光帝以从逆罪名追究曾经投降李自成的南逃官绅，即大兴"顺案"，使相当一部分官绅大失所望，最终一方势力都没有拉拢到，弘光政权因此变得不堪一击。

顺治二年（弘光元年，1645年），多铎率领清军大举南下，先是攻破扬州，史可法殉国。多铎以不听招降为由下令屠城，清军之后在南方遭遇此起彼伏的抵抗，因此又实施了多次屠城行为，各地的惨状在《嘉定屠城纪略》《小腆纪传·阎应元传》《江变纪略》等史料中都有详细记载。

攻破扬州后，清军直下南京，昏庸至极的弘光帝朱由崧和马士英商议后，竟然未作任何部署，连夜出逃。群龙无首的南京勋戚大臣最终开城投降，不久后，弘光帝朱由崧被俘，次年在北京被杀。南明最强大的弘光政权只维系了短短一年时间。弘光政权覆灭后，东林党曾经寄予厚望的"立贤"人选潞王朱常淓就任监国后在杭州开城投降，于次年在北京被杀。

有了前车之鉴，南明却依旧内斗不止，弘光帝朱由崧和潞王朱常淓垮台后，明朝宗室藩王又陷入新一轮的继统之争。前文提及的唐王朱聿键被以黄道周为首的忠明大臣拥戴，于福建建立了南明第二个政权，即隆武政权。

事实证明，多尔衮快刀斩乱麻的策略很成功。这策略使得明朝藩王没有时间经营自己的军队进而建立自己的势力，只能依赖于地方势力，再加上在继统问题上争议不断，因此内部矛盾频生。例如，隆武政权的建立依赖于海上霸主郑芝龙，同时还因为继统问题，与占据浙江东部的明宗室远支鲁王朱以海建立的监国政权相互对立，双方甚至互斩来使。两个政权彼此之间相互防备，使得抗清力量分散。虽然隆武帝在南明四帝中综合素质最高，但他受制于郑芝龙，并没有太大实权，清军也没给他机会掌握实权。隆武二年（顺治三年，1646年），清军向福建发起进攻，因为郑芝龙早已暗中降清，所以福建被轻而易举地攻下，隆武帝被俘后绝食而死，自此隆武政权覆灭。

隆武帝死后，隆武二年十一月，其弟朱聿鐭被大学士苏观生及广东布政使顾元镜等援引"兄终弟及"名义在广州拥立为帝，是为绍武帝，建立了南明的第三个政权——绍武政权。然而，绍武政权更为短命，因为它一开始就是不纯粹的。按照明朝的继承制度，崇祯帝驾崩后，其子嗣不知所终，而天启帝绝嗣，意味着他们的父亲明光宗一脉已经无人可继承大统。因此，皇位继承的考量自然只能往上追溯至万历帝一脉。当时万历帝的子孙被杀得只剩下桂藩一支，按理说最应该由当时的桂王朱由榔继位。事实上，朱由榔也已经被拥立为监国，距正式登基仅一步之遥，但苏观生和顾元镜等人挤不进拥立朱由榔的圈子，分不到利益蛋糕，所以干脆另起炉灶，抢先一步拥立朱聿鐭为帝。

朱由榔不久在广东肇庆登基称帝，建立了南明第四个也是最后一个政权——永历政权。然而，两个政权并没有同仇敌忾，而是开始争斗起来，甚至演变为同室操戈。在清军大兵压境之际，绍武政权和永历政权于广东三水县城西交战，结果两败俱伤。不久后，清兵在降将李成栋的带领下趁虚而入，并以迅雷不及掩耳之势直扑广州，一路封锁消息，最后伪装成明军进入广州。根据《存信编》记载，绍武帝被俘后自缢而死，苏观生见大势已去，写下"大明忠臣，义固当死"八个大字后亦自缢身亡。绍武政权仅仅存在了一个多月便宣告覆灭，此政权最大的败笔在于其亡国之际依旧选择内斗，使得内部空虚，导致广东一省被清军轻松拿下。永历帝朱由榔得知绍武政权覆灭的消息后，急忙经广西逃往湖南。

顺治三年（1646年），清廷命肃亲王豪格为靖远大将军西征张献忠的大西政权。年末，张献忠在西充凤凰山被清兵射死，大西政权崩溃，四川归入清朝版图。

大西政权余部以孙可望和李定国为主，南下云贵继续开展反清事业，最终奉南明永历政权为正朔。而在更早之前，李自成死后，大顺余部也是与南明隆武政权达成共同抗清协议，西路大顺军余部被改编为忠贞营，东路大顺军余部改编为忠武营，相当于最后三方残余势力合为一体，在西南一带共同抗击清军。同时，郑成功不愿与父亲郑芝龙一同降清，而是选择占据东南沿海一带持续进行抗清。郑成功对清朝之后的统治造成了巨大的挑战，持续抗清的时间也最长。

从清太祖努尔哈赤草创基业开始，再到清太宗皇太极进一步推动政权多元化和进行中央集权，清朝逐渐拥有了入关的实力。最终，在多尔衮实际统治的七年里，清朝完成了入关的大业，并且击败了大部分反清政权，使得永历政权及大顺政权余部和大西政权余部只能在西南一带进行反清事业。在内部，多尔衮更是打破八家分权格局，使皇权完成了最后的蜕变。两代三人，崛起于明末，抓住明亡之契机，最终从关外的"小蛇"吞噬掉关内的"大象"，完成蛇吞象之举，建立起全国性统治，开启长达近三百年的霸业。

开创与谋逆

皇父摄政王

多尔衮带领大清从割据政权成为全国性政权，但他也是一位谋逆者。

入关后，在巨大的功劳加身下，多尔衮先后被封为叔父摄政王和皇叔父摄政王。到了顺治五年（1648年），多尔衮成为皇父摄政王。从君臣关系来说，当皇帝的父亲，这是一种僭越，亦是一种谋逆。

从中央集权的视角来看，摄政王前面加"皇父"二字，显得不伦不类，但从当时的历史角度来看，多尔衮有着另一重用意。努尔哈赤时期，父汗拥有绝对的权威，能够生杀予夺，包括处死嫡长子褚英，禁锢同母弟舒尔哈齐至死，废除代善继承人的位置，这些决策均无人有异议。随后，皇太极致力于进行中央集权和建立皇权，入关以后多尔衮延续了这一事业，但毕竟当时大清刚从八家分权制度转变为中央集权制度，传统的力量依旧存在。因此，多尔衮称"皇父摄政王"，意图在于想成为下一位父汗，这样即使他有意废除福临，也可以用以父废子的名义行事。不废立的话，他一直以皇父自居，牢牢掌握大权，待以后归政顺治帝

第一章 | 祖制的革新与再造

时，他可以说是传位。这样的做法是为了给自己在皇统中树立合法地位。

多尔衮还不断贬低清太宗皇太极，并抬高自己的地位。他说皇太极不是正当继位，等于在否定顺治帝的正统性。顺治七年（1650年），多尔衮为生母阿巴亥上谥孝烈恭敏献哲仁和赞天俪圣武皇后，并祔太庙（指将神牌放入供奉祖先的庙中）。一般来说，追封生母为皇后是皇帝才有的权力，宗王没有资格追封，多尔衮的意图昭然若揭。

多尔衮对顺治帝的权力架空也达到了巅峰。根据《清史稿·多尔衮传》记载，当时"凡批票本章，一以皇父摄政王行之。仪仗、音乐、侍从、府第，僭拟至尊"。就是说批阅奏章本来是皇帝要干的事情，结果多尔衮干了，他的生活排场也是按照皇帝的待遇。根据《清世祖实录》记载，顺治三年（1646年）五月，多尔衮以"信符收贮大内，每经调遣，奏请不便，遂贮王府"。连处理政务和调兵遣将的信符，多尔衮也以放在宫内使用不方便为由，直接存入自己王府中，使得实际的权力中心转移到摄政王府。顺治四年（1647年）二月，济尔哈朗被罢免辅政权。七月，多尔衮任命其同母弟多铎为辅政王。多尔衮膝下只有一女，而他当时只有三十多岁，又正值壮年，还有生育能力，但他将多铎的第五子多尔博过继为子，这说明之前并不怎么和睦的兄弟二人已经深度捆绑在一起。通过这些安排，多尔衮的权势得到了进一步巩固。

顺治十二年（1655年）正月，顺治帝回忆多尔衮擅权时，这般说道："于时睿王摄政，朕惟拱手以承祭祀，凡天下国家之事，朕既不预，亦未有向朕详陈者。"意思是多尔衮摄政时，顺治帝只负责祭祀天地和祖宗这类礼节性事务，凡国家政务，顺治帝是干预不了的，也没有人向他汇报。顺治十七年（1660年）十二月，顺治帝再次追述："睿王摄政时，皇太后与朕分宫而居，每经累月，方得一见。"意思是多尔衮摄政时，幼年登基的顺治帝被迫与母亲孝庄太后分开居住，往往间隔多月才能见到一面。可见当时孝庄太后和顺治帝母子二人，连宫内都控制不了，甚至连自己的人身安全都保证不了。

虽然皇位对多尔衮来说似乎已经触手可及，但他并没有跨出那一步，原因是复杂且多方面的。

多尔衮拥有两白旗的支持，并且在迫害豪格后，将豪格亲领的正蓝旗也趁机纳入掌控之中，多尔衮对两黄旗的渗入也很深。当年议立顺治帝时，代善所掌握的两红旗中就出现硕讬、阿达礼谋划拥立多尔衮之事，这说明多尔衮在八旗宗室中拥有相当一部分支持者，尤其是他独揽大权以后，诸王贝勒对他的依附更甚。

然而，废立皇帝毕竟是大事，即使顺治帝没有实权，但他毕竟是清太宗皇太极的子嗣，拥有正统地位。两黄旗作为忠于皇权的势力，虽然屡屡被打压，但保住顺治帝的皇位是他们不可动摇的底线，如果多尔衮越过这个底线，两黄旗必然会拼死反抗。此外，多尔衮并没有控制两红旗和济尔哈朗的镶蓝旗。因此，多尔衮无法保证这三旗中反对他的势力不会趁机加入内战中。届时，即使多尔衮可以平定内部动乱，但这场动乱对统治集团造成的损害也难以估量，如果动乱使统治集团内部元气大伤，那么将得不偿失。

多尔衮几次离京，或是挟顺治帝同行，诸如顺治四年（1647年）七月多尔衮带顺治帝前往边外行猎；或是委任自己的心腹留守京师，诸如顺治六年（1649年）二月多尔衮亲征大同姜瓖，让辅政王多铎留守京师，三月大军已逼近大同而多铎病重，多尔衮立刻班师回朝，唯恐京师生变；或是携带信印，诸如顺治六年六月多尔衮再次亲征大同时，令礼部尽快另造六部、都察院等各衙门印信，以便携行，以此来保证自己继续操持权柄；或是带领诸王贝勒同行，以防止诸王贝勒在京师联合顺治帝反抗自己，诸如顺治七年（1650年）十一月多尔衮前往张家口外游畋，随行者就有济尔哈朗、阿济格、多尼、满达海、硕塞等诸王贝勒。从这里可以看出多尔衮很是谨慎小心，也可以看出多尔衮虽然大权在握且削弱了八家分权制度对皇权的威胁，但八家分权余绪尚在，旗与旗之间的隔阂犹在，诸王贝勒尚有一定的半独立空间，多尔衮做不到对权力的绝对掌控。多尔衮只有坐镇京师，才可以威压诸王贝勒，这也是他没有彻底掌握朝局的体现之一。所以，面对不在掌控中的废立皇帝这一行为可能带来的反噬，多尔衮不敢轻易行动。

顺治六年（1649年）三月，多尔衮最坚定的政治盟友——豫亲王多铎因染天花而亡，年仅三十六岁。同母兄长英亲王阿济格是一介莽夫，并无政治头脑，也并非坚定地支持多尔衮。虽然多尔衮出京时也曾任命阿济格留守后方，但多尔衮并没有同意他求封叔王的请求，并且将其训斥一顿，很明显多尔衮并没有真正信任过阿济格。看似大权在握的多尔衮，实则是孤零零一人，尤其是在多铎死后，多尔衮再无坚定的政治盟友，这对他的篡位大计肯定有着重要影响。后来为了缓和统治集团内部的矛盾，多尔衮还恢复了济尔哈朗的亲王爵位，并任命满达海、傅洛和尼堪为分理庶务的理政三王。

多尔衮不敢轻易夺位还有一个至关重要的因素，那便是当时天下尚未安定，多地反抗清朝的军事行动此起彼伏。多尔衮应该是想逐一解决这些问题，进而统一天下，然后靠着带领清朝入关和统一天下的两大不世之功来篡夺皇位。

然而，新兴政权的幸运再次降临。顺治七年（1650年）十一月，多尔衮出猎古北口外时坠马跌伤。十二月，本就体弱多病的多尔衮薨于古北口外喀喇城，时年三十九岁。这一变故使清朝内部避免了一次大动乱。多尔衮在摄政的七年时间里，为清朝奠定了大一统的格局，然后突然逝去，如同完成使命一般，成全了顺治帝福临。

满汉对立

李自成的大顺政权走的是底层路线，他想要真正的"得民心者得天下"。诸如在进入北京以前，为了维护贫苦百姓的利益，李自成实行三年免赋政策，得到了广大百姓的拥护。但进京以后，他实施追赃助饷，失去了官绅的支持，大顺政权也草草落幕。与李自成同为农民起义领袖的张献忠建立了大西政权，却没有明确的施政目标，并且张献忠为人暴戾，他的志向不是一统天下，而是割据一方，这一点远不及李自成。因此，吕思勉在《中国通史》中如此评价："献忠系粗才，一味好杀，自成则颇有大略。"南明则是一个畸形政权，延续了迟暮的明朝的各种弊端。

相对来说，当时的清朝是最成功的一个政权。清朝对上拉拢了官绅，对下废除了明末三饷，并且多次减免赋税，这对长期生活在明末黑暗政治下的百姓来说无异于王师天降。清朝获得了自上而下的"民心"，这也是清朝可以迅速击败其他三个政权的关键原因所在。

清朝政策之高明，笼络人心手段之高，天下本可传檄而定，然而摄政王多尔衮坚持推行剃发易服的政令，引发了此起彼伏的反抗。据《清世祖实录》记载，早在清军进军北京时，多尔衮依照努尔哈赤和皇太极时代的惯例，要求各地百姓"各还乡里薙发迎降"。进入北京后，多尔衮更是要求"分别留遣凡投诚官吏军民皆着薙发，衣冠悉遵本朝制度，各官宜痛改故明陋习，共砥忠廉"，直接说明朝衣冠是陋习。剃发易服的政策遭到百姓的强烈反对，汉官遵守剃发易服令者寥寥无几，只有孙之獬等几位官员响应。有鉴于此，多尔衮只能选择收回成命。

多尔衮并非真正的妥协，他在等一个机会，很快这个机会便来了。顺治二年（1645年），清朝的西征和南下行动迅速地取得了出人意料的大胜，李自成身死，大顺政权随之破灭。坐拥长江天险的南明弘光政权更是不堪一击，迅速被灭，弘光帝被俘，押送至北京。多尔衮见状，认为天下大局已定，因此马上下令："各处文武军民尽令薙发，傥有不从，以军法从事。"不久之后，他进一步要求全国剃发易服，下令只要是投降的人都要剃发易服，并且要求在限期内完成剃发。遵从者，便是大清的子民。不遵从者，就是"逆命之寇"，会以重罪论处。

汉人一向讲究"身体发肤，受之父母，不敢毁伤"，认为剃发易服有违孝道，清朝这般强制，不剃发易服便定为"逆命之寇"，自然会造成恶劣的后果。本来天下可传檄而定的局面，被多尔衮强制剃发易服的命令打断。不只原先准备降清的人立即改变想法，就连清朝已经控制的地区也开始大面积失控，大好的局面变得岌岌可危。清朝在南方的屠城行为，很多就是因为城中百姓反对剃发易服引发的。在南方大规模反清局势的推动下，已降清的江西金声桓和广东李成栋等前明降将相继倒戈，转而尊奉南明永历政权为正朔。

风雨飘摇的永历政权再次有了"民心"基础，成为反对剃发易服的广大汉族官民的心灵寄托，并且获得了大顺余部和大西余部的支持。因此，内部权力松散且内斗不断的永历政权才可以抵抗清朝十几年。

顺治五年十二月初（1649年1月），南方反清运动达到高潮之际，镇守大同的前明降将姜瓖因长期受到清廷猜忌和英亲王阿济格的羞辱，于是据城反清，并奉永历政权为正朔。大同是军事重镇，距离北京不远，所以姜瓖此举直接撼动了清廷在北方的统治，使得清廷陷入了极度恐慌中。多尔衮对此大为震惊，并率领大军亲征两次，历时一年之久，才扑灭了大同的反清势力。

除剃发易服外，多尔衮在入关后还颁布了圈地令、投充法、逃人法等。清朝入关以后，为了八旗生计，在畿辅地区发布了圈地令。名义上说是把近京各州县"无主荒田"分给八旗上至诸王大臣，下至兵丁，实际实施过程中却不分有主无主，强行大量侵占该地区居民的产业，给当地百姓造成了巨大的痛苦。所到之处，原田主被逐出家门，背井离乡，最终这些人纷纷揭竿而起。八旗获得大量土地后，自己又不从事耕种，因此打着为贫民谋生路的幌子，大量招收贫民入旗，让贫民以奴仆的身份耕种田地。其中，很多贫民正是因圈地而失去土地的百姓，这种做法等于抢了百姓的地后再强迫他们耕种，而且很多时候招收之人并非出于自愿，而是带有被强迫性质，这便是所谓的"投充法"。该政策比起汉地早已出现的租佃制是一种全面的倒退，将劳动者强变成了农奴。

逃人法早在清朝处于关外时期就已推行。关外清军在辽东和几次深入畿辅、山东等地的战争中，不只掠夺了大批物资，还俘获了大批汉民，并将其赏给各旗为奴仆。根据《清太宗实录》记载，仅崇祯十一年（1638年）冬至崇祯十二年（1639年）春，清军就在畿辅、山东一带俘获汉民四十六万二千三百余人，这些人和清朝入关后被投充之人一样，被迫成为奴仆，而且子孙后代也摆脱不了这样的命运。因此，很多人在绝望中选择了自尽，也有不少人不甘屈服，踏上了逃亡之路，逃亡人数最多时达到了数万之众，这样的情况势必影响到了满人的利益和统治。因此，清廷严厉推行缉捕逃人法，根据《大清会典》卷一百零七记载，皇太极继承汗位后，规定"逃人犯至四次者，处死"。对于收留逃人者也从重治罪。入关后，虽然逃人法的惩罚条例几经修改，但对于逃人和收留者大体而言仍是从重处罚。

  清初的恶政使得清朝入关后的大好局面被消磨殆尽。因此，当顺治帝开始正式走上历史舞台后，他的叔叔多尔衮给他留下了一个既光明又危险至极的局面。多尔衮虽奠定了大一统格局，但亦留下了满汉对立的问题。愈演愈烈的满汉矛盾给顺治帝带来巨大的麻烦，甚至在之后几近掀翻清朝的统治。面对这一系列的挑战，年轻的顺治帝在亲政的十年时间中，又该如何应对？

第二章
失败的改革

皇权复张

多尔衮死后，清朝的最高权力看似陷入真空期，但经过皇太极和多尔衮兄弟二人多年的经营，皇权已经大为集中。随着国家机构的完善以及八家分权被打破，诸王贝勒擅权的空间越来越小，所以实际代行皇权的多尔衮死后，顺治帝这个"虚君"开始名正言顺地接管了皇权。

顺治帝跟父亲皇太极有不少相似之处，父子二人都喜欢借力打力。皇太极当年为了集权，借众小贝勒之力来打压其他三位大贝勒，最终建立了崇德皇权，然后再反过来打压诸王贝勒。多尔衮突然去世后，顺治帝抓住机会迅速集权，他一方面获得了郑亲王济尔哈朗和理政三王为代表的诸王贝勒的支持，一方面安抚多尔衮余党，使其不至于鱼死网破。顺治帝坐稳皇位后，先以诸王贝勒来清洗多尔衮余党，然后再将诸王贝勒排挤出权力中心。

根据《清世祖实录》记载，多尔衮死后，顺治帝迅速进行了一系列集权活动。顺治帝先是命令大学士刚林将摄政王府的所有信符收回皇宫，又命令吏部侍郎索洪将赏赐功册收入皇宫，再传谕议政王大臣，要求以后国家政务都要奏给他。顺治帝的意思是要收回权力，当然他也对诸王贝勒和议政大臣许以好处。紧跟着顺治帝说自己年幼，不知道哪位大臣贤明，吏部、刑部和工部三部尚书缺员,还有正蓝旗的固山额真(掌管一旗之军政的主官)也缺额,大家可以推荐贤能之人上奏。顺治帝让出这四个关键职位以换取更多人支持。要知道在多尔衮时代,这些关键职位由多尔衮一人决定,绝不可能就这样让出来。让出利益后,顺治帝再度申明诸王贝勒和议政大臣以后遇到重要事情可以上奏给自己,其他小的政事则由理政三王处理。顺治帝此举延续了多尔衮时代的理政三王处理庶务的利益划分,顺治帝和理政三王初步达成默契,共同分取利益,站在了同一战线上。

多尔衮死后,他的同母兄英亲王阿济格想要接管两白旗的势力,再架空顺治帝以行摄政之事,但遭到两白旗大臣的抵制,他们认为"既得我两旗,必强勒诸王从彼,诸王既从,必思夺政"。因此两白旗大臣将阿济格的想法告之诸王,郑亲王济尔哈朗提前有了准备,与诸王合兵擒拿阿济格,并将其幽禁。顺治八年(1651年)十月,顺治帝将阿济格赐死。

阿济格之所以遭到两白旗大臣的反对,是因为两白旗大臣想要奉多尔衮的养子多尔博为两白旗之主,奉多铎之子多尼为正蓝旗之主。因此,顺治帝以承认多尼为正蓝旗亲王为代价,趁机拆分两白旗,将正白旗与两黄旗合为天子亲领之旗,是为上三旗。顺治帝自此在八旗内部独领三旗,开始初具优势。同时,顺治帝将镶白旗交由大哥豪格之子富绶掌管,相当于实际掌握了四旗。从这里也可以看出,清朝入关后,随着多尔衮对诸王贝勒的打压以及八家分权格局被打破,旗主和旗人的依附关系大为削弱。

为了稳住多尔衮余党,顺治帝又下诏追尊多尔衮为"懋德修道广业定功安民立政诚敬义皇帝",庙号成宗,下令多尔衮的丧礼依照皇帝丧礼的规格办理。顺治帝还让多尔衮的养子多尔博承袭了多尔衮的亲王爵位。

同时,顺治帝进一步重用诸王贝勒。顺治八年正月,顺治帝正式亲政。亲政当天,顺治帝在太和殿内说了一段意味深长的话:"政务至繁,非朕躬所能独理,分猷宣力,内赖诸王贝勒大臣……外赖诸藩王贝勒等。"意思是要给予诸王贝勒更大的权力,与诸王贝勒共治天下。到了三月,顺治帝又说:"朕欲率由旧典,复用诸王……今特用和硕巽亲王于吏部,和硕承泽亲王于兵部,多罗端重郡王于户部，多罗敬谨郡王于礼部，多罗顺承郡王于刑部，多罗谦郡王于工部，多罗贝勒喀尔楚浑于理藩院，固山贝子吴达海于都察院。"意为再度起用诸王贝勒办理部院事务。

顺治帝的地位越来越稳固，意味着多尔衮的身后之名越来越危险。在这个微妙的时刻，顺治八年（1651年）二月，多尔衮的心腹苏克萨哈和詹岱为了保住自己的权位，首告多尔衮曾"谋篡大位"。打响第一枪后，郑亲王济尔哈朗和理政三王之巽亲王满达海、端重亲王博洛、敬谨亲王尼堪及内大臣等人，上疏列举了多尔衮的多项罪名。根据《清史稿·多尔衮传》记载，多尔衮最终被顺治帝"诏削爵，撤庙享，并罢孝烈武皇后谥号庙享，黜宗室，籍财产入官，多尔博归宗"。随后，党附多尔衮的大臣何洛会及大学士刚林和祁充格等被处死。八月，曾是多尔衮心腹大臣的谭泰虽在多尔衮死后反戈一击而得以暂时保住权位，但他锋芒太盛，"于六部之事无不把持"，因此也被顺治帝处死。顺治九年（1652年）三月，多尔衮余党巩阿岱、锡翰、席讷布库和冷僧机四人被处死。

多尔衮时代设立的理政三王，虽然在多尔衮死后便立即倒向顺治帝，并助其亲政，但顺治帝并不放心他们。顺治八年三月，局势稍微稳定后，顺治帝便以在阿济格囚禁处搜出藏刀四口以及刑部只奏理政三王而不奏皇帝为由，对理政三王进行打压，各罚银五千两，降傅洛和尼堪为郡王，并且下令理政三王停止处理庶务。

顺治帝靠着诸王贝勒的支持坐稳了皇位，但代价是皇权被削弱。诸王贝勒的权力开始膨胀，议政王大臣会议的权力也开始扩张，顺治帝的意见动辄遭到否决。诸如顺治八年二月，大臣罗什和博尔惠对两黄旗大臣转达多尔衮原有恢复博洛和尼堪的亲王爵位之意，郑亲王济尔哈朗将这二人定为"动摇国是，蛊惑人心，欺罔唆构"的罪名，要求论死。顺治帝想要免除这二人的死罪，结果诸王大臣经讨论后认为这二人不可留。顺治帝无奈之下，只能妥协。

面对这一情况，等到清除掉多尔衮遗留的势力，没有了共同敌人后，顺治帝于顺治九年（1652年）开始压制以郑亲王济尔哈朗为代表的诸王贝勒。正月，顺治帝"谕内三院，以后一应章奏，悉进朕览，不必启和硕郑亲王"。二月，顺治帝为了安抚济尔哈朗，封其为"叔和硕郑亲王"，将这位诸王贝勒中最具权势的亲王架空。幸运再次眷顾顺治帝，一场天花时疫在北京城内暴发，巽亲王满达海于二月病死，顺承郡王勒克德浑于三月病死，端重亲王博洛于三月病死，多罗谦郡王瓦克达于八月病死，而敬谨亲王尼堪则于十一月阵亡于湖南衡阳。余下的现任诸王贝勒除济尔哈朗外大都年纪尚轻，资历太浅，既无战功又缺乏从政经验，对皇权已构不成威胁。

由于这场天花，顺治帝的集权之路很是顺利。顺治九年（1652年）三月，顺治帝"罢诸王、贝勒、贝子、管理部务"。四月，顺治帝设立宗人府，这一新机构主要负责管理宗室礼仪和宗谱，彻底取代了清太祖努尔哈赤留下的八王共治下的八旗诸王贝勒的位置，旨在进一步控制诸王贝勒。最终，顺治帝趁着诸王势力衰弱，进一步控制八旗，掌握了八旗中的七旗，只剩下济尔哈朗掌握的镶蓝旗未纳入掌控，顺治帝从而在八旗中拥有了绝对的支配权。

议政王大臣会议也受到了一定的抑制。之前，随着诸王贝勒权重，其派系大臣也有不少被授为议政大臣，但顺治十年（1653年）以后，这种情况则越来越少。顺治帝还刻意安排内三院大学士和六部尚书等国家机构的负责人担任议政大臣，以此来摊薄议政王大臣会议的影响力。汉臣范文程和宁完我被破例授为议政大臣，他们代表的是皇帝的意愿，又推崇传统儒家思想，相当于由满洲贵族干预政治的议政王大臣会议再次被皇权侵蚀。

值得注意的是，顺治帝的集权过程相对来说是温和的，没有大肆屠杀功臣。对比其他朝代，清朝之所以没有出现明显的清洗开国功臣的行为，是因为它属于家族式开国，开国诸王就是开国功臣。这些开国功臣的落幕颇有戏剧性，先是在睿亲王多尔衮摄政时期，肃亲王豪格被迫致死，其间作为诸王之首的礼亲王代善得以善终，自然老去。再是豫亲王多铎和睿亲王多尔衮英年早逝，英亲王阿济格想要再行摄政之事而被顺治帝赐死。最后是在顺治九年（1652年），一场天花带走了四位开国诸王，同年又战死了一位开国亲王。对皇权存在巨大威胁的开国功臣们，就这般因多种原因死去，皇帝都不用大规模清洗，便威胁尽消。

初步使皇权再度步入集权之路后，顺治帝要面对的更大挑战便是该如何处理满汉矛盾。在八旗最大的主人和汉地天子这两重身份中，顺治帝又会怎样应对？他又会选择什么样的方法继续集中皇权，并且取得平衡呢？

第二章 | 失败的改革

母子斗法

被低估的顺治帝

顺治帝能以六岁幼龄继位，是八旗诸王妥协的结果。他登基以后，虽然朝堂之事皆由摄政王多尔衮独断，但等到大一统格局形成以后，多尔衮"恰到好处"地背负着滚滚骂名死去，顺治帝得以顺利亲政。亲政一年后，在他想要集权之时，开国诸王又开始陆续死去，于是顺治帝最终顺利集权并压制了诸王贝勒。

从顺治八年（1651年）到顺治十八年（1661年）的十年亲政期间，顺治帝前有父亲皇太极和叔叔多尔衮，后有儿子康熙帝，他置于三位雄主之间，似乎功绩平平，而且留下了与董鄂妃爱得死去活来的故事，还有一度想出家为僧的"壮举"，所以顺治帝给人的印象是一个不成熟且任性、风流的皇帝，而这样的顺治帝还享有世祖庙号，因此易为后世所诟病。但其实顺治帝是一位被严重低估的皇帝，他并非很多人眼中的"草包"，而是有着一番作为和一番雄心壮志。作为明太祖朱元璋的狂热粉丝，顺治帝曾想以明制为蓝本进行政治改革并且加强皇权，想要建立独裁体制。他想要如同明太祖朱元璋那般更进一步地建立更加完美的体制，为后世立下典范。奈何天不假年，顺治帝没有构建完自己心中的独裁体制，便在顺治十八年（1661年）染天花而死。

以顺治帝亲政的顺治八年（1651年）为时间点，清朝开国诸王陆续凋零。往前是饶余郡王阿巴泰于顺治三年（1646年）三月病死、衍禧郡王罗洛浑于顺治三年（1646年）八月病死于军中、被多尔衮构陷幽禁的皇太极长子肃亲王豪格于顺治五年（1648年）四月死于狱中、豫亲王多铎于顺治六年（1649年）三月病死、摄政王多尔衮于顺治七年（1650年）十二月突然死去以及英亲王阿济格于顺治八年（1651年）十月被赐死。往后则是在顺治九年（1652年），一年之内五位亲王相继离世。开国诸王中，只剩下清太宗皇太极的堂弟郑亲王济尔哈朗，不过他因顺治帝集权的一系列措施，距离权力中枢越来越远，加之年事已高，已处于半退休状态。

同时，八旗军队的整体战斗力也随之下降。一是因为八旗兵力本就不多，入关时清军兵力也就十万，其中还包括八旗汉军和八旗蒙古军，因为久历战事加之水土不服，所以自然繁衍的人数远不及战死和病死的人数。清朝在入关后，还效仿明朝将宗室诸王封藩在天下要地，在各省险要之地陆续派出八旗军队驻守，是为驻防八旗。这样一来，本来数量不多的八旗军队被进一步分散。二是由于入关后，八旗子弟身为胜利者，自然享受了优待，过起了优渥的生活。正所谓温柔乡乃是英雄冢，安逸久了，自然不会像以前那般勇猛拼命，战斗力因此大幅度下滑。

与此同时，南明永历政权迎来了高峰时期，甚至差点重新恢复南方半壁江山。顺治九年（1652年），李定国先是逼得定南王孔有德自焚而死，再是斩杀敬谨亲王尼堪，创下自万历年间努尔哈赤起兵以来对清朝的最辉煌战绩，使得清廷震动，一度人心惶惶。后来若非孙可望私欲太重，在李定国背后捅刀子，导致双方一度闹到兵戎相见的地步，李定国怕是真可以一鼓作气重新打下南方半壁江山，甚至进而北伐恢复明朝全盛之天下。

在这种情况下,以顺治帝为首的统治集团采取了"以汉制汉"的政策。顺治十年(1653年),顺治帝起用洪承畴经略湖广、广东、广西、云南、贵州五省,根据《清世祖实录》记载,顺治帝还在敕谕中授予洪承畴相当大的权力。拥有较大自主权又老谋深算的洪承畴趁孙可望和李定国内讧之际对南明用兵,南明永历政权错失了最后的翻盘机会,从此一蹶不振。皇室还与平西王吴三桂联姻,将清太宗皇太极第十四女建宁公主嫁与吴三桂长子吴应熊,而吴三桂在其后征战永历政权的过程中也出了大力。

针对八旗军队整体战斗力下降的情况,顺治帝也采取"以汉制汉"方针。一方面发动降臣降将,来最大程度上招抚南明政权的文臣武将,尽量不战而屈人之兵。一方面在战术上让绿营兵和降军打前阵,让八旗军队压阵,这样既可以减少伤亡,又能起到监视的作用,还可以在最后关头夺取胜利果实。

在战略上,清朝刚入关之际通过精密计算,以最小的战损代价和广泛招抚降军来夺取辽阔的疆域。当后继发现实在无力征服南方后,多尔衮便派汉人藩王三顺王南下。顺治帝亲政后,延续了多尔衮时代的用兵策略,并且更进一步,即在鞭长莫及的南方,以半独立的代价,换来以吴三桂为首的三藩对阵永历政权的局面,最终击溃永历政权,迫使永历帝朱由榔于顺治十六年(1659年)逃入缅甸境内。这意味着南明政权彻底退出中国大陆,实际上已经名存实亡。当然,这个权宜之计的后遗症也很明显,最终清朝的南方疆域形成了平西王吴三桂占据云贵一带、平南王尚可喜占据广东一带以及靖南王耿精忠占据福建一带的格局,给后继之君康熙帝留下了一个巨大的挑战,在康熙年间爆发了三藩之乱。

在东南沿海一带抗清的郑成功,虽然奉永历政权为正朔,但因出自隆武政权,并且可能考虑到有明一代忠心耿耿的大臣大多不得善终,所以郑成功一直保持自身独立性,只是与永历政权联合,并接受名义上的管辖,不接受其真正的管辖,双方并没有真正合兵一处,而是各自为战。

由于抗清势力无法统一力量和战线,并且诸多实力集团的首领将自身势力的利益置于反清事业之上,胜利成果往往不会扩大,反而很容易丢失。例如,郑成功于顺治十六年（1659年）进行最后一次北伐，是因为当时西南一带的永历政权已岌岌可危，牵制着清军主力，所以郑成功才看准时机北伐。起初，郑成功的军队一路势如破竹，兵临南京城下，并祭拜明孝陵，使得清廷大为震惊。如果郑成功能够取下南京，那么收复东南半壁江山便指日可待，但因战略失误，最终郑成功惨败而归。等到永历政权退出大陆，再无牵制清军主力的势力，郑成功也就无法维系对东南沿海的控制。顺治十八年（1661年），郑成功决定收复台湾，以台湾为基地，继续发展反清事业，成为坚持时间最长的一股反清势力。

至此，顺治帝在亲政的十年之间，通过以汉制汉的政策，将南方此起彼伏的反清运动扑灭，并击溃南明永历政权，只余郑成功的明郑势力孤悬海外。这等于将西南地区和东南沿海地区正式纳入清朝疆域，最终统一了中国大部，初步奠定了清朝版图，巩固了清朝的统治。

以汉制满

顺治帝在位时期，清朝入关成为全国性政权，社会发展也迎来翻天覆地式的变化，迅速受到了汉文化的影响。因此，当时的统治阶级开始形成两股势力：一方是固守满洲习俗、抵制汉文化的守旧派。一方以满洲贵族的年轻一代居多，他们学习能力强，对新事物的接受能力也强，并且崇尚汉文化。他们的政治理念较为开明，不像老一辈那般固守满洲习俗，而是有着更宽阔的视野和格局，是为开明派。

守旧派多是居于统治上层的诸王贝勒和满洲大臣，以郑亲王济尔哈朗和孝庄太后为代表，构成了满洲贵族守旧势力的中坚力量。等到郑亲王济尔哈朗于顺治十二年（1655年）五月死去后，守旧派的大旗则交由孝庄太后和两黄旗大臣来扛。

开明派则以年轻的顺治帝为代表。多尔衮摄政期间，他为了限制顺治帝，不理睬满汉大臣的多次奏请，并且故意拖延让顺治帝读书学习的时间。等到顺治帝亲政后，他长期苦学，具备了较高的汉学素养，并相当崇尚汉文化。在治国方面，顺治帝与多尔衮的最大不同之处在于，多尔衮虽然入关后大力笼络前明官绅，给予汉臣一定的地位，但只是出于统治需要，更重视满蒙关系。而崇尚汉文化的顺治帝则更重视满汉关系，相对忽视满蒙关系，顺治帝可以说是皇太极提出的满汉一体政策的真正践行者。因此，顺治帝进一步提高汉臣地位，缓和满汉两族矛盾，扩大了统治基础。

顺治帝虽然是开明派，但也要确保"首崇满洲"的前提。在剃发易服、圈地令、投充法、逃人法等清初恶政方面，出于维护满洲利益的需要，他态度坚决，并且不会做出实质性改变。诸如逃人法，顺治帝虽然认为立法太重，并进行了一定程度的改变，但并没有废除该法，对反对逃人法的汉人也大加训斥。由此可见，顺治帝以维护满洲利益为第一位，不过相对守旧派来说，他是在这个前提下少见的开明派。

顺治帝视明太祖朱元璋为偶像。顺治三年（1646年）三月，清廷翻译明朝的《洪武宝训》完毕，顺治帝制序颁行天下，自认为继承了明统，与天下共遵明之祖训。遵守前朝开国皇帝定下的祖训，这是前所未有的。当时的顺治帝只有九岁，这一切很可能是多尔衮授意，只是为了凸显清朝是继承明朝之统并且具有正统性，并不代表顺治帝崇拜明太祖朱元璋。

然而，等到顺治帝亲政后，从他对明太祖朱元璋的评价足以看出他的崇拜之心。根据《清世祖实录》记载，顺治十年（1653年）正月，顺治帝在一次与内院大臣谈话时如此说道："朕以为历代贤君莫如洪武（明太祖朱元璋在位时期年号），何也？数君德政，有善者，有未尽善者，至洪武，所定条例章程规画周详，朕所以谓历代之君不及洪武也。"由此可见，明太祖朱元璋是顺治帝最为推崇的古代君王。朱元璋废除丞相制、加强皇权、建立独裁体制的作为，也是顺治帝毕生追求的方向。

从以上历史背景来看，守旧派和开明派的理念颇多格格不入，双方的矛盾也随着权力之争愈演愈烈。顺治帝亲政之初，面对的最大问题之一便是皇权被削弱，诸王贝勒分走了相当一部分权力，等到他打压完诸王贝勒，发现阻碍皇权集中的还有另一座大山，即满洲大臣。关外二帝时期，努尔哈赤定下了八王共治制度，大权都被八旗旗主所把持，满洲大臣不过是八旗旗主下面的"奴才"而已。之后，皇太极大力打压诸王贝勒，满洲大臣才开始挤入权力中心。等到入关以后，随着清朝的跨越式发展，权力的蛋糕越来越大，多尔衮和顺治帝都不遗余力地打压诸王贝勒。等到国家机构摆脱诸王贝勒的影响后，满洲大臣或是掌握六部等中央机构，或是成为议政大臣，通过议政王大臣会议来发挥影响力，自然拥有了相当一部分权力。

满洲大臣，再准确来说就是曾经支持顺治帝的孝庄太后及其两黄旗大臣等守旧派，在共同的敌人多尔衮和诸王贝勒的威胁消除后，反而成为顺治帝集权的阻碍，同时因为其与顺治帝的政治理念不同，从而导致了矛盾的进一步激化。守旧派的存在，使得顺治帝根本没有办法真正实现自己的抱负。在这种情况下，顺治帝多年的苦学开始起到作用，他脑海中已经有了一系列计划，并且开始一一实施。

顺治帝的重要措施之一就是提高汉臣地位。这固然是因为他较为开明，但还有另一个重要原因，便是他想以汉制满，最终再将大权彻底收回。当然不论动机如何，顺治帝给予了汉臣更大权力，是积极主动的行为，不同于晚清时期朝廷由于形势所迫才大规模重用汉臣。顺治帝很喜欢去内三院与汉臣讨论各种事情，这时期的汉臣对顺治帝来说如同智囊团，双方互相依赖，顺治帝想要汉臣为他出谋划策，汉臣则是想通过皇帝的青睐来提高地位。

顺治十年（1653年）正月，针对各衙门主事者都是满臣而不是汉臣，奏事的也都是满臣而没有汉臣的情况，顺治帝说道："朕思大小臣工，皆朕腹心手足，嗣后凡进奏本章，内院六部、都察院、通政使司、大理寺等衙门，满汉侍郎卿以上，参酌公同来奏。"意思是无论官职大小，都是他的心腹手足，要一视同仁，因此顺治帝表示各个部门和衙门的满汉侍郎品级以上的官员，可以酌情一起上奏。顺治十五年（1658年）七月，顺治帝改内三院为内阁，设立翰林院，并且将满汉官员品级定为同一品级,此举进一步提高了汉臣的地位。顺治十六年(1659年)十月,针对六部尚书中一向是满尚书掌实权而汉尚书无实权的情况,顺治帝规定"授事在先者,即着掌印,不必分别满汉",要将汉臣的地位彻底提高至与满臣的地位同等。

顺治帝提高汉臣地位,打压守旧派,孝庄太后及两黄旗大臣自然不会任由他这般"叛逆"行事,于是双方展开了激烈的斗争。不过这毕竟不是可以记载于史的好事,所以相关史料鲜少有详细记载,但通过《清世祖实录》中关于顺治九年(1652年)达赖五世进京觐见顺治帝之事,可以看出清廷内部出现的严重分歧。

藏传佛教于蒙古窝阔台大汗时期和明朝俺答汗时期相继传入蒙古地区。而在藏传佛教中,最后发展起来的格鲁派在16世纪开始占据主导地位,明万历六年(1578年)格鲁派大活佛索南嘉措被俺答汗尊为达赖喇嘛后,应邀到蒙古地区传教,格鲁派遂在蒙古各部广为传布,出身蒙古科尔沁部的孝庄太后就笃信该教。达赖喇嘛则是格鲁派的首领,因为达赖喇嘛在蒙古地区有着重要的影响力,所以为了完成彻底统一喀尔喀蒙古的事业,清太宗皇太极和多尔衮都曾邀请达赖喇嘛来访,当时可能是因为时局未稳的原因,所以等到顺治九年(1652年),在西藏拉萨的达赖五世才启程前往北京。

达赖五世将至,满洲大臣认为顺治帝应该"亲至边外迎之"。之所以如此,一方面是出于务实的想法,想要通过礼敬达赖五世来顺利降服喀尔喀蒙古。一方面是受传统"八家分权"的影响,满洲大臣潜意识还是认为顺治帝只是八旗最高首领而非至高无上的皇帝,前往边外迎接达赖五世是顺理成章的事情。从这里也可以看出,努尔哈赤定下的"八王共治"的祖制,历经皇太极和多尔衮兄弟二人苦心经营,至顺治帝时期虽然被打破,诸王贝勒也已无力与皇权争锋,但"八家分权"的概念依旧深入人心。

顺治帝致力于构建皇权,尤其是受汉文化熏陶后,更认为以皇帝之尊无庸亲自前往边外迎接,所以对满洲大臣的意见并不满意。顺治帝与汉臣讨论此事,汉臣们既为了迎合顺治帝的想法，又认为皇帝本不应该如此，所以自然支持顺治帝。因此，顺治帝以"又何妨乎众汉臣议，皇上为天下国家之主，不当往迎喇嘛"为由，拒绝前往边外迎接达赖五世，认为在诸王大臣中选择一人代表他前往迎接即可。

以孝庄太后为首的满洲诸臣自然不同意该说法，于是没过多久顺治帝又改变立场，同意"至边外代噶地方"迎接达赖五世。这说明满洲诸臣给他施加了压力，顺治帝不得不妥协，前者取得了暂时性的胜利。不过，他们显然低估了顺治帝和汉臣的决心。汉大学士洪承畴和陈之遴以天有异象来坚决劝阻顺治帝前往边地远迎达赖五世。这很有可能就是双方早已提前商议好的事情。因此，顺治帝以不可违背天意为由，只是命兄长和硕承泽亲王硕塞率领大臣前往迎接达赖五世，并且解释道："近以盗贼间发，羽檄时闻，国家重务，难以轻置，是以不能前往，特遣和硕承泽亲王及内大臣代迎，当悉朕不能亲迎之意。"

面对守旧派的攻势，顺治帝对郑亲王济尔哈朗进行打压，之后他也的确将济尔哈朗架空。但面对孝庄太后及两黄旗大臣，毕竟这一势力是自己统治的基本盘之一，因此顺治帝无法对其进行行之有效的打击。尤其是两黄旗身为天子上旗，主要大臣多被任命为领侍卫内大臣，再通过内务府对内廷和后宫之事进行管理，相当于皇帝的管家。

在顺治帝和两黄旗大臣没有矛盾和理念冲突时，两黄旗大臣可以说是护卫皇权的最后一道也是最为重要的防线。在双方有着理念上的冲突以后，尤其是两黄旗大臣还以同样守旧的孝庄太后为首脑时，那么最坚实的盾牌反而成为最沉重的绊脚石，甚至成为监视和牵制皇帝的枷锁。面对这种情况，顺治帝没有办法对其进行过度打压，否则势必会动摇自己的统治根基。

面对这一棘手的问题，顺治帝决定效仿明太祖朱元璋的做法。顺治十年（1653年）六月，顺治帝毅然打破祖制，以内务府"事务殷繁"为由，仿照明朝的二十四衙门，设立十三衙门，引入太监的势力来分走两黄旗大臣的权力。顺治十一年（1654年），顺治帝正式裁撤内务府，十三衙门自此彻底取代了内务府。当然，太监只是用来集权的工具，顺治帝并不想再树立一股强大到足以威胁皇权的势力。因此，他还效仿明太祖朱元璋令太监不得过四品的做法。顺治十三年（1656年）六月，又立铁牌禁止内官干政。

十三衙门成立不久，顺治帝便决定改变以往政事都由大臣亲自上奏的方式，下令让太监接过奏章然后再递给自己。尽管顺治帝解释只是因为身体不适，所以不接见大臣，不用以此作为惯例，但此举很明显可以看出他十分倚重太监，想要让太监辅佐他处理政务。

顺治帝刻意安排大学士加入议政王大臣会议成为议政大臣，并且任命大学士在太和门内办公，对皇帝直接负责，这大大加强了大学士辅佐皇帝处理政务的职能。之后将内三院改为内阁，说明顺治帝最终的构想应该是恢复明制。像明朝那般，以文臣集团所代表的内阁和太监势力所代表的司礼监共同处理政务，二者相互牵制，然后皇帝居中调节，从而不至于大权旁落。

顺治帝这一权力格局的构建，主要的实施者不是满臣，而是汉臣，因此引来守旧派的极大不满。之前皇太极和多尔衮为了集中皇权，虽然不断破坏旧制，打压诸王贝勒，但满洲大臣是受益者，军政大权依旧在满人手中。顺治帝如此重用汉人，让守旧派认为大权有旁落汉臣之手的危机，顺治帝遭遇的阻力可想而知。

顺治帝重用汉臣以集权的方法是卓有成效的，此举也大大缓和了满汉矛盾，却引起了以孝庄太后及两黄旗大臣为首的守旧派的抵制。虽然顺治帝一度占据上风，但新的满汉矛盾成为顺治帝在位后期所不得不面对的问题，在"首崇满洲"的前提下，顺治帝进攻之余还要妥协。比如，他想通过设立十三衙门来取代两黄旗大臣在内廷和后宫事务上的管理权，这一举措只是取代了内务府的职能，顺治帝无法将身边的两黄旗大臣都换为太监，只能二者兼用，所以最终没有成功。皇权的独裁之路，并不是那么顺利。

母子斗法，蒙古后妃遭殃

清朝自关外清太祖努尔哈赤起，就积极实施满蒙联盟的政策，其中一大体现便是满蒙世代联姻。清朝皇帝的后妃自然也多出自蒙古，像顺治帝的生母孝庄太后便出自蒙古科尔沁部。

顺治帝亲政前，孝庄太后与多尔衮达成一致，以孝庄太后之兄科尔沁卓礼克图亲王吴克善之女，也就是孝庄太后的侄女为顺治帝第一位皇后，于顺治八年（1651年）完婚。等到顺治帝亲政后，以与这位皇后不协为由，于顺治十年（1653年）将她降为妃，后遣回蒙古。孝庄太后既要延续太祖和太宗时的旧例，又想继续保持自己蒙古娘家的辉煌，加上已立的第一位皇后，先后共为顺治帝选立了六位蒙古后妃，其中于顺治十一年（1654年）册立的第二位皇后为孝惠章皇后就是孝庄太后的侄孙女。妃子之中，淑惠妃为孝惠章皇后的胞妹，亦为孝庄太后的侄孙女。悼妃为科尔沁部和硕达尔汗亲王满珠习礼之女，是孝庄太后的侄女。等于顺治帝的两位皇后和两位妃子都出自孝庄太后的家族。恭靖妃和端顺妃则出自蒙古其他部落。

由于与母亲孝庄太后的斗争，顺治帝连带着将怒火发泄到蒙古后妃身上。顺治十年（1653年），顺治帝废了第一位皇后，遭到诸王贝勒和诸多满汉大臣的共同反对。汉大臣按照传统认为废后为失德。诸王贝勒以郑亲王济尔哈朗为首，连同众多满大臣，他们考虑到孝庄太后和满蒙关系的因素，于是极力反对。顺治帝坚持废后，并以废后是多尔衮指定的为一大理由，将第一位皇后降为静妃。顺治帝这之后还差点废了第二位皇后孝惠章皇后，在孝庄太后极力阻止下，所以顺治帝才不得已作罢。如果说废第一位皇后，因为多尔衮的因素还勉强说得过去，那么顺治帝想废第二位皇后，针对母亲孝庄太后的意图就很明显了。

顺治帝对其他蒙古妃子也是冷落待之。他就是想要改变后宫由蒙古科尔沁部也就是孝庄太后娘家占优势的局面，说白了是要以此压制母亲孝庄太后和两黄旗的势力。由此，他的子嗣共计八位皇子六位皇女，无一人是蒙古后妃所出。

康熙帝的母亲孝康章皇后出自汉军正蓝旗，后改隶汉军镶黄旗，再改隶满洲镶黄旗。自康熙帝开始，虽然清朝后宫依旧有蒙古后妃，但科尔沁部乃至蒙古在后宫占据优势的局面已不复存在。这也是顺治帝与母亲孝庄太后的斗争中唯一获得的持续性的胜利。不过后宫的胜利，对顺治帝的改革大局并没有什么增补之处，影响并不大。

从这里也可以看出，顺治帝是一位合格的政治家。为了实现集权，即使是面对母亲孝庄太后和曾大力拥立他的两黄旗，顺治帝也想尽办法对其进行打压，而且是全方位的打压，连后宫家事方面也不放过。以政治斗争为先，所谓的儿女情长，只是帝王心术的外壳而已。

顺治帝对董鄂妃无以复加的宠爱，其实并没有表面那般幼稚。一方面顺治帝的确是真心喜欢董鄂妃，毕竟再冷酷的政治家也不可能真的冷血无情，更何况顺治帝并非冷血之人，而是相对开明之人。另一方面自然是掺杂了政治因素，董鄂妃出自正白旗，正白旗当年是摄政王多尔衮的亲领之旗，与两黄旗是死对头。顺治帝亲政后，将原属多尔衮的正白旗收为己有，很可能在当时就有着以正白旗制衡两黄旗的打算。

顺治帝宠爱正白旗的董鄂妃，并且重用正白旗的苏克萨哈，就是要让正白旗超越两黄旗，然后达到自己集权的目的。董鄂妃于顺治十四年（1657年）十月生下的皇四子，顺治帝直接说是"朕第一子"，并且大赦天下，直接无视前面包括后来的康熙帝玄烨在内的三个儿子，想要以这个儿子为继承人。不过这个皇四子并没有顺利活下来，于顺治十五年（1658年）正月早夭，不然的话，以后的皇帝很可能就不是康熙帝了。

顺治十六年（1659年）四月，顺治帝再次对母亲孝庄太后及两黄旗大臣进行打压。他公开降谕处罚了声称有事不应召来京的两位亲舅舅吴克善和满珠习礼并因为二等侍卫阿拉那与两黄旗大臣额尔克戴青的家奴陈保斗殴一事，认为此举触犯皇帝权威，严惩了两黄旗大臣中的额尔克戴青、费杨古、郭迈、图海四位大臣。自此，顺治帝的集权取得了阶段性胜利。

顺治帝虽然一步步实施着自己的计划，而且获得了一定成果，但因为守旧派势力太过强大，并没有占据绝对上风，回收权力之路也并不是一帆风顺，反而阻碍重重。加之顺治十五年（1658年）正月立储失败及顺治十七年（1660年）八月董鄂妃病逝，这两件事使得顺治帝遭遇政治和情感上的双重打击。顺治帝还要面对长期的拉锯战，最终身心疲惫，所以在位后期他倾心佛法，邀请和尚入宫论佛谈法，甚至一度有了出家之意。可能那时的顺治帝已经陷入迷茫，在思考是继续一往无前地建立心中的独裁体制，还是遁入空门远离是是非非。不过这一切的纠结，在顺治十八年（1661年）正月，随着顺治帝因感染天花突然驾崩而骤然终结。

顺治帝死时年仅二十四岁，死后庙号为世祖。如同元世祖忽必烈一般，他在位时期，清朝由割据政权成为全国性政权，开辟了全新的历史时期，而顺治帝身为清朝成为全国性政权以后的第一位皇帝，庙号世祖自然也是符合礼制的。顺治帝在位的前七年，是由多尔衮行摄政之事，多尔衮带领清军入关，并且奠定了大一统之格局。因此，很多人认为顺治帝称祖名不副实。诚然，顺治帝在位时期的大多成就为多尔衮所为，但顺治帝也并非碌碌无为之辈，他还是有着一番野心和成绩的。而且在帝制家天下的时代，皇帝便是当时天地间唯一的主角，臣下的功劳自然也属于皇帝，皇帝的过失却不一定属于皇帝。在这种情况下，世祖只能是顺治帝，绝不会是多尔衮，除非多尔衮没有突然死去且最终篡位成功为帝，那么世祖自然是多尔衮。不然的话，王的功劳再大，哪怕是摄政王，也不能称之为世祖，甚至会因功高震主而落得一个凄惨下场。像多尔衮身故之后就被顺治帝疯狂报复，这就是帝制家天下的残酷现实：此人若非皇帝而功劳过大，那么要么取皇帝而代之，要么就会因抢了皇帝的风头而被皇帝猜忌打压和报复。

《清史稿》如此评价顺治帝："迨帝亲总万几，勤政爱民，孜孜求治。清赋役以革横征，定律令以涤冤滥。蠲租贷赋，史不绝书。践阼十有八年，登水火之民于衽席。虽景命不融，而丕基已巩。至于弥留之际，省躬自责，布告臣民，禹、汤罪己，不啻过之。《书》曰：'亶聪明作元后，元后为民父母。'其世祖之谓矣。"对顺治帝亲政以后的功绩，也算客观评价，而且也未将多尔衮的功劳算在顺治帝身上。

《清世祖实录》对顺治帝的评价更是简洁到位："前缵祖宗之绪，后启神圣之承，洪业丕基，传之永永无极矣。"意思是顺治帝前承祖宗基业，后启清朝弘业，为清朝的全盛天下打下坚实基础，传承会永无尽期。

顺治遗诏

安亲王岳乐

顺治帝去世前,根据德国学者魏特(1874—1937)所著《汤若望传》记载,他曾想立一位堂兄弟为继承人,但孝庄太后和诸王都认为应该在皇子之中选择一位继承人。顺治帝陷入纠结中,派人询问汤若望的意见,汤若望支持孝庄太后一方的意见,最终顺治帝同意让皇子继位。顺治帝以这位庶出的皇子为继承者,主要是因为他已出过天花,不用再惧怕这种恐怖的病症。这位皇子便是皇三子玄烨,也就是康熙帝。

其时尚有一位年长于玄烨的皇子,即皇次子福全。因皇长子牛钮早殇,所以福全是实际上的皇长子,他与皇位失之交臂,不只是因为没有出过天花。根据清代萧奭所著编年杂史《永宪录》卷三记载,福全"向以损一目,不得立"。正因如此,所以《清圣祖实录》记载,顺治帝问年幼的福全和玄烨长大以后的志向,福全回道愿为贤王,玄烨则说愿效法父皇。这段对话不排除是史官对康熙帝的溢美之词,尤其是在顺治帝已经属意董鄂妃之子为继承者的情况下,不一定有询问

第二章 | 失败的改革

其他子嗣志向之意。更何况因为出天花的原因,玄烨从小便被抱出宫外抚养,并没有与顺治帝共同生活过,所以这件事的真实性很低。不过对于福全的描述,倒是挺符合他的情况,毕竟身体有残疾,做不了皇帝,自然只能退而求其次,想做一位贤王。

玄烨的继位,不同于祖父皇太极那般,属于汗位推选制,由八王推选而出,也不同于父亲顺治帝那般,通过八王共治的余绪之议政王大臣会议来确定的。玄烨的继位,意味着清朝的皇权进一步集中,清朝的继承方式开始转变为传统王朝的父死子继的方式。即使是顺治帝一度想要以堂兄弟继位,也改变不了这一大趋势。

既然顺治帝一直致力于加强皇权,想要建立独裁体制,那么他为什么在去世之前不选择子嗣继位,反而想要以堂兄弟继位呢?原因在于,顺治帝想要保住自己的政治遗产。他身为开明派,进行了一系列改革,与母亲孝庄太后及两黄旗大臣为首的守旧派势力斗争到近乎撕破脸的地步。顺治帝自然明白自己死后,如果没有一位与自己政治理念相同且年长有影响的继承人,那么他的政治遗产肯定会被守旧派一扫而空。但顺治帝从发病到病逝只有短短几天,他没有精力和时间来坚持自己的想法,为心中的继承者铺路,最后只能同意皇三子玄烨继位。

顺治帝所属意的堂兄弟很可能是安亲王岳乐。岳乐是清太祖努尔哈赤第七子阿巴泰的第四子,他的哥哥是清初理政三王之一的端重亲王博洛。阿巴泰在皇太极时代备受冷落,所以阿巴泰一系与皇太极一系素有积怨,这也是多尔衮曾经以博洛为理政王的重要原因之一。因此,即使之后理政三王在多尔衮死后马上倒向顺治帝,但依旧被顺治帝打压,所以岳乐一开始并不被顺治帝所信任和重用。岳乐在顺治八年(1651年)袭爵,改号安郡王,并在顺治九年(1652年)加入议政王大臣会议,管理部务,但只是管理相对不那么重要的工部。

岳乐与顺治帝有个共同点,那便是崇尚汉文化。岳乐的政治理念也较为开明,是当时统治集团内部开明派的代表人物之一,他自然支持顺治帝的改革,这在宗室诸王贝勒中可谓少见,因此顺治帝越来越信任和倚重岳乐。顺治十二年

（1655年），顺治帝授岳乐为宗人府左宗正，掌宗人府事，等于让岳乐来替自己监视和控制诸王贝勒。到了顺治十四年（1657年），顺治帝晋封岳乐为和硕安亲王。顺治帝在位后期，还任命岳乐为议政王大臣会议的领衔亲王。岳乐的军事能力也很强，清朝入关后，他曾跟随肃亲王豪格西征，在攻破大西政权的过程中立下大功。

这样一个文武双全，而且还支持自己改革的开明派人物，顺治帝自然想要立他为继承者，从而保住自己的政治遗产。不过这一想法没有实现，也就意味着他的政治遗产会被彻底清空。

到了康熙年间，岳乐这个差点成为皇帝的人，如同当年的代善一般，位高却权不重，即使被委以重任，也是因为当时无人可用。

康熙帝平定三藩之乱时，由于不相信汉人将领，宗室子弟也没有可堪大任者，于是只能起用年长且军事经验丰富的岳乐，封其为定远平寇大将军，让岳乐率师讨伐吴三桂。身为清朝宗室第三代中的佼佼者，岳乐自然不负所托，他先扬长避短进军江西，切断吴三桂部与耿精忠部的联系，再进军湖南，多次取得胜利，屡立战功，使得清军胜利在望。不过，等到吴三桂病死，即将迎来最后的胜利时，岳乐却被调回京城。虽然康熙帝亲赴卢沟桥南二十里去迎接和慰劳岳乐，并且大加褒奖他，令岳乐重回宗人府掌印，但很明显康熙帝不想让岳乐享受胜利的果实，并且对他有着很强的防范之心。

康熙二十七年（1688年）七月，被边缘化的老年岳乐再度被康熙帝起用，与简亲王雅布一同率军前往苏尼特防备噶尔丹。次年二月，岳乐病死于军中。岳乐死后，康熙帝追赠其谥号为"和"。虽为美谥，但对于文武双全且功劳不低的岳乐来说并不高，甚至可以说有些低了。而这一切并没有结束，此后岳乐的身后之名屡遭打压。康熙二十九年（1690年），贝勒诺尼攻讦岳乐，说岳乐在康熙四年（1665年）主管宗人府时审案不公，枉判诺尼不孝顺，使得诺尼被削爵下狱，后来才被放出来复爵。在岳乐已死，只有诺尼一家之言的情况下，康熙帝大怒，将岳乐被追革的亲王爵位降为郡王爵位，并取消其谥号。

雍正帝继位后，因岳乐的外孙女嫁给了参与夺嫡的八弟胤禩，所以雍正帝以岳乐"谄附辅政大臣，每触忤皇考"为由，下令岳乐的安郡王爵不准承袭。乾隆四十三年（1778年），乾隆帝追论前人功过时，可能觉得祖父康熙帝和父亲雍正帝做得太过分，因此特意盛赞了阿巴泰和岳乐父子二人的战功，又封岳乐后人为世袭辅国公，也算是变相为岳乐说了一句公道话。

雍正帝打击岳乐是醉翁之意不在酒，他主要针对的是政敌八阿哥胤禩。而康熙帝之所以打压岳乐，一方面是因为从清太宗皇太极开始，历代皇帝致力于打压威胁皇权的诸王贝勒；另一方面是因为岳乐曾经差点"抢走"康熙帝的皇位，对于这样有威望有威胁的宗室亲王，康熙帝自然不敢真正重用他，反而要刻意打压他。

在帝制家天下的时代，有时候太优秀也是一种罪过。岳乐在顺治和康熙两朝的表现可谓滴水不漏，既没有什么明显的过失，也不贪财不好色，俨然是才德兼备之人。这样的人，不是皇位继承者，反而是宗室亲王，那么往往最不受皇帝喜欢，甚至会被皇帝猜忌和打压。因为这种人没有缺点，似乎无欲无求，若是有所图谋的话，那么肯定图谋的是皇位和天下。这种情况下，如果有缺点，无论是贪财好色还是经常性得罪人，皇帝反而会放心，因为有缺点就意味着好驾驭，就说明不是无懈可击。

如同罪己诏的遗诏

顺治帝死后发布的遗诏，共有两大内容。一是历数自己的十四条罪状，让人感觉这不是遗诏，而是罪己诏。二是任命索尼、苏克萨哈、遏必隆和鳌拜为辅政大臣。

这十四条罪状看得人眼花缭乱，说自己不会用人，好高骛远，铺张浪费，不尽孝道，不遵旧制，渐习汉俗，重用汉官，排斥满臣，使得"满臣无心任事，精力懈弛"，疏远诸王贝勒，对端敬皇后（董鄂妃）的葬礼规格太过优厚，并且重用太监，最后导致"臣工缄默，不肯进言"，虽然对此很后悔，却"乃徒尚虚文，未能省改"，意思是知错不改。这是对自己的全方位否定，把自己说成了违背祖宗的不肖子孙。

顺治帝从发病到去世不过几天而已，如此仓促的时间，不足以在遗诏里那般详细地反思自己的错误。即使时间宽裕，顺治帝也不会那般"自我反省"。从顺治帝的作为来看，他并非懦弱无能之主。他不惜得罪守旧派，坚持推动改革，临死之前还想立堂兄弟为继承者以保住自己的改革事业，这样性格急躁而坚毅的人又怎么可能在临死前全面否定自己？

结合《清圣祖实录》的记载来看，遗诏由汉人王熙和满人麻勒吉二学士草拟，后由麻勒吉和侍卫贾卜嘉先将遗诏呈给孝庄太后，再宣示诸王、贝勒、贝子、公、大臣、侍卫等。由此可见，所谓的顺治遗诏，不过是顺治帝的生母孝庄太后假借遗诏名义以泄私愤，来报复顺治帝这个"逆子"罢了。从这里也可以看出顺治帝在位后期，这位重用汉官的开明皇帝与满洲守旧势力的积怨之深，以至于生母这般否定他。

至于设立辅政四大臣的决定，应是顺治帝与孝庄太后母子二人协商而定。一方面，此举是用辅政体制取代了摄政体制，关键在于"辅"，而不是"摄"，延续了集权的思路，不再用宗室诸王贝勒来辅佐幼年天子，而是继续打压诸王贝勒。更为关键的是，此举可以防止再出现一位"摄政王多尔衮"，这符合顺治帝和孝庄太后的利益。

另一方面，四位大臣都出自上三旗，其中索尼、遏必隆、鳌拜三人出自两黄旗，既是拥护皇权的传统力量，也与孝庄太后同为守旧派，符合孝庄太后的利益，也符合顺治帝维护皇权的利益。因此，在位后期受制于两黄旗的顺治帝，不得不用他们为辅政大臣。余下的苏克萨哈则出自顺治帝曾寄予厚望，用来超越两黄旗的正白旗，是顺治帝的心腹。苏克萨哈虽然在多尔衮死后靠出卖旧主而获得顺治帝的宠信，但毕竟不像两黄旗那般还可以以孝庄太后为首。苏克萨哈身为多尔衮昔日的心腹，只能依靠顺治帝，从某种程度上来说，没有依靠没有选择的苏克萨哈是顺治帝真正的心腹。

将苏克萨哈定为辅政大臣并且排行第二，仅次于战功赫赫且资历又老的索尼，这是顺治帝在继承者人选方面妥协后，取得的一大主动权。不过将死之人有再多的安排，如果没有一位强有力的支持者或者继承者，也是徒劳。苏克萨哈并不具备保住顺治帝政治遗产的实力，后续更是连自保都做不到。因此，顺治帝死后，他的改革事业遭到了毁灭性的打击。

守旧派势力占据绝对上风后，顺治帝的改革开始被全盘否定。诸如上一节文章提到的被处罚的两黄旗大臣之额尔克戴青，于顺治十八年（1661年）六月去世，谥勤良，"勤良"二字俱为美谥，由此可见孝庄太后对他的评价。至于另一位大臣图海，更是在康熙年间大放异彩，由孝庄太后推荐成为康熙朝前期重臣，在平定三藩之乱时起到了重要作用，受到康熙帝的厚待和倚重。

顺治十八年（1661年）二月，顺治帝尸骨未寒之际，守旧派就开始迫不及待地出手，急匆匆地处死了顺治帝的心腹太监吴良辅，并将十三衙门尽行革除，再度恢复内务府建制。身为第二辅政大臣的苏克萨哈，虽然并非守旧之人，但他的立场不坚定，或许他也想保下对他有知遇之恩的先帝留下之遗制，奈何孤掌难鸣，只能随波逐流。吴良辅一死，十三衙门一去，苏克萨哈的生命也进入了倒计时。康熙六年（1667年），鳌拜矫旨将苏克萨哈处死。在四大臣辅政时代，满洲大臣的地位全面提升，恢复到顺治帝重用汉臣之前的地位，并占据了主要地位。

至此，顺治帝的政治遗产被一扫而空。这场清初朝堂之上开明派与保守派的"战争"，以开明派先胜后败而告终。

顺治帝治国的大体路线其实并无问题。他重用汉臣，固然有以此集权的目的，但同样是为了缓和满汉严重对立的民族间的矛盾。不同于守旧派狭隘的视野，顺治帝看得很清楚，如果一味维护满洲的利益，置汉人于不顾，得不到汉人精英的支持，长此以往，占据绝对支配地位的满洲势力会成为庞大帝国的吸血虫，被压迫的汉人则会成为巨大的不稳定因素，甚至会威胁到清朝的统治，届时清朝大概率又是一个倒在百年大关前的朝代。因此，顺治帝想通过提高汉臣的地位来缓和满汉矛盾，达到某种程度上的平衡，这样既能保护满洲的利益，又可以使满洲大臣有一定的危机感，从而形成满汉之间的良性竞争。顺治帝不只是要做八旗最大的主人，还要做汉地真正的天子。奈何守旧派看不懂这点，或者是不愿意让出利益，只一味地以自身利益为重。守旧派认为顺治帝越轨太过，忘记了祖宗的根本，使得顺治帝缓和满汉矛盾之举，反而在统治集团内部引发了另一场政治危机，顺治帝也因英年早逝而未能解决这一危机。

在孝庄太后的"操刀"下，顺治帝的作为被掩盖，给后世留下任性不成熟、没什么作为和心机的印象。如果顺治帝的生命未终止在亲政的第十年，他将拥有更多的时间，通过扶持正白旗以提高汉臣地位，还有设立十三衙门，最终将权力从孝庄太后及两黄旗为代表的守旧派手中收回，完成集中皇权的计划，再大展拳脚，完成自己更大的政治抱负，那么对他的评价远不止如此。

可惜历史没有如果，被严重低估的顺治帝，只会被一直低估下去。失败者的结局从来都是这样，他的努力并不重要，重要的是结果，只看他结局失败，那么凄然的形象必然留书于史。千百年后，后人读之，也只能唏嘘几声罢了。

而建立独裁体制的重任，随着顺治帝的英年早逝，则不得不交由其继承者康熙帝来完成。

第二章 | 失败的改革

马上得天下，马上治天下

满洲旧制的"卷土重来"

顺治帝驾崩后，由康熙帝继位，但康熙帝当时只是八岁幼童，很明显并没有亲政的能力。因此，清朝的实际权力落入了辅政四大臣和幕后的太皇太后孝庄之手。从顺治十八年（1661年）正月开始到康熙八年（1669年）五月康熙帝智擒鳌拜，中间八年四个月，可以说是一个特殊的辅政时代，这与多尔衮的七年摄政时代截然不同。虽然往前对比清朝起于关外和入关统一天下，往后对比康雍乾盛世，中间这八年四个月似乎不值一提，但它的特殊之处在于，继开明派顺治帝改革失败后，守旧派开始将自己的施政理念全面贯彻下去，进入一种另类的"改革"，即想要全面展开满洲本土化运动。

从某种程度上来说，这也是满汉对立后的另一种发展方向。努尔哈赤时代屠杀过甚，消极地笼络汉族精英阶级；皇太极时代吸取汉人不配合的教训，提高汉人地位，提倡满汉一体，构建满、汉、蒙联合政权之大清，缓和了满汉矛盾；多尔衮时代颁布剃发易服的政令则扩大了满汉矛盾，但多尔衮为加强皇权和笼络前明官绅，形式上继承了明制，进行了一定程度的汉化；顺治帝时期似是矫枉过正，他过度重用汉官，并且崇尚汉文化，想要真正仿明制而行，视满洲势力为集中皇权的拦路虎，导致其早逝后被孝庄太后和辅政四大臣借遗诏之名而对其极尽否定和羞辱。因此，辅政四大臣登上历史舞台后，进行了另一种矫枉过正。辅政四大臣全面偏向满洲本位，开始试图阻断汉化之路，想要恢复满洲旧制，以此来推行满化。

在这种执政倾向的引导下，加之顺治帝时期重用汉臣的政策引发的不满，汉臣的意见在辅政四大臣掌权时代大多不受重视，汉人地位并不高，实际上是被当成被征服的人群对待。这一切直到康熙帝真正亲政以后才得以扭转。不过特殊群体即八旗汉军倒是被辅政四大臣所倚重。从民族身份上来看，八旗汉军属于汉人；从政治归属上来说，八旗汉军属于旗人。对辅政四大臣来说，打压汉人的同时，八旗汉军旗人是一股不容忽视且应拉拢的势力。根据《康熙起居注》记载，辅佐四大臣时代，重用的张长庚、白如梅、张自德、贾汉复、屈尽美、韩世琦六位地方督抚，其中有五人便是八旗汉军旗人。

辅政四大臣并非如汉臣那般有执政经验，甚至都不如满洲文臣有执政经验，因为辅政四大臣都是武将出身，只有索尼曾短暂担任过文职，所以他们整体来说是长于军事，并没有太多从政经验。因此，这时期的清朝是马上得天下，马上治天下。

辅政四大臣致力于恢复"淳朴旧制"。通过《清圣祖实录》的记载，可以看出辅政四大臣以被修改过的顺治帝遗诏作为政治工具，动辄以顺治帝遗诏中后悔不遵旧制为由，全面恢复满制并进行了一系列调整。顺治十八年（1661年）二月，他们迫不及待地废除了十三衙门、杀吴良辅并且恢复内务府。之后不久，辅政四大臣以康熙帝的名义宣布："朕兹于一切政务，思欲率循祖制，咸复旧章，以副先帝遗命。"意思是重新恢复内三院建制，内阁和翰林院则被废除。内三院在之后的辅政时代也成为提高满洲大臣地位的机构。清朝仿明制之外，根据自身情况设立的理藩院，其地位也被大力拔高。辅政四大臣先将理藩院从礼部撤出，到了顺治十八年（1661年）八月，理藩院被抬高至与六部同等的地位。

辅政四大臣对于不属于满洲旧制且一定程度上不利于他们集权的国家机构，例如监督百官的都察院，进行了限制。等到鳌拜被擒拿后，议罪之时，他的第十四条大罪便是："禁止科道陈言，恐摘发情弊，阻塞言路。"

由于辅政四大臣均为武将出身，在提高理藩院的地位后，出于对顺治帝时期政策偏向文臣的不满，便以对前明重文轻武进行批评为借口，一定程度上提高了武将的地位，对于满臣不及汉臣方面的待遇也进行了统一，从而提高了满臣的待遇。

相应的汉人官僚则被全方位压制。康熙二年（1663年）八月，根据《清圣祖实录》记载，清廷下令"停止八股文，改用策论表判"。意思是停止八股文，同时一改顺治朝廷延续晚明进士名额数量的做法，大幅度减少进士名额。根据《清代科举考试述录》和《钦定大清会典事例》记载，辅政四大臣时代进士名额被缩减大半。康熙三年（1664年），会试副榜被废除。所谓会试副榜，就是采纳数百名没有考中进士但表现良好的举人入副榜，授予这些人低级京官职务。顺治时期，举人可以被任命为有实权的知县，可以在生员考试中充任考官，但在辅政四大臣时代一并遭到禁止。

在根源上大幅度压制汉人步入仕途后，辅政四大臣以考满、京察、大计等各种方式对朝中及地方汉臣严加更定。为了简化官吏考核制度，或者说为了更方便打压汉官，还停止了京察，推行"俱着三年考满"制度，从而很大程度上制约和限制了底层汉臣的上升空间。同时，不公平的考核方式也助长了官场的腐败之风，出现了上下贿赂、徇私舞弊甚至拉帮结派的情况。又因为考满时间过长，严重影响了国家政务的处理，后经议政王大臣会议决定，停止考满。到康熙六年（1667年）才得以恢复"三年一次大计，六年一次京察"之旧例。在辅政四大臣时代，满大学士数量也迅速超过了汉大学士。

在无形的文化疆域中，辅政四大臣也进行了极端的防御性攻击。根据康熙帝后来对宠臣高士奇所言，康熙帝的汉文写作知识是由自明代就入官的常太监和林太监所传授，而且还是秘密进行的。后来这段对话被高士奇记载于所著的《蓬山密记》中，这说明为了保证满洲尚武习俗，在孝庄的默许下，辅政四大臣曾试图阻止康熙帝学习汉文化。

虽然辅政四大臣大力恢复满洲旧制，但也只是有限度地恢复。例如诸王贝勒掌部务，甚至是八王议政共商国是的旧制，就没有恢复。毕竟诸王贝勒若再度掌权，辅政四大臣肯定要被排除在权力核心之外，这不符合他们的利益。当然这也不是辅政四大臣所能决定的，已经超越了他们的权力范围。不说其他因素，太皇太后孝庄肯定不会同意再度赋予诸王贝勒更多权力，诸王贝勒只能通过传统的议政王大臣会议来施加影响力。毕竟守旧派的所作所为，本质上不是挑战皇权和架空皇帝，而是要尝试进行满化，清除汉臣乃至汉文化的威胁，使满洲势力再度占据绝对主导地位，并防止满洲汉化。因此，清朝的大体施政路线并没有偏离太多。

传统的满洲贵族议事机构之议政王大臣会议的权力也得到了极大加强，议政大臣处理政务的权限也得到了拓展，开始处理起诸多军国大事，辅政四大臣也通过这一机构实施自己的政策。鳌拜将权力触角伸进议政王大臣会议，像俄讷、喇哈达、宜理布等在议政王大臣会议中不肯附和他，他便马上停掉他们的蒙古都统职位和议政资格。议政王大臣会议照例为亲王领衔，吸纳了安亲王岳乐和康亲王杰书等宗室重要人物。虽然诸王贝勒是皇室主要防范的对象，但即使如此，鳌拜很明显控制不了他们。辅政四大臣时代，议政王大臣会议中的诸王贝勒并没有加入党争，也没有支持或联合鳌拜等辅政大臣，而是服务于满洲的整体利益。因为辅政四大臣的所作所为符合满洲利益，所以诸王贝勒并没有反对，但不意味着他们会依附于辅政四大臣。没有真正控制议政王大臣会议这个机构，也是鳌拜之后被迅速推翻的关键原因之一。

第二章 | 失败的改革

盛世的奠基和隐患

辅政四大臣不仅致力于恢复满洲旧制,还在全国范围内也进行了一系列调整。在西南方向,顺治十八年(1661年)十二月,进军缅甸的平西王吴三桂将南明最后一帝永历帝朱由榔抓获,次年押至昆明处死。此举摧毁了反清复明人士心中最后的精神支柱,进而巩固了清朝的统治根基。

为了表彰吴三桂的大功,清廷晋封吴三桂为亲王,并且在康熙二年(1663年),根据《清圣祖实录》记载,面对吴三桂上疏请求将云贵二省总督和巡抚的任命敕书加入"听王节制"四字的要求,清廷予以批准。此举使得吴三桂对云贵的控制进一步加深,以他为首的三藩实力日渐强大,在之后几近掀翻了清朝的统治。

在辅政四大臣主导下的清廷为了打击汉人士绅,同时因为南方士绅对郑成功势力的暗中支持,加之对晚明在南方赋税征收不力而耿耿于怀,对南方进行了赤裸裸的极端统治。

先来讲顺治十八年(1661年)爆发的明史案。浙江士绅庄廷鑨出钱购买了前明大臣朱国祯一部未完成的明史手稿,再延揽名士增补书稿并且修订,想要以自己的名义出版,不过书还未完成庄廷鑨便去世。庄廷鑨的父亲庄允诚为了完成儿子的心愿,继续进行这项工作,最终于顺治十七年(1660年)冬将书刻成,并开始在浙江一代传播。

该书属于私修明史,书中多有回护前朝之处,不仅继续使用南明政权的年号,并对清朝统治者诸如努尔哈赤直写其名,而不是尊写为清太祖。原归安知县吴之荣看出了其中的问题,他或是想要谋求仕途上的东山再起,或是因为敲诈庄家钱款不成,所以将此事告发。早就想打击南方士绅的辅政四大臣借此掀起明史案,将已死的庄廷鑨掘墓刨棺,枭首碎骨,并将其尸体示众三个月,其弟也被杀害。参与修书的学者和出版之人,甚至买书之人都因此获罪,辅政四大臣最终处死了七十余人。这是清廷处理的第一个言论管控案件，开清代文字狱之先河，意味着清廷开始对言论进行严厉的管控。

根据《清圣祖实录》记载，康熙帝刚刚继位，辅政四大臣就针对江南地区逃税、迟交赋税的情况，在顺治帝在位时期已经实施严厉催科的基础上，急匆匆再度对地方官员施加压力，要求在限期内完成追征拖欠钱粮的任务，否则会遭到严厉追责，被降级处分甚至革职。同时对逃税者进行严厉打击，由爆发了哭庙案和江南奏销案。前者为顺治帝驾崩后苏州士子借悼念之机到孔庙集会，揭发吴县县令贪赃引起的，后者为数月后江宁巡抚以追缴拖欠钱粮为由将四府一县数万官绅士子革黜功名，且大多刑责逮捕。南方士绅因此遭到了严厉的打击，大批官员和士绅或被投入监牢，或被解职，或被革除功名，或被押往北京。根据清初学者叶梦珠所著《阅世篇》记载，总计苏、松、常、镇四府及溧阳一县，共有生员史顺哲等一万一千三百四十六人被革去生员功名。

由于江南奏销案对士绅阶层的打击过狠，广泛得罪了士绅群体，并且可能会动摇清朝的统治。辅政四大臣鉴于已经达到初步打压士绅的目的，遂取消了严厉的催科行为，投入监牢的士绅也被释放，才使得这起事件没有愈演愈烈。虽然催科行为并没有成功，但它在一定程度上促使士绅开始重视补交赋税之事。

鉴于江南士绅被摧折过重，因此等到康熙十八年（1679年），康熙帝开博学鸿儒科，以示安抚。该科简称词科，也称鸿词或鸿博，属于科举考试制科的一种，是历朝历代统治者在科举制度之内笼络知识分子的一种手段。当时所试为诗、赋、论、经、史、制、策等，不限制秀才举人资格，更不论已仕未仕，说白了就是特意为前明知识分子所设置，再由地方督抚鉴别可用之才或者说值得拉拢之人，然后举荐前往京城考试，通过考试后便可以任官。虽然有些士人依旧怀念前明，以逃避的方式拒绝与清廷合作，但整体来说，如此厚待之举，对拉拢前明士人起到了相当不错的效果。

面对郑成功的海上王国，辅政四大臣于顺治十八年（1661年）在原有海禁政策的基础上，发布迁海令，命令自山东沿海至广东沿海地区的居民向内地迁移三十至五十里。此举旨在人为制造无人区，进行坚壁清野，想要断绝郑成功一方与东南沿海地带的贸易，以使郑成功的海上王国得不到物资供应，最终不攻自破。

不过此举是两败俱伤之举，虽然郑氏的确受到了影响，诸如当时日本的生丝原料主要依靠郑氏从浙江走私，实施迁海令后生丝采购变得极为困难，对郑氏造成了深远的影响。但清朝受到的影响亦大，随着海外贸易交易的急速下滑，海外流入的白银自然急速减少，使得当时百业凋零。清朝甚至比郑氏的损失还要大。

郑氏真正的衰落，并不是源于迁海令，是之后郑经于康熙十三年（1674年）参加三藩之乱。因为策略不对，没有成果不说，反而因为与叛军的地盘之争，郑氏无形之中替清军牵制着叛军，自身实力大损。后来郑氏的粮荒问题也越来越严重，加之又陷入新一轮王位继承战中，因此才导致了最后的失败。

从辅政四大臣的作为来看，他们力图恢复满洲旧制，但并没有成功，反而造成新一轮的满汉对立，对之后盛世的奠基作用也是有限的，反而留下了不少隐患。但好在未对皇权造成大的破坏，内部并没有严重分裂，斗争大致只局限于两白旗和两黄旗之间，并造就了鳌拜这个最弱权臣。而康熙帝所谓的智擒鳌拜，其实并非字面上那般简单，这背后实则是统治集团内部的一场卸磨杀驴的谋划罢了。

第三章
皇权的巅峰

卸磨杀驴

成为"弃子"的守旧派急先锋鳌拜

在辅政四大臣的时代,一开始就形成了鳌拜一家独大之势。虽然康熙帝在康熙六年(1667年)七月便正式亲政,但只是形式上的亲政而已。并且可以压制鳌拜的辅政第一大臣索尼出身正黄旗,早就因为年岁已高,加之鳌拜代表两黄旗利益,索尼本身就有放纵鳌拜之意。余下的辅政第三大臣遏必隆,他与鳌拜同属镶黄旗,利益紧密相连,又素无主见,因此依附于辅政大臣之末的鳌拜,二人共同打压出自正白旗的第二辅政大臣苏克萨哈。

在入关之初八旗大规模圈占土地时,摄政王多尔衮偏袒自领的正白旗,将上好的地段划分给了正白旗。等到了辅政四大臣时代,鳌拜认为多尔衮划分的上好地段应该属于镶黄旗,并要求换地,正白旗自然不答应。因此,康熙五年(1666年),鳌拜不顾苏克萨哈的反对,矫诏将出自正白旗的大学士兼管户部事务的苏纳海等反对换地的人杀死。康熙六年(1667年),鳌拜又以苏克萨哈不欲归政等罪名,不顾康熙帝反对,强行将苏克萨哈处死。

第三章 | 皇权的巅峰

面对这一情况，康熙帝培养官中少年侍卫练习"布库"，也就是摔跤。等到鳌拜进入宫中，与外界失去联系时，康熙帝出其不意地命令侍卫将鳌拜擒拿，再交由议政王大臣会议定罪。最后，议政王大臣会议宣布鳌拜三十条罪状，应将其革职并立斩。康熙帝最终赦免鳌拜死罪，改为拘禁。不久鳌拜死于禁所，康熙帝由此开始真正亲政。

智擒鳌拜是康熙帝开启属于自己辉煌时代的第一战，也是后人津津乐道的康熙帝少年时代便英明神武的事迹，但这件事并不像表面那么简单。

根据《清圣祖实录》记载，康熙帝说道："凡用人行政，鳌拜欺朕专权，恣意妄为，文武各官，尽出伊门下。"意思是任命官员和处理政务方面，鳌拜是欺负康熙帝年幼而自己独断专行，肆意妄为，培植党羽，任用的文武官员尽出自其门下。鳌拜被定三十条大罪之罪三是鳌拜的小团体公然破坏朝廷体制，几个人在鳌拜家中私下一商量便将国家大事处理完毕。鳌拜的权力触角还深入宫中，包括直接负责皇帝安全的侍卫处。鳌拜的亲侄苏尔马被任命为侍卫。再如侍卫倭赫因对鳌拜表现得不尊敬，加之他的父亲内大臣费扬古与鳌拜不和，所以鳌拜便将父子二人处死。可见当时的康熙帝连自身安全都保证不了，处于被鳌拜监视的状态。

再来看看鳌拜一党的人员构成。除了鳌拜的弟、子、侄身居要职以外，大学士有班布尔善，是清太祖努尔哈赤之孙。满尚书有吏部尚书阿思哈、户部尚书马迩赛和兵部尚书噶褚哈。满侍郎有吏部侍郎泰璧图、兵部侍郎迈音达和工部侍郎罗多，地方有山西陕西总督莫洛、陕西巡抚白清额和山西巡抚阿塔。还有前文提到的六位地方督抚等。

党羽众多的鳌拜入宫被擒，他的党羽却并没有反抗，连一点浪花都没有掀起，实在不太合理。即使康熙帝出其不意地采取行动，并且将势力渗入侍卫处，诸如康熙帝第一任皇后之仁孝皇后的叔父索额图，当时便辞去吏部右侍郎，进宫担任一等侍卫，在智擒鳌拜过程中起到了重要的作用，但也不至于使得鳌拜一党如此轻易被拿下，所以康熙帝肯定还有帮手，那便是隐于幕后的守旧派代表人物孝庄。虽然史书没有明确记载，但还是可以看出蛛丝马迹。

《清史稿·圣祖本纪一》记载："五月乙未，以黄机为吏部尚书，郝惟讷为户部尚书，龚鼎孳为礼部尚书，起王弘祚为兵部尚书。戊申，诏逮辅臣鳌拜交廷鞫。"从这里可以看出，在对鳌拜动手之前，清廷进行了一系列人事调整。八年辅政时代，清廷的人事权掌握在辅政四大臣手中，尤其是索尼病死、苏克萨哈被杀后，遏必隆又依附于鳌拜，等于鳌拜一人操纵了人事任用权。例如，吏部尚书阿思哈就是鳌拜一党。在这种情况下，形式上亲政的康熙帝肯定做不到人事调整，但在孝庄的支持下却可以做到。

很多人认为孝庄在顺治朝和康熙朝的政治斗争中的作用被夸大，实际上并非如此。根据《康熙起居注》记载，康熙十一年（1672年）十二月，孝庄告诫康熙帝要保持尚武精神时这般说道："予虽在宫壶，太宗行政亦略知之，彼时开创，甚重骑射。方今天下太平，四方宁谧，然安不忘危，闲暇时仍宜训练武备。"孝庄说自己"略知"行政，说明她早在皇太极时代对政务就有一定的了解。等到顺治帝时期，根据魏特所著《汤若望传》记载来看，孝庄更是拥有左右朝局的影响力，从前文提及的顺治帝临死前想立堂兄弟但是孝庄和诸王不同意，最后才立的康熙帝这件事就可以看出。顺治十六年（1659年），郑成功北伐兵围南京之际，东南一带形势巨变，南方半壁江山有着全面丢失的风险，顺治帝因此想退回关外，在孝庄的阻止下才打消了这一念头。

孝庄先后辅佐儿子顺治帝和孙子康熙帝两代幼主，先是皇太极突然驾崩，最后两黄旗大臣舍弃皇太极长子豪格，并支持顺治帝继位，这背后定然有着孝庄的游说。顺治帝登基后，两黄旗大臣面对年幼的新皇以及多尔衮的打压和分化，自然以孝庄为首。等到顺治帝亲政后进行改革，守旧的两黄旗大臣自然只能再次以同样守旧的孝庄为首，双方矛盾颇深，不然顺治帝又岂会冷落后宫的蒙古后妃，甚至公开惩罚两位亲舅呢？顺治帝驾崩后，所谓顺治遗诏如此否定顺治帝，单凭辅政四大臣又怎么敢如此秉笔呢？这幕后操盘手自然是孝庄。

孝庄并没有太大的权力欲望，没有刻意经营自己的势力，而且她也没有条件和机会去经营。先是遇到多尔衮摄政七年，孝庄和顺治帝母子二人可谓朝不保夕，再是顺治帝亲政后，孝庄只是因为政治理念守旧并且抵制汉化才得以获得两黄旗大臣的支持，所以她并没有垂帘听政以及代行皇权，而是认可大臣辅政模式。

换个角度来说，四大臣辅政最符合孝庄的政治理念，孝庄支持他们开展满洲本土化运动。但是很明显并不成功，辅政四大臣并没有带领清朝走向更高的山峰，反而起到了负面作用。诸如前文提到的他们重用的地方督抚，是"扰害地方，以致百姓困苦至极"的存在。这时候孝庄的守旧理念想必也开始动摇，开始思考顺治帝的满汉一体政策有没有可取之处。

对孙子康熙帝，孝庄的态度则耐人寻味。一方面，孝庄自从想要顺治帝后宫中的蒙古后妃诞下子嗣的想法破灭后，决定选择培养康熙帝。她让自己的亲信侍女苏麻喇姑教导康熙帝满文，前文提到康熙少年时偷习汉文，肯定不只是辅政四大臣阻止他学习，孝庄也是默许的，孝庄以此想要为康熙帝营造一个只学习满蒙文化的环境，来影响康熙帝以后的政治理念。孝庄期待康熙帝重视满蒙贵族联盟，而不是像其父顺治帝那般只重视满汉关系，孝庄对康熙帝的影响自然是巨大的。据《圣祖御制文二集》记载，康熙帝在成年后回忆道："朕自幼龄学步能言时，即奉圣祖母慈训，凡饮食、动履、言语皆有矩度。"

另一方面，按理说孝庄会全力支持康熙帝亲政，但孝庄想要通过辅政四大臣来尝试恢复旧制以看其效果如何，并且年少的康熙帝政治理念不明确也使得孝庄有所犹豫。尤其是在康熙七年（1668年）正月，建孝陵神功圣德碑时，康熙帝在碑文中对父亲顺治帝进行高度评价："视满汉如一体，遇文武无重轻，破故明人臣朋党之习……统一寰区，非神武不能开基，非至圣不能致治，谟烈于昭，道法具在。"康熙帝对顺治帝遗诏进行了变相的批判，并且含蓄地为父亲顺治帝鸣不平。如此这般，孝庄自然陷入纠结中，举棋不定。

不过康熙帝毕竟是孝庄一手培养起来的亲孙子，相比于旗下奴才鳌拜，孰轻孰重，孝庄还是分得清楚。因此，在鳌拜擅权并结党营私、扩大家族势力的同时，孝庄也做了一定的防范措施。康熙四年（1665年），在孝庄的安排下，年仅十二岁的康熙帝迎娶了辅政第一大臣索尼的孙女赫舍里氏，此举分裂了辅政大臣的联合阵营，将索尼家族彻底拉拢进少年天子的阵营。对此，认为皇后应该出自镶黄旗的鳌拜和遏必隆很是不满，二人竟然一同上奏反对，但并没有改变结果。

同时期的鳌拜虽然开始擅权，但他的势力尚处在可以控制的范围内，孝庄还以他来彻底打压正白旗。虽说顺治帝亲政后将正白旗纳入了天子亲领之旗，但在多尔衮擅权时代，正白旗为多尔衮亲领。之后顺治帝实施改革时，正白旗成为顺治帝用来集中皇权、打压乃至取代两黄旗的势力。顺治帝以苏克萨哈为心腹，宠爱出自正白旗的董鄂妃，差点废了孝庄的侄孙女孝惠章皇后，并在董鄂妃病逝后追封其为皇后，所以对孝庄来说正白旗自然是不稳定的因素，鳌拜出面打压，也符合她的利益。

康熙帝也在证明自己的能力和表达自己的政治立场。通过孝陵神功圣德碑文对父亲顺治帝作出高度评价后，康熙七年（1668），康熙帝又任命大学士对喀纳为纂修顺治朝实录的总裁官，取代了鳌拜的心腹班布尔善。同时，他还推翻之前辅政四大臣对于历法之争的判决，为汤若望平反，任命南怀仁为钦天监监正，恢复时宪历，支持恢复耶稣教天文学家在钦天监的研究事业。

从这里来看，康熙帝具有一定的施政权力以及一定的施政空间。同时苏克萨哈之死似乎也是康熙帝有意让鳌拜背负恶名，鳌拜为苏克萨哈编织的罪名是不欲归政，从种种迹象来看，苏克萨哈确有此意，他的政治立场不坚定，并非真正支持康熙帝，所以康熙帝此举属于一举两得：一方面借此除掉不支持自己的苏克萨哈，另一方面更是以此来麻痹鳌拜，为之后出其不意拿下鳌拜打下了良好的基础。

当鳌拜这个守旧派急先锋证明全面恢复满制并不利于清朝的长期统治，并且鳌拜在打压完正白旗，完成了集中皇权的任务，反而成为皇权新的威胁以后，孝庄自然不会坐视他动摇爱新觉罗氏的江山，转而支持康熙帝对鳌拜下手。被抛弃的鳌拜，如同卸磨杀驴故事中的那头驴一般，最终被康熙帝击败，成就了这位少年天子的英名。

康熙帝真正亲政后，对祖母孝庄深怀感激。《清史稿》卷二百十四记载："太后不预政，朝廷有黜陟，上多告而后行。"这说明康熙帝既是为了报答祖母，也是为了请教治国之道，经常与孝庄商议政事。

在《清圣祖实录》中，康熙十四年（1675年）四月的一则记载，也很耐人寻味。康熙帝晓谕起居注官学士傅达礼和侍读学士喇沙里，以后自己向皇太后孝惠和太皇太后孝庄请安时要主动回避，意思只是正常的尽子女孝心的例行请安，所以负责记载他起居注的官员没必要陪同。

当时正是三藩之乱如火如荼之际，清朝在南方遇到前所未有的挑战，陕甘地区和察哈尔蒙古等地亦先后出现叛乱。在这种情况下，康熙帝突然下这么一道命令，说明这背后肯定不像他解释的那般，应该是要与皇太后或者太皇太后进行一些绝对保密的机密对话，很有可能是关于平定三藩之事，甚至可能是如果失败了该何去何从的讨论。皇太后孝惠是生性敦厚之人，早年被顺治帝冷落，差点被废，对政事也没有什么经验，康熙帝自然只能与祖母孝庄讨论机密之事。从这里可以看出，康熙帝亲政后孝庄依旧有着超然的地位。

历史记载很多时候也是很"神奇"的，史书记载可以很详细，也可以很简略，但更多时候是该详细记载的时候不详细记载，不该详细记载的时候反而事无巨细。所谓的该详细记载的时候，就是统治集团内部的斗争，史书记载往往会为了维护其形象而一笔带过，甚至为尊者讳。例如顺治帝与守旧派的政治斗争，史书就没有记载，只能通过迎接达赖五世、顺治帝打压两黄旗大臣和母亲孝庄、设十三衙门、最终英年早逝留下全面否定的顺治遗诏等事件的记载，综合得出这一政治斗争事件。康熙帝智擒鳌拜亦是如此，鳌拜身为权臣，康熙帝事前可以进行人事调整，然后鳌拜入宫便被擒拿，说得云淡风轻，背后的历史细节，史书亦没有记载，只能综合各方人物记载来推理。想要揭开历史的迷雾，却发现迷雾背后不止一条路，甚至有很多条路，似乎每一条都是对的，让人难以抉择。

比如康熙帝智擒鳌拜，从另一面推理，孝庄也不一定支持康熙帝。鳌拜所谓的擅权，只不过是身为孝庄在台前的代理人所正常获取的权力，他跳得再高，也还在孝庄的控制中，康熙帝靠着自己的经营才破局。诸如前文提到的索额图，他的妹妹是安亲王岳乐的福晋，岳乐身为顺治帝在位后期的议政王大臣会议中的领衔亲王，在议政王大臣会议和宗室诸王中拥有巨大影响力，康熙帝很可能通过索额图作为中间人，获得岳乐为代表的宗室诸王支持，才出其不意地拿下鳌拜。孝庄本就不是贪权之人，面对这一情况，也不想让统治集团再发生内斗，因此支持康熙帝亲政。这样的可能性也是有的。这就是历史的多面性，我们只能从史书中看似浩如烟海实则关键记载多是只言片语的情况下，进行符合逻辑的推理。

最弱权臣

鳌拜之所以被拿下还有个重要原因，他虽然可以称之为权臣，但也只是最弱权臣，他面对皇权并没有绝对的反制能力。一般来说，权臣分为三个类型。

第一个类型是诸如曹操这般，自己打天下，自己创建势力，属于政权的开创者。曹操之所以尊汉献帝这个无权天子，只不过是为了获得政权合法性，以达到挟天子以令诸侯的目的。这类权臣，即使秦皇汉武遇到也没有绝对反击的机会。因为朝廷上下效忠的是权臣，皇帝对他们而言只是吉祥物，即使皇帝出其不意地采取斩首行动杀死权臣，也并不意味着皇帝会因此获得实权，反而会导致权臣背后的势力集团疯狂报复，势力单薄的皇帝反而会被愤怒的大臣杀死。诸如北魏孝庄帝虽然通过斩首行动杀死了权臣尔朱荣，却引起了尔朱家族的叛变，最终孝庄帝被尔朱兆俘虏，缢杀于晋阳佛寺。

第二个类型以司马懿和霍光为代表，他们虽然不像自己打天下的权臣那般从上到下控制了朝廷，但是他们活得久，得到了皇帝的重用，又历经皇权交替和托孤之事。在这个过程中，他们一步步培养自己的家族和势力，最后趁着皇权过渡的衰弱时期，扫平政敌，获得大权，可以行废立皇帝之事，甚至可以更进一步鸠占鹊巢。

司马懿是活得久的典型例子。他通过高平陵之变获得大权，将朝廷和地方的反对势力逐步消灭，权力越来越稳固，再历经司马家族三代人经营，至第三代司马炎时篡位建立西晋。像司马懿这种情况，除非在他擅权之初就对他进行斩首行动，皇帝才有一定的机会夺回权力，除此之外没有翻盘的机会。霍光身为权臣，虽废立过皇帝并且擅权，但并没有谋朝篡位之心，所以汉宣帝采取的是韬光养晦的隐忍方法，想着靠自己的年轻耗死霍光，因此对霍光十分恭敬，并且言听计从，最终熬死了霍光。加之霍光家族后继无人，余者皆是无谋略之人，汉宣帝稍稍用计便除掉了霍光家族，得以掌握大权。

第三个类型是诸如鳌拜这类权臣。鳌拜属于开国元勋，他趁着皇帝年幼自己又是辅政大臣的便利，培养亲信党羽，并且擅权杀死了政敌，但鳌拜只是辅政大臣，而且还只是辅政四大臣之一，直到擅权后期才算集中辅政权力。即使如此，辅政不是摄政，鳌拜做不到像多尔衮那般代行皇权，尤其宫中还有太皇太后孝庄，朝廷内还有宗室诸王贝勒，他们虽然不掌管朝务，但依旧可以通过议政王大臣会议施加影响力。虽然议政王大臣会议屡遭皇权势力打压，但依旧是重要的政务处理机构，即使鳌拜当时可以在议政王大臣会议中打压异己，但打击的也不过是蒙古都统和大学士，他并不敢打压诸王贝勒，所以鳌拜并没有真正控制议政王大臣会议。诸如安亲王岳乐和康亲王杰书，身为宗室藩王，不可能对鳌拜这种旗下奴才马首是瞻。

鳌拜只不过借着辅政之名义才可以得到一定的权力。他的权力来自皇权，也就是来自当时实际代行皇权的孝庄。当他的所为符合孝庄的利益时自然有擅权空间，当他的所为不符合孝庄的利益并且威胁到皇权时，他这个最弱权臣自然不会有机会再发展自己的势力，于是被迅速收拾。

平定三藩之乱

三藩之乱

如果说智擒鳌拜是康熙帝开启辉煌一生的牛刀小试,那么平定三藩之乱则是更加浓墨重彩的一笔。这起叛乱在很多时候被简单化理解,实际上以当时满汉对立的历史背景来看,应该被赋予更多不同寻常的意义。

三藩是清初以汉制汉政策的最终结果,而三藩之乱是清朝卸磨杀驴的最终恶果。为了彻底平定南方,从摄政王多尔衮时代到顺治帝亲政再到辅政四大臣时代,清廷给予了三藩巨大的权力,最后的成果是南明政权被消灭,永历帝被杀,但代价却是巨大的。近代史学家孟森在《清史讲义》中记载:"三藩鼎踞南服,糜饷岁需二千余万,近省挽输不给,仰诸江南,绌则连章入告,既赢不复请稽核,耗天下之半。"意思是三藩盘踞在南方,每年开支需要二千余万银两,邻近的省份供给都不够,财政主要依靠的是富庶的江南。三藩的开支一旦短缺,就连连上奏催促,而且三藩的开支花销用在哪些方面,朝廷都过问不了。三藩开支相当巨大,每年占天下财赋的一半。这个记载虽有夸大之处,但三藩的确给清廷在财政上带来巨大的负担。三藩中最强大的吴三桂还拥有行政和人事任免权，根据《清圣祖实录》记载，云贵二省总督和巡抚要受吴三桂的节制，兵部任命的武职官员经常还没有到任，就因为吴三桂"另题有人"，职位被顶替，所以原任命的官员只能打道回府，后来干脆要求吏部"将此二省武职员缺，悉听该藩题补"，如果吴三桂没有要任命的官员，兵部再行任用官员，这说明清廷默许吴三桂在云贵二省拥有人事任免权。

清廷对三藩采取了一定的防范措施，诸如让吴三桂之子吴应熊迎娶清太宗皇太极第十四女建宁公主，命吴应熊留在北京。任命尚可喜之子尚之信为皇帝侍从。让耿继茂之子耿精忠迎娶肃亲王豪格之女，留在北京生活。三藩之子尽管名义上不是人质，但实际上如同人质一般，不过之后的发展比较戏剧化，最先反清的吴三桂竟然没有提前谋划让儿子吴应熊离京。尚之信回到广东，替疾病缠身的父亲分担军务。耿精忠则回到福建，最终承袭靖南王爵位。

康熙六年（1667）六月，吴三桂借口眼睛有疾病且精力不足，向清廷请求解除管理云贵两省事务的权限，有着试探清廷之意。结果清廷趁机同意了他的请求，任命总督和巡抚管理云贵事务，将行政权从吴三桂手中拿回。

吴三桂是一个野心很大却又很小的人。他的野心大在于，身为前明旧臣，吴三桂主动擒杀南明永历帝作为投名状，展现出更大的"胃口"，向朝廷索要地方大权，建立实际上的国中之国。吴三桂的野心小在于，他的存在已经严重影响了朝廷的统一性，他却还梦想着偏居一隅，占据半壁江山。

当然，这也不能全怪吴三桂。清廷对吴三桂如此放权，态度颇为暧昧，似乎允许吴三桂世代镇守云贵，但永历帝被杀以后，对清廷来说以吴三桂为首的三藩失去了利用价值，反而成了清廷巨大的财政负担和心腹大患。担忧这一局势的尚可喜为了自保，主动上书请求归老辽东，由此引发了撤藩之争。最终，年轻的康熙帝认为三藩早晚要反，不如趁早出手，于是要求全面撤藩。对三藩而言，此举无异于卸磨杀驴，遂于康熙十二年（1673年）发动叛乱。

三藩之乱的结局就是吴三桂失败了。吴三桂起初有着绝对的信心将清廷赶回关外。在起兵之初，吴三桂的军队迅速推进到湖南，福建的靖南王耿精忠、广西的孙延龄和陕西的王辅臣先后起兵反叛响应。虽然广东的尚可喜并没有反叛，但到了康熙十五年（1676年），卧病在床的尚可喜被儿子尚之信架空，当然也有可能是父子二人故意如此表现，以两头押宝。无论怎么样，尚之信随后响应吴三桂，也加入了反叛大军。西藏的达赖五世虽然表态支持清廷，却纵兵在清朝西北边境劫掠。林丹汗之孙蒙古察哈尔部亲王布尔尼也趁机在北方反叛。这场叛乱的严重程度非同一般，根据《清圣祖实录》记载，康熙十三年（1674年）十二月，焦虑的康熙帝甚至想要御驾亲征，但经大臣劝阻，最终"暂止亲征"。近四十年后，康熙五十二年（1713年）二月，康熙帝再次提及此事："当吴三桂叛乱时，已失八省，势几危矣。朕灼知满、汉、蒙古之心，各加任用，励精图治，转危为安。"意思是当年吴三桂造反波及八个省份，形势很是危急。在这种情况下，康熙帝深知满、汉以及蒙古各方势力的想法，对他们各自任用，各尽其才。在康熙帝的励精图治之下，清朝才得以转危为安。

年老的吴三桂已无年轻时的锐气，又或者是想保全儿子吴应熊的性命。因此，当军队推进到湖南后，吴三桂并不太情愿跨江进入湖南，而是想要划江而治，但年轻的康熙帝坚决不妥协，并于康熙十三年（1674年）四月处死了吴应熊，他要在精神上压垮吴三桂。同时重点防守江苏、安徽、江西一带的赋税重地，以保证朝廷的财政收入，不至于陷入国库空虚的境地，这对之后的平叛起到了重要作用。

吴三桂引清军入关，又亲手杀死了南明永历帝，虽然打着"兴明讨虏"的旗号，但结果是他既没拥立朱明皇室，又自称周王，如此行径根本笼络不到人心。吴三桂本人苛刻而傲慢，根本整合不了各路叛军，所以并没有成为众望所归的新领袖。短暂的辉煌过后，叛军开始瓦解。康熙十五年（1676年）开始，王辅臣和靖南王耿精忠先后降清，孙延龄也有降清之意，但被吴三桂先下手为强杀死，最终只剩下吴三桂部。为了鼓舞士气，康熙十七年（1678年）三月，吴三桂在湖南衡州称帝，国号为周。吴三桂与部下分取开国的利益蛋糕，大封诸将，但颇势难挡。同年八月，吴三桂病死，虽传位于孙子吴世璠，但败局已定，叛军自此一蹶不振。康熙二十年（1681年）冬，清军攻入昆明，吴世璠自杀，历时八年的三藩之乱被平定。

值得一提的是，北方的布尔尼之乱虽然很快被平定，并且战争规模和持续时间也远不及三藩之乱，但同样意义重大。布尔尼失败并被追兵射杀以后，康熙帝下令将察哈尔部这个漠南蒙古最重要的蒙古部落拆散并编入八旗，这意味着漠南蒙古失去了部族领导者和凝聚力。自此，清朝彻底确定了对漠南蒙古诸部的统治。

与汉人真正分享权力

从传统王朝角度来看，三藩之乱是地方藩王叛乱，最终被朝廷平定，极大巩固了清廷的统治。但从民族融合的视角来看，这场叛乱加速了清朝统治阶级接纳汉人及汉文化的进程。

辅政四大臣时代，清廷虽有打压防范三藩之举，但大体维持了顺治时期重用三藩的政策，毕竟辅政四大臣只是臣子，他们的站位只是大臣角度，只是想推行满洲本土化运动。同时因为权力的不集中，辅政四大臣没有解决三藩威胁的动机，认为大体维持现状就是好的。因此从某种程度上来说，辅政四大臣就是三藩在京城的"保护伞"。

三藩在自己的独立军事王国中也是来者不拒。三藩不只收纳了李自成和张献忠的旧部，对于对清廷不满的各路人士也持接纳态度。因此，三藩俨然成为对清廷怀有异心者的庇护所。前文提到的江南奏销案，其中一名被罢黜的廪生方光琛，因为此案对清廷心怀恨意，所以逃到云南投奔吴三桂，成为吴三桂的首要谋士，是鼓动吴三桂造反的重要人物。

等到康熙帝亲政后，站在皇帝角度，三藩拥有独立的军事权力和官员的任免权，并且收容对朝政不满者，相当于拥有土皇帝般的独立的权威。这个情况对皇权的威胁是巨大的，只要三藩一天不去，皇权就不会完整，甚至会变得脆弱。皇权想要完整和集中，就要建立唯一的权威性。因此，康熙帝下定决心要撤藩，哪怕是逼反对方。

在平定三藩之乱的过程中，康熙帝再次推行"以汉制汉"的策略，对于表现不佳的满人将领大加责备，对于八旗汉军将领则予以厚待。后来优待范围更是扩大到汉人将领，对汉人将军中颇有战功者，诸如王进宝、孙思克、赵良栋、张勇、陈福等，都大加嘉奖。此举既可以防止再度出现诸如汉人将领王辅臣叛变的情况，也可以用这种态度来展示康熙帝对汉人的重视，以此安抚汉人之心。事实证明康熙帝此举很聪明，既防止了再有汉人将领叛变情况的发生，也使得汉人将领成为平定三藩之乱中的一支重要力量。

吴三桂也敏锐抓住了满汉矛盾。他起兵之初也曾想以反清复明为旗号，以获得广大汉人力量的支持。但吴三桂没有拿出真正的诚意，加上之前的所作所为，所以汉人精英阶层反应冷淡。例如，明朝遗民王夫之和顾炎武就拒绝支持他，一方面是因为吴三桂的名声太臭，一方面是因为清廷已经笼络了汉人精英阶层，尤其是年少的康熙帝对汉文化抱有极大热情，展现出开明的一面，加上痛苦的剃发易服的时代已经过去近三十年，汉人对清廷的抵触情绪也没有之前那么强烈。

随着康熙帝亲政，满洲老一辈守旧派大臣退出了政治舞台。康熙帝对汉文化的接受程度较高，意味着顺治帝的满汉一体政策又有了实施的空间。康熙帝并不像父亲那般激进，但从提高汉人地位以此来维护统治这点看，二者是一致的。

面对三藩的巨大威胁，清廷展现出接纳汉文化的态度。除了崇尚汉文化的康熙帝，守旧派的最大首领孝庄也开始转变态度。据《清圣祖实录》记载，康熙十二年（1673年）二月，康熙帝将《大学衍义》满译本进呈给祖母孝庄。孝庄看过以后，命令深晓儒家思想的大臣将其刊刻出来赐予诸位大臣，并且表示自己的心情很愉悦，特地从皇家私产中拨出白金千两来奖励诸位大臣。孝庄可能并不是真的接纳了汉文化，而是看到辅政四大臣的满洲本土化运动失败，认为只有缓和民族间的矛盾，才可以使清朝统治长久。因此，她选择支持孙子康熙帝。当太皇太后和皇帝都对汉文化持赞赏态度后,也就大为增强了汉族官绅对清廷的向心力。

康熙帝平定三藩之乱的意义远不止表面那般简单,对于清朝的统治具有划时代的意义。在三藩之乱之前,因为三藩这一异姓外藩是地方上独立权威的存在,所以朝廷的权威被事实上削弱。加之海上明郑势力的存在,对心中怀念前明之人来说更是精神上的寄托。因此,清廷对汉人势力是一直有所提防的,并不相信汉人势力会真正为清廷效力,所以皇帝并不会给予其真正的实权。汉臣中虽然有位高者,但并不权重,是游离于权力核心之外的,即使顺治帝重用汉臣,也在很大程度上是为了以此集权罢了。

而等到康熙二十年(1681年)三藩之乱被彻底平定,这就意味着地方上的独立权威被削平,皇权开始具有唯一性以后,腾出手的清廷马上着手解决明郑势力。清廷开始训练水师,并且任命降将施琅为统帅,于康熙二十二年(1683年)攻占澎湖,消灭郑军主力,随后郑成功之孙郑克塽降清,南明诸势力中抵抗清朝时间最长的海上力量也随之落幕。这意味着清朝彻底统一中国大部,不只是地方上再无独立权威,也再无反清的汉人势力活跃于明面,朝廷的权威达至巅峰,无论汉人势力愿意与否,都只能与清廷精诚合作,因为已经没有其他选择,统治阶级也再没有后顾之忧,所以清廷才放心地与汉人势力分享权力,以此来换取对汉地的长久稳固统治。至此,汉臣可以真正进入清廷权力核心之中,虽然比例很少,但起码可以挤进去,可以拥有一定的实权,康熙帝也通过一系列政策,使得满汉一体真正走向正轨。

励精图治

从康熙帝在孝陵神功圣德碑文中对父亲顺治帝的高度评价来看,康熙帝的政治取向如同父亲一般,属于开明派。康熙帝真正站在皇帝的角度,既想当八旗最大的主人,并且履行好蒙古大汗的职责,更想扮演好汉地天子这一角色,他的视角不局限于一族一地。只不过因为有着父亲顺治帝失败的前车之鉴,所以康熙帝时代的满汉一体政策更加理性,不会像顺治帝那么偏激。康熙帝在维护"满洲本位"的前提下,于满、汉、蒙之间寻找到一个平衡点。康熙帝面对的局面与顺治帝时代大为不同,辅政时代结束后,皇权重新在朝廷树立了绝对权威,对皇权构成最大挑战的三藩之乱,反而促使清廷为了争取汉人而加速进行统治集团的汉化行动。

根据《清圣祖实录》记载,康熙帝在真正亲政后,最开始并没有对朝臣委以重任,而是对智擒鳌拜过程中与自己患难与共的心腹侍卫们加以重用。这样既可以任用心腹占据要职以加强统治,又是对他们甘愿冒巨大风险帮自己擒拿鳌拜的回报。

康熙帝首先任命一等侍卫噶禄为内务府总管,之后又将皇长子胤禔交与噶禄抚养。之后任命一等侍卫阿穆瑚琅为理藩院右侍郎,后来又提拔其为理藩院尚书。任命一等侍卫觉罗查哈喇为工部右侍郎，后转为左侍郎。曾担任一等侍卫、内务府总管和礼部侍郎的米思翰被提拔为户部尚书，米思翰在三藩之战时起到了巨大作用，身为管理国库的户部尚书，他改进了财政体系，保证清朝财政可以支撑十年的战争，给予了康熙帝巨大的信心。康熙帝很倚重米思翰，不过在仕途一片大好之时，米思翰年仅四十三岁便不幸病逝，对此康熙帝感到非常惋惜。

米思翰虽然过世得早，但他的后代却福泽延绵，《清代名人略传》中称其为"清朝最显赫的家族"。根据《清史稿》和《清高宗实录》记载，米思翰的次子马齐为康熙朝中后期重臣。米思翰的孙女为乾隆帝发妻孝贤纯皇后，虽然孝贤纯皇后很早便病逝，但是乾隆帝对发妻的家族很是照顾和倚重，孝贤纯皇后之弟傅恒成为乾隆朝重臣，傅恒死后还因其子福康安的平苗之功，被赠郡王衔，享太庙。福康安病死于军中后，被姑父乾隆帝追封为嘉勇郡王，赐谥号"文襄"，享太庙，入祀昭忠祠与贤良祠。

至于与康熙帝有姻亲关系的索额图和另一位侍卫明珠，更是成为康熙年间的重臣。在鳌拜被擒短短三个月后，索额图便成为大学士。本就仕途坦荡，已经担任尚书的明珠亦进入仕途快车道。索额图和明珠都担任过大学士等要职，可谓权倾一时。

康熙帝用人也并非任人唯亲，也很注重官员的品德才能问题。根据《清圣祖实录》记载，鳌拜被清算后，鳌拜一党的山西陕西总督莫洛受到牵连被罢官，不过他的名声极好，甘肃巡抚刘斗、提督张勇和陕西提督柏永馥都上疏说莫洛为官清正，治理地方颇有政绩。西安百姓也请求莫洛留任，最终康熙帝同意莫洛留任，将准备接任山西陕西总督一职的多诺改任为刑部右侍郎。莫洛后来在撤藩时坚决支持康熙帝，得到康熙帝进一步任用，负责在西北抵御叛军。莫洛还成为自洪承畴之后清朝的第二位"经略"，负责经略陕西。莫洛因与汉人将领陕西提督王辅臣有过节，处处掣肘王辅臣，导致王辅臣生出反意，康熙十三年（1674年）十二月，王辅臣率领亲兵攻打莫洛营地，在混战中莫洛中鸟枪而死。

在制度上，根据《清圣祖实录》记载，康熙帝开始逐渐恢复父亲顺治帝时代的成规，恢复了大学士入值及票拟制度。康熙帝再度将内三院改为内阁，并且重新设立翰林院。如同当年辅政四大臣按照太祖和太宗时代旧例恢复行政机构一般，康熙帝直接按照顺治时代的设置还原了行政机构。康熙帝再度执行满汉一体政策，重新恢复顺治时代将八旗官学生送往国子监学习的政策，并停止圈地。

顺治帝时期推行的满汉一体政策，还有一个重要方向，那便是对儒家思想的认可和推行。根据《清世祖实录》记载，顺治九年（1652年）九月，顺治帝率领诸王贝勒大臣前往太学释奠先师孔子。顺治十四年（1657年）九月，顺治帝"初御经筵"，在开讲日，顺治帝本想于文华殿内祭告先师孔子，因为文华殿尚未建成，所以先前往弘德殿告祭。

康熙帝亲政后，延续顺治帝的大体路线，推行儒家思想。诸如在康熙九年（1670年），康熙帝发布了著名的《圣谕十六条》，清晰阐述十六条道德行为准则。面对三藩势大威胁到朝廷统治的压力，为了争取汉人精英的支持，统治阶级内部的守旧派对儒家思想从抵制状态开始转变为支持状态，所以康熙帝推行儒家思想的阻力大为减少。诸如前文提到的守旧派孝庄不再抵触汉文化，反而转为鼓励，最后确定清朝以崇儒重道作为基本国策。康熙十四年（1675年）三月，在三藩之乱形势最为严重的时刻，康熙帝更是采用汉制，确定了嫡长子继承制度，将年仅两岁的二阿哥（实际上的嫡长子）胤礽立为皇太子。此举也意味着清朝的皇权达到新的高度，彻底摆脱了汗位推选制的影响，转变为传统王朝父死子继的继承方式。皇帝在生前立储，并且依照嫡长子继承制指定皇位继承人，诸王贝勒的权力被进一步抑制。康熙十六年（1677年）十二月，康熙帝又亲制《日讲四书解义序》，明确宣布要将道统和治统合一，以孔子的儒家学说为治国之本。以上种种措施极大地笼络了汉臣和汉人精英之心，无形中影响了战局的走向。

三藩之乱还没有被彻底平定，康熙帝于康熙十八年（1679年）便急匆匆举办博学鸿儒科考试，目的在于以这场特殊的考试来笼络那些依旧心怀前明或者说不忠于清朝的汉族精英，用来消弭汉族士大夫的反清思想，促进满汉一体。这场考试提供的奖励便是可以参与官方纂修《明史》的活动，被录取者可入翰林院任职。虽然顾炎武和黄宗羲等大儒拒绝参与，但整体来说，这是一次成功的笼络人心之举，共有五十名汉族精英被录取，成为清廷官员。康熙七年（1668年）七月，康熙帝将可以笼络汉族精英的科举制度恢复为八股取士，进士名额开始大幅度增加。三藩之乱后，康熙帝尝试修改北方和南方进士的名额，力图最大程度上使南北方进士名额达到平衡，最终采取了分省取士制度，旨在尽量保证公平公正的前提下，兼顾各省的利益。以各省的应试人数，按照大致相同的比例来录取，最终确定各省录取名额，虽然此举对文化大省并不是那么公正，但对文化落后的边远省份大有益处。分省取士制度有利于全国各地区的均衡发展，这个定制也一直延续到清末科举制度被废除为止。

平定三藩之乱后，康熙帝六次巡视江南，他祭拜孔子，恭祭大禹，并前往明孝陵祭拜明太祖朱元璋。康熙帝通过实际行动来笼络江南士大夫及前明遗民，以争取汉人的支持。

在文化事业上，康熙帝还推进了各种典籍的编撰事业。《全唐诗》于康熙二十四年（1685年）完成；《渊鉴类函》于康熙四十九年（1710年）完成；《佩文韵府》于康熙五十年（1711年）完成；《康熙字典》于康熙五十五年（1716年）完成；《骈字类编》于康熙五十八年（1719年）完成。康熙帝博学多才，举凡史乘、诸子、吕律、数算、佛道诸书无不涉猎。他对西方自然科学也极感兴趣，传教士南怀仁、白晋、张诚、安多等人为他编写了实用几何学、天文学等讲稿。他特别爱好数学，对西方医学也有很大兴趣。康熙帝可能是出于传统的防民之术考虑，或是考虑到其他因素，所以只是个人学习西方科技而已，并没有进行全国性普及，这与同时期沙俄的彼得大帝积极进行西化改革形成鲜明对比。彼得大帝的改革使得沙俄成为欧洲大国之一，而清朝则开始落后于世界之林。

平定三藩后，康熙帝开始全面重用汉人。康熙帝善于掌握权力平衡，并不像父亲顺治帝那般过分抬高汉臣地位并且亲自下场打压满臣。康熙帝在形式上对满汉一视同仁，他提高汉臣的整体地位，使得汉臣可以进入权力核心，对于满洲大臣也依旧重用，保持着满洲大臣在朝堂和地方都占据优势的局面，不会使得满臣感到被打压。康熙帝如同裁判员一般，置身事外并高高在上，利用满汉官僚在族群划分上不可跨越的鸿沟，引导满汉官僚互相监督和对立，最后自己再站出来"主持公道"。

这点从汉臣张伯行与满臣噶礼互参一案中就可见一斑。康熙五十年（1711年），张伯行时任江苏巡抚，噶礼为两江总督，因科场案双方开始互参。根据《清圣祖实录》记载，在这场风波中，康熙帝盛赞张伯行操守为天下第一，并且特意说道："满汉俱系朕之臣子，朕视同一体，并不分别。无知之辈，且谓朕为何不护庇噶礼，朕乃天下之主，凡事惟顺理而行，岂可止护庇满洲。"结果是张伯行革职留任，后被复职，噶礼被革职。康熙帝俨然一副儒家明君的形象，使得汉族精英开始真心实意地融入清朝。某种程度上来说，康熙帝完成了父亲顺治帝未竟的事业。

在地方上，平定三藩之乱和明郑势力以后，康熙帝废除了辅政四大臣时代在江南实施的严厉的催科政策，并且允许因迁海令而搬迁的百姓返回故土。康熙帝还废除海禁，使得清朝的海外贸易收入开始稳定增长。康熙帝还任用心腹出任地方要职以进行监视地方和探听消息，诸如任命曹寅在残留着浓厚反清复明思想的南方担任江宁织造。

在关键的中枢辅政机构中，辅政四大臣时代权力被加强的议政王大臣会议，其职能开始被康熙帝持续削弱。康熙帝如同前代皇帝一般，主要打压在议政王大臣会议中掌握话语权的诸王贝勒。对犯有过失的宗室成员，康熙帝趁机削除其爵位并罢免其议政权力，他还减少议政王大臣会议人数，比如八旗都统不再被列为默认的成员。这一系列措施施行下来，议政王大臣会议这一满洲贵族共商国是的传统机构，已经不再是满洲贵族的专属，开始步入行政化的轨道。议政王大臣会议的议政范围，从辅政四大臣时代主议军国要事开始慢慢缩小，到了后来只议不重要的军务或是典章制度这类礼制事宜。到了乾隆五十六年（1791年），随着清朝皇权达到前所未有的高度，在皇帝一人独裁的体制下，作为军国大事民主合议制的残留，并且已经名存实亡的议政王大臣会议被裁撤。

议政王大臣会议权力被削弱，诸王贝勒被打压以及太监势力被清除，意味着皇帝只能选择大臣来辅佐自己处理政务。因此，顺治帝时代的内阁再度成为康熙帝倚重的机构，根据《康熙起居注》记载，康熙帝"凡政事有可商酌，必召阁臣面议，亲加裁决"。这也导致内阁大学士的权力过大，诸如前文提到的索额图和明珠，他们成为大学士后便互相争斗，对皇权也构成了一定的威胁，因此在康熙十九年（1680年）八月，康熙帝先将索额图革职。明珠开始一家独大后，康熙二十七年（1688年）二月，明珠被康熙帝革职，其主要党羽如满大学士勒德洪和汉大学士余国柱亦被革职。汉大学士李之芳被令休致（官吏年老去职或辞官之意，属于正常退休的一种形式）。内阁大学士中的汉大学士王熙并没有卷入这场风波，得以留存。随着汉臣不再被压制，王熙和另一位前辈大学士李霨成为汉臣的领袖。

康熙帝的统治还有一个特色，那便是随着三藩之乱被平定，他对汉臣中结党营私和贪腐的现象有一定的容忍，后来这种宽仁也扩大至所有大臣的范围。对于贪腐问题，康熙帝虽然不是放任自流，但纵观他在位时期的风格，那便是只要不是太过严重的贪腐，康熙帝往往选择有限度的容忍。这样做的优点是有利于缓和矛盾，建立轻松的统治氛围，这也是康熙帝可以获得宽仁评价的一个重要原因。但弊端很明显，康熙帝在位后期，清朝形成了严重的吏治腐败问题，极大地影响了清朝的统治。面对如此局面，雍正帝登基后，自然只能采用严厉手段惩治，这也是雍正帝被后世评价不高的原因之一，因为他得罪了官僚集团。

当内阁权力日盛并成为皇权新的威胁以后，康熙帝开始参考父亲顺治帝于顺治十七年（1660年）五月命翰林官员值宿景运门以备顾问的先例，于康熙十六年（1677年）在乾清宫西南设立内廷机构南书房，组建了自己直接控制的私人秘书或者说是顾问班子。许多重大政务不再交于议政王大臣会议讨论，也不经过内阁，而是改为由南书房传谕或遵旨起草上谕。南书房实则分走了议政王大臣会议和内阁的部分权力，其设立是康熙帝集中皇权的一个重要步骤。之后雍正帝设立军机处，就是基于同样的构思。

为了构建独裁体制，康熙帝还加强对消息的掌握并且用文字狱控制社会言论。

自康熙中期开始，康熙帝开始命令心腹手下以"奏折"的方式秘密报告地方形势等情报。不同于"题本"方式要经过内阁审阅，奏折是大臣以奏报私事的方式，不用经过内阁，等于皇帝不用经过他人介入就可以直接审读再予回复。此举能将广袤国土上各类信息集中于皇帝一人之手，并且可以以此对官员的行为进行监控。像前文提到的曹寅，就经常向康熙帝上奏折。某种程度上来说，地方大员都是皇帝的耳目，可以直接向皇帝汇报，不用通过其他机构，这意味着皇权的进一步加强，皇帝开始成为掌握多方面消息来源的唯一汇总者。同时也意味着皇帝不会被蒙蔽，起码在消息来源上，没人可以蒙住皇帝的眼睛和耳朵。

像明朝的崇祯帝，在位十七年间励精图治，却落得一个国破身死的下场。有个重要原因在于，崇祯帝只拥有一定的权力，并没有真正地控制朝臣，同时也因为朝臣不配合，因此崇祯帝无法掌握真实的消息，甚至可以说被牵着鼻子走，最后导致他忠奸不分。正因为如此，宗室昭梿在《啸亭杂录·太宗伐明》中即记载清太宗皇太极评价崇祯帝是"城中痴儿"。由此可见，掌握消息对皇帝来说是一件多么重要的事情。

如果说明史案发生时由于康熙帝年幼，是由辅政四大臣操刀处理的，那么康熙帝亲政后仍继续推行文字狱，也说明他也认为控制言论对统治者是必要的。文字狱也是控制消息的一种重要手段。以康熙五十年（1711年）的南山案来说，翰林戴名世（晚年自号南山先生，又称戴南山）的作品《南山集》，其中虽然没有明显的反清言论，只是提及南明政权时没有将其称为伪政权，并且使用了永历年号，还引用了吴三桂的属下方孝标的《滇黔纪闻》。康熙帝对此很重视，最终将戴名世处斩，已死去的方孝标则被开棺戮尸，戴名世和方孝标的族人被流放于宁古塔，很多知名学者也被牵连其中。

康熙帝在位六十一年之久，其统治时期满洲守旧派势力退场，新的满洲势力在汉文化的熏陶之下已不那么抵触汉文化，并与汉臣开始产生文化共鸣。同时地方上反清的三藩和明郑势力先后被平定，清朝的统治进一步巩固。康熙帝吸取父亲顺治帝过度重用汉臣和辅政四大臣过度打压汉臣的教训，在"首崇满洲"并且以满洲文化为本的前提下，他并不排斥汉文化，并推行满汉一体的政策，使得汉族精英真正融合进清政权中，最终使清朝的统治体系成型，康熙帝也初步建立起独裁体制。虽然康熙帝给继任者留下了诸如吏治腐败等问题，但他真正得到了满汉精英的支持和效力，借助这股庞大的力量，康熙帝将清朝再度推向另一个高峰。

康熙帝在复杂纷扰的局面中终于找到了平衡，解决了元朝皇帝都没有解决的难题。康熙帝既成为八旗最大的主人，又成为蒙古大汗，更是成为汉地真正的天子，他将三张不同利益定位的面孔融合在一起，为后世皇帝开辟出一条与众不同的统治之路。从这方面来说他比元世祖忽必烈的成就更高，称之为这位中国历史上在位时间最长的皇帝的最大成就也不为过。

超越元、明

成为满、汉、蒙、藏四大族的皇帝

在平定三藩之乱并且收复台湾后,康熙帝开始面对不同方向的威胁。面对北方沙俄的入侵,康熙帝派军于康熙二十四年(1685年)对沙俄构筑的要塞雅克萨城发起了进攻,双方展开拉锯战,至康熙二十七年(1688年),清军对入侵的俄军进行了两次围歼战,是为雅克萨之战。双方一看对方都不是简单角色,认为斗下去也不会有什么结果,于是在康熙二十八年(1689年)七月展开和谈。由于还要面对准噶尔部的威胁,为了腾出手来,清朝做了很大让步,签订《尼布楚条约》。该条约规定以额尔古纳河-格尔必齐河-外兴安岭为中俄两国东段边界,黑龙江以北,外兴安岭以南及乌苏里江以东地区均为中国的领土。

清朝虽然损失了部分国土,但沙俄想借和谈来吞并雅克萨的图谋,也在康熙帝事先从瑷珲调去的一万清兵武力的震慑下未能得逞。至此,康熙帝终于可以腾出手对付准噶尔部,清朝在关外祖地的安全也得到了保证,并一直持续到十九世纪中叶。

第三章 | 皇权的巅峰

清朝在东北边境与沙俄交战期间，西北边境形势也出现了新的变化。虽然清朝已降服漠南蒙古，但漠北蒙古即喀尔喀蒙古与西邻伊犁地区的准噶尔部只是名义上归顺清朝，清朝对这两大势力并没有实现真正的掌握，并且这两大势力一直在相争。准噶尔部是瓦剌的一部，瓦剌在明英宗朱祁镇时代辉煌一时，首领也先在土木堡之变中俘虏明英宗，要不是于谦和明代宗拒绝南迁并力挽狂澜，明朝怕是要如宋朝一般分为北明和南明了。虽然也先只是辉煌一时便草草落幕，瓦剌也随之衰落并且分为几大部，但准噶尔部在明末开始再度强盛起来。康熙帝时期，曾在西藏班禅和达赖处学习佛法的噶尔丹成为准噶尔部新的大汗，并获得西藏达赖喇嘛的支持，实力再度增强，想要再度统一蒙古诸部。

噶尔丹先后击败和硕特部，征服哈萨克，消灭叶尔羌汗国，建立了疆域辽阔的准噶尔汗国，并且试图建立中央集权的君主制国家。康熙二十七年（1688年），噶尔丹率部东进，打败了喀尔喀蒙古四部之首的土谢图汗部，威逼北京。喀尔喀蒙古向清朝请求援助，康熙帝自然不会坐视准噶尔部坐大，因此将喀尔喀蒙古纳入清朝统治之下，康熙帝也因此发动三次亲征噶尔丹之役（1690年—1696年）。康熙三十五年（1696年），康熙帝第二次御驾亲征，清军在昭莫多战役中大败噶尔丹，次年又第三次亲征，迫使噶尔丹自杀。虽然清朝并没有彻底消灭准噶尔汗国，但也使得准噶尔汗国再无力与清朝争霸天下，这也意味着漠北蒙古彻底纳入清朝统治之下。

自平定三藩和收复台湾以后，为了加强对蒙古地区的控制，康熙帝几乎每年都会在旧历七八月份前往今河北与内蒙古自治区交界处的木兰围场，进行木兰秋狝活动。康熙帝与蒙古王公一同狩猎，并且进行军事训练，一方面是为了训练八旗官兵的骑射能力，另一方面是以此拉近与蒙古王公的关系和震慑蒙古各部。康熙四十二年（1703年），承德避暑山庄建成。从康熙帝开始，除了"宅男"皇帝雍正，清朝皇帝大多每年夏天到初秋的数月都会离开北京前往避暑山庄生活。在此期间，避暑山庄俨然成为清朝的政治中心，皇帝会在蒙古风格的营帐中接见蒙古王公，甚至是各国朝贡使节。清朝皇帝的这个行为对控制蒙古地区起到很大作用。

中国历史上御驾北征且率军穿越戈壁沙漠的皇帝，仅有明成祖朱棣和康熙帝二人，而成功者只有康熙帝一人。当然成功与否，并不代表谁就比谁强，时代背景也是一个重要因素。明朝是以结束元朝全国性统治而开国，因此双方一开始就是世仇，加之明太祖朱元璋颁布的朝贡贸易政策使得蒙古诸部想要与明朝开展贸易就要称臣，双方一开始就是不平等的关系，自然使得明成祖朱棣单凭军事行动无法成功征服蒙古诸部。相比而言康熙帝有明显优势。从努尔哈赤时代开始，清朝与蒙古双方有着共同的敌人——明朝，所以当时后金对漠南蒙古采取了怀柔和联盟政策并通过世代联姻巩固关系。康熙帝以此为基础，再加上强大的武力，自然可以征服漠南蒙古。等到康熙帝时期，漠北蒙古的喀尔喀诸部面对准噶尔部的攻伐，主动依附清朝，使得康熙帝完成对漠北蒙古的降服。这样的顺势而为，有着康熙帝雄才大略的原因，更与时代背景有关。

噶尔丹死后，一直与他争斗的侄子策妄阿拉布坦控制了准噶尔部，准噶尔部又逐渐强大起来，策妄阿拉布坦的野心再度燃起。策妄阿拉布坦并没有叔父噶尔丹那样的成长经历，也没有得到达赖喇嘛的支持，因此他想要如同当年的林丹汗一般进军西藏，先控制僧俗大权，再号令全蒙古。相比志大才疏又时运不济的林丹汗，策妄阿拉布坦最终获得了成功。当时拉萨被臣服于清朝的卫拉特蒙古和硕特部的拉藏汗占据，六世达赖喇嘛仓央嘉措被得到康熙帝支持的拉藏汗宣称是不守清规戒律的"假达赖喇嘛"，仓央嘉措在被废后押往北京的途中圆寂，拉藏汗重新立僧人阿旺伊西嘉措为六世达赖喇嘛，但得不到藏民认可，双方关系紧张。策妄阿拉布坦任命的大将大策凌敦多布于康熙五十六年（1717年）趁机攻入拉萨，杀死拉藏汗，并废黜拉藏汗所立的六世达赖，又在拉萨大肆烧杀掠夺。

面对这一情况，康熙帝自然不会坐视不理。康熙五十七年（1718年），康熙帝紧急调集一支清军出征西藏，但由于准备不足，出师不利，最终全军覆没。康熙五十九年（1720年），准备妥当的康熙帝任命十四子胤禵为统帅出征西藏。因为准噶尔军队在拉萨胡作非为，清军入藏得到西藏地方势力的欢迎，最终准噶尔部被驱逐出西藏。清军将已经确认身份的七世达赖喇嘛迎回拉萨布达拉宫举行坐床典礼，并且在拉萨驻军，此举也意味着清朝开始对西藏进行直接管控，将国防边界大大向西推移。至此，清朝在康熙帝的统治下，疆域版图进一步扩大。

在前面三代皇帝的基础上，康熙帝平三藩，收台湾，将漠北蒙古和西藏直接纳入清朝统治范围，成为满、汉、蒙、藏四大族的皇帝，成就了一代霸业，开创了清朝的鼎盛之世。

对元、明的承袭与强化

清朝是一个很有意思的朝代，作为中国历史上最后一个大一统王朝，也是第二个少数民族建立的大一统王朝，可谓是历代王朝的集大成者。一定程度上也可以说，清朝是蕴含元、明两大王朝特征的独特王朝，是元、明两朝的加强版。

清朝统治者作为少数民族，于明末从北方崛起，最终入关南下，统一中国。以这点来看，清朝和元朝相似。

但清朝在历史上的综合表现远比元朝要卓越。元朝最大的问题在于粗犷的统治方式。元朝将汉人视为被征服的群体，将汉地视为可以任意收割的财富来源之地。元朝皇帝没有担当起既是蒙古大汗又是汉地天子的双重角色定位，而是全方位立足于蒙古大汗的定位。清朝也有过类似于元朝的问题，诸如出现了努尔哈赤屠杀汉人，多尔衮强行实施剃发易服政令，辅政四大臣将汉人视为被征服的群体并极力打压汉人精英等粗犷的统治方式。不过，清朝早在关外皇太极时代便找到了解决方法，那便是满汉一体政策。入关后，顺治帝因为没有把握好平衡，过重强调汉地天子的身份，并且英年早逝，所以没有实现满汉一体。至康熙帝继位，康熙帝将皇太极时期的满汉一体政策彻底贯彻到位，并且善于把握平衡，调整统治方向，最终将八旗主人、汉地天子、蒙古大汗这三种角色糅合于一体。使得满、汉、蒙三族精英都真正为大清政权所用，完美地解决了终元之世都没有解决的问题。

每个朝代都会以史为鉴，尤其是以上一个朝代为最大的镜鉴。诸如结束五代十国乱世的宋朝，吸取五代十国时期重武贱文的前车之鉴，但宋朝矫枉过正，过度重文轻武。清朝也是以明朝为最大的镜鉴，其中最明显的标志便是继承了明制，虽然清朝在具体实施过程中有所改变，但清承明制是无可争议的，所以从这一点上说清朝和明朝也有相似之处。

明朝的开国皇帝明太祖朱元璋在洪武十三年（1380年）废除丞相制度，由皇帝亲裁国政，此举意味着皇权高度集中，明朝初步建立起独裁体制。独裁体制的建立意味着天子除了拥有绝对的权力之外，还要面对各种挑战。皇权的高度集中要求皇帝要有绝对的精力来处理政务，要对皇帝的职责有着绝对的担当，这样才可以支撑其勤政。因此，之后的明朝皇帝觉得政务繁重，虽然任命内阁辅佐自己处理政务，但又不放心内阁，利用太监势力来压制内阁，最后形成内阁和司礼监共同辅佐皇帝处理政务的局面，并且双方互相牵制，尽力避免皇权旁落。

处理政务之余，明朝皇帝也会搞点业余爱好，做自己想做的事情。诸如明宣宗朱瞻基好斗蛐蛐，嘉靖帝朱厚熜好炼丹，天启帝朱由校好木匠活。尤其是明英宗朱祁镇早年宠信太监王振，视御驾北征为儿戏，结果一场土木堡之变，不只使得明朝国力大损，还进一步收缩了明朝的疆域，勋贵集团也近乎团灭。朝廷势力因此大洗牌，官僚集团开始坐大，皇权与臣权的对抗成为主旋律，明朝的皇权也越来越受到压制。

明朝的疆域在明成祖朱棣时期便达至巅峰，从之后的仁宣二帝时期便开始收缩。

可以说明朝属于高开低走。在开国皇帝明太祖朱元璋在位时期，明朝便构建了独裁体制，使得皇权高度集中。但在之后发展过程中，皇权逐步遭到分化压制。明朝的疆域巅峰也只维持了明成祖朱棣一朝，之后便大幅度缩水。

反观继承明制的清朝，却完成了明朝所没有完成的事情。虽然清朝在奠基人努尔哈赤时代便留下了"八家分权"的祖制，但在皇太极时代就改变了这一祖制，初步完成了中央集权并加强了皇权。之后的清朝皇帝致力于打压八旗旗主。等到康熙帝时代，皇权进一步集中，清朝初步构建起独裁体制，至雍正帝时代皇权完成独裁，乾隆帝时代皇权达到巅峰。清朝鲜少有怠政的皇帝，一方面是由于清朝的独裁体制只能依靠皇帝来处理重要政务，皇帝若是怠政，朝政就没办法正常运转下去。另一方面可能是因为出自白山黑水之间的清朝皇帝，以少数民族的身份统御广袤疆域，所以使得他们有着很强的忧患意识，不敢怠政松懈。

再以疆域来说，清朝属于稳扎稳打。入关后，虽然直到第四代乾隆帝在位时期，清朝的疆域范围才达到巅峰，但清朝对疆域的控制很是深化，并且清朝的疆域一直维持到晚清时期才快速缩水，那也是处在浩浩荡荡的世界格局中由于落后于时代才丢失了部分疆域。清朝之所以可以完成前朝所没有之事，有个重要原因在于，满族身为狩猎农耕民族，同时与游牧民族相邻，在早期连生存都得不到保障，所以他们只能通过狩猎增加生存资本。因此，这个民族很是务实，并且综合了狩猎、农耕和游牧三种文明的优点。

清朝不只是对元、明二朝简单的沿袭，更是吸取了元、明二朝的精华，并且最终超越元、明二朝。清朝可谓封建王朝的巅峰，也是中国古代王朝的最后一抹荣光。

大清300年

康熙帝的烦恼

索额图之"罪"

"索额图怀私倡议,凡皇太子服御诸物,俱用黄色,所定一切仪注,几与朕相似。骄纵之渐,实由于此。索额图诚本朝第一罪人也。"这是在康熙五十二年(1713年)二月,康熙帝向大臣提及册立皇太子时,对曾经的辅弼重臣并且已经死去十年之久的索额图的评价。索额图身为康熙帝发妻孝诚仁皇后的叔父,早年没有选择担任吏部右侍郎,而是选择回宫当侍卫以协助康熙帝擒拿鳌拜。这位康熙帝最早的追随者,康熙中期显赫一时的权臣,死后却被康熙帝定为第一罪人,这个巨大的转变令人唏嘘。

康熙帝随后给出处死索额图并做出如此评价的理由:"从前索额图助伊(废太子胤礽)潜谋大事,朕悉知其情,将索额图处死,今胤礽欲为索额图复仇结成党羽,令朕未卜今日。"意思是因为索额图帮助胤礽谋划造反,所以康熙帝忍无可忍,于康熙四十二年(1703年)五月先将索额图幽禁于宗人府,九月又将其赐死。

在《清圣祖实录》中，还记载了索额图的另一大罪状："去年皇太子在德州住时，尔乘马至皇太子中门方下，即此是尔应死处。"意思是索额图前往皇太子住处，竟然骑马至中门才下，有违礼制，是大不敬的罪，光凭这点就可以治其死罪。

由此可见，索额图卷入了夺嫡之争，因支持废太子胤礽谋反而落得如此下场。从深层次来看，康熙帝对胤礽两立两废伤心不已，最后将怨气撒在索额图身上，认为索额图挑唆他们父子的关系，并且鼓动胤礽抢班夺权，以至于自己与胤礽父子二人反目成仇。康熙帝要将自己没有教育好太子的责任全部推在索额图身上，这才是关键。

但康熙帝再怎么寻找背锅者，再如何掩饰，也掩饰不了他晚年最大的痛苦，那便是立储问题。面对寄予厚望的胤礽被两立两废和九子夺嫡的局面，康熙帝不再是高高在上的皇帝，而是一位无助的老父亲，这一巨大的烦恼一直到他去世都没有得到解决。

胤礽为何被两立两废

九子夺嫡的争斗之所以愈演愈烈，进而成为康熙晚年挥之不去的痛，主要有两大原因。一是在皇权高度集中的体制下，储君当得越久就越危险，这也是本章节主要讲的内容。二是由于八旗分权的传统力量影响，扩大了夺嫡范围和破坏力，对此下一章节再予具体分析。

胤礽当了近四十年的皇太子。第一次是康熙十四年（1675年）六月至康熙四十七年（1708年）九月，达三十四年。第二次是康熙四十八年（1709年）三月至康熙五十一年（1712年）十月，达三年。胤礽一共当了三十七年的皇太子，是中国历史上在位时间最长的皇太子，这是胤礽被废的关键原因所在。

在中国古代帝制家天下的王朝模式中，皇帝是至高无上的，对皇帝有威胁的存在自然被一一打压。清朝作为一个大一统王朝，在早期历经清初多尔衮擅权和鳌拜乱政之后，对皇权具有威胁的存在都被统治者一一打压，虽然后期出现后宫干政之事，但前期皇权的集中还是很成功的。不过再打压威胁皇权的存在，也打压不了储君这一威胁。

储君既是皇权的一部分，又是皇权的一大威胁。康熙帝于三藩之乱声势汹汹的康熙十四年（1675年）立胤礽为皇太子，意在稳固清朝的统治。由于储君是下一任皇帝，自然会有很多势力提前依附于储君，想在储君继位后获取丰厚的政治回报，因此储君身边会慢慢形成一个利益集团。随着储君在位时间越来越长，无论储君愿意与否，这个利益集团只会越来越大，会对皇帝造成很大的威胁，毕竟"天无二日，民无二王"。当储君成为第二个权力中心的时候，就意味着储君成为皇帝新的敌人，双方的亲情会越来越少，矛盾会越来越大，甚至反目成仇。例如唐玄宗一日杀三子，将皇太子李瑛、鄂王李瑶和光王李琚同时处死。

皇权式微时，皇帝和皇太子只能相互依靠，那么双方的矛盾才会得到一定程度的缓解，但并不意味着双方会平安无事。诸如唐顺宗在登基之前当了二十五年的皇太子，当时外有藩镇割据，内有太监擅权，父亲唐德宗也差点废了他，唐顺宗靠着小心翼翼的作风才得以顺利继位。

古代王朝对皇太子权力的限制也早有成例。像《左传》记载"故君之嗣適不可以帅师"，意思是皇太子身为皇位继承人，不可以在外领兵作战，应该坐镇京师。这看似是替皇太子的安全考虑，实则是为了限制皇太子的权力。如果不做限制，皇太子有利益集团支持，又有兵权在手，很容易起兵改朝换代。

对皇太子的限制也引发了另一个恶果。皇太子坐镇京师，那么嫡次子往往会出京领兵作战，有了兵权，嫡次子或是会取代皇太子，或是由于功劳太大而脱离皇帝控制。隋炀帝杨广便是如此，身为嫡次子，他初封为晋王，后领兵南下平定南陈，他立下大功，又有军队支持，最终取皇太子杨勇而代之。唐太宗李世民则是身为嫡次子常年出征在外，拥有赫赫战功，最后通过玄武门之变登上帝位。

储君在位时间越长，就越危险，因此储君往往熬不到继位。像西汉武帝时期的皇太子刘据，他在储位三十一年，因为小人江充挑拨，不得已才与父亲汉武帝反目成仇，起兵战于长安，最后兵败被迫自杀。实则是因为刘据的势力越来越大，已经威胁到汉武帝的地位，比如他的使者竟然驾着马车行驶在天子御用的驰道上，所以汉武帝早就有剪除他的势力之意。江充诬陷刘据这种低劣的手段，汉武帝不是看不明白，只不过他正好需要一个对刘据下手的借口。虽然也有在储位时间长并且顺利登基的皇太子，但也是极少数，并且还为王朝留下了种种问题。像明仁宗朱高炽当了二十年的皇太子，一直被强势的父亲明成祖朱棣打压，长期活在压抑中。因此，明仁宗朱高炽登基之后长期沉迷于酒色，让本就不健康的身体越来越糟，最后在位十个月便猝然去世。

胤礽身为在储位时间最久的皇太子，又遇到一个在位时间最长的父亲康熙帝，父子二人的矛盾自然越来越大。因为清朝之前没有皇帝在生前建储，加之需要"首崇满洲"，所以并没有照搬之前汉制中限制皇太子权力的制度，因此清朝对储君这一敏感角色的定位并没有形成规范。前文提到索额图出于私心，使皇太子的服饰和仪注几乎与皇帝相同。在给予权力方面，康熙帝也没有提前限制储君，根据高士奇的《蓬山密记》记载，康熙帝鼓励皇太子胤礽与南方汉族精英的代表人物高士奇结交，以此提前来拉拢江南士绅。胤礽还数次担任监国，以索额图一党为心腹建立起自己的势力，隐隐要形成第二个权力中心。胤礽的属下连康熙帝的一举一动都要打探，以至于康熙帝在一废太子时如此说道："窥伺朕躬，起居动作，无不探听。朕思国惟一主，胤礽何得将诸王、贝勒、大臣、官员任意凌虐、恣行捶挞耶。"可见储权与皇权的矛盾和冲突在当时已经不可调和。

面对这一情况，康熙帝不只赐死了索额图，更是在康熙三十七年（1698年）三月开始册封成年皇子。皇太子胤礽的六个兄弟被康熙帝授予爵位和八旗领民，开始参与处理国家政务，这相对削弱了皇太子的力量，并且使其他皇子有了夺嫡的野心。在众位皇子的围攻之下，胤礽自然招架不住，最后只能以失败收场。

大清300年

八家分权最后的辉煌

在康熙帝晚年发生九子夺嫡事件，从传统王朝角度来看，是由于清朝没有皇帝生前建储的经验，才导致皇太子胤礽的权力越来越大。因此，康熙帝开始打压胤礽，并且分权给其他皇子。胤礽在储位三十七年，面临的情况是上有父亲打压，下有兄弟围攻，而他又非隐忍大才之人，所以最后以失败告终。

但从另一方面来说，这也是清朝八家分权制度最后的辉煌。虽然清太祖努尔哈赤定下八家分权祖制，留下共治国政的政治格局，但第二代统治者清太宗皇太极则走向了另一条截然不同的集权之路，构建了唯我独尊的皇权，他要进行"一家集权"。八家分权的体制被屡屡破坏和改变，可以说清朝前期的斗争路线就是太祖和太宗遗留路线的交锋，形成了一方面皇帝想要集权，另一方面诸王贝勒想要八家分权的局面。清朝前期的历史亦是一部皇帝打压诸王贝勒的历史。

至康熙帝时代，随着皇权的高度集中和独裁体制的初步建立，诸王贝勒对皇帝的威胁已经极小。在这种情况下，不只意味着太宗"一家集权"的路线彻底获得胜利，所谓的"八家分权"也成为过去式，除了皇帝亲领上三旗之外，下五旗没有明确的安置，也没有世袭旗主一说。但康熙三十七年（1698年）三月，康熙帝第一次将六位年长的皇子封爵，皇长子胤禔和皇三子胤祉被封为郡王，皇四子胤祺、皇五子胤祺、皇七子胤祐和皇八子胤禩被封为次一等的贝勒,并被封入下五旗。虽然此举意味着皇权对八旗有了进一步控制,但也为"八家分权"注入了新的血液,使得"八家分权"开始有了新的载体。虽然皇子们并非所封之旗的旗主,但对没有旗主的旗人来说,皇子们就是新的主人。

在传统满洲思想的影响下,康熙帝虽然生前建储并且确定了嫡长子继承制度,但对旗人来说,对旗主的忠诚甚至要超过对皇帝的忠诚。在这种根深蒂固的思想影响下,即使不设旗主,也只是暂时抑制了这一传统思想,并没有使得旗人或者说满人从根本上抛弃过去的传统。

清朝之前并没有嫡长子顺利继位的历史,皇位传承充满了偶然性。例如皇太极靠他的赫赫战功继位,顺治帝靠捡漏继位,康熙帝靠得天花而不死的身体素质继位。基于皇位传承的偶然性,虽然汉臣很重视胤礽实际上的嫡长子身份,认为他是天命所归,但满人并没有在根本上认为胤礽就应该继承皇位。相反,下五旗的满人认为胤礽只是上三旗的继承者罢了,代表不了下五旗的利益。因此,当其他皇子被封入下五旗后,旗人便将这些皇子视为旗主,并且认为其余皇子亦有继承皇位的资格,于是大力支持其他皇子争取皇位。

康熙帝虽然没有明确授予皇子们各项权力,但多对其委以重任,用皇子来深化自己的统治,视皇子为巩固皇权的重要组成部分。康熙帝晚年任命十四子胤禵为大将军王,派遣其独当一面出征西藏。皇长子胤禔则跟随康熙帝三次亲征噶尔丹,并且负责处理诸多重要军务。皇八子胤禩和皇十二子胤祹先后署理过内务府总管。根据《清史稿》列传七《诸王六·圣祖诸子》记载,康熙五十七年(1718年),正蓝旗满洲都统延信出征西陲,皇七子胤祐奉命办理正蓝旗满洲、蒙古和汉军三旗的事务。皇十子胤䄉负责办理正黄旗满洲、蒙古和汉军三旗的事务。皇十二子胤祹奉命办理正白旗满洲、蒙古和汉军三旗的事务。虽然名为整顿松弛至极的旗务,但康熙帝并没有命令该旗的诸王贝勒整顿,而是指派皇子前往整顿,主要用意是以此进一步深化控制八旗。康熙朝后期,康熙帝每年前往塞外避暑,进行木兰秋狝活动,扮演"蒙古大汗"这一角色的四五个月期间,都是让年长皇子留守京师综理政务。

由此可以看出，康熙帝用亲子来巩固自己统治的过程中，皇子们虽然没有具体的事权，但却拥有巨大的权力，加之他们得到所属旗人的支持，拥有了广泛的权力和政治资源，所以他们足以对抗和牵制皇太子胤礽。

有着各旗势力的支持，皇子们的身边自然快速形成了利益集团，形成了满汉官员结党纷争的局面，这个局面是满洲旧制与汉制嫡长子继承制度的矛盾与冲突的具体化。康熙帝采用嫡长子继承制度，是基于汉地天子角色这一定位，他俨然一派儒家名君的形象，但又不忘"满洲本位"。康熙帝既不限制皇太子权力，使皇太子权力过于膨胀以至威胁到皇权，又授予年长皇子八旗属民，使这些皇子成为实际意义上的新旗主，削弱了皇太子胤礽的权力，导致九子夺嫡的争斗愈演愈烈。即使康熙帝之后为了平衡权力，再次复立胤礽为皇太子，也无济于事。

康熙帝是宽仁之主，加之他幼年没有享受过父爱和太多的母爱，所以很重视亲情，他做不到像唐玄宗那般一日杀三子。康熙帝如同一个无奈的老父亲，他没有下重手惩罚诸子，只将犯大错的皇长子胤禔和废太子胤礽圈禁，对其他有过错的皇子则是迁就和包容，这使得新的"八家分权"斗争在康熙后期愈演愈烈。面对这一情况，康熙帝束手无策，并且不再指定储君，将难题留给了下一任皇帝雍正帝。

雍正帝登基后，因为有着得位不正的争议，所以一开始他根基不稳，难以服众。因此雍正帝对诸位兄弟和八旗的势力大力打压，最终彻底打破"八家分权"的满洲传统旧制，成为真正意义上的八旗最大主人。

根据《清世祖实录》记载，早在顺治十七年（1660）三月，顺治帝便谕兵部定八旗官职汉称："以后固山额真，满字仍称固山额真，汉字称为都统。梅勒章京，满字仍称梅勒章京，汉字称为副都统。"等于是将各旗的最高长官译为汉字都统，而非旗主，意思是要将八旗作为国家行政机构，而非诸王贝勒之私属。

到了雍正元年（1723年）七月，据《清世宗实录》记载，雍正帝将固山额真的满名改为固山昂邦，以清除其"旗主"的意思，是在律法字面上消灭掉"旗主"这一存在。同月,雍正帝还进一步限制诸王贝勒,谕内阁:"下五旗诸王将所属旗分佐领下人,挑取一切差役,遇有过失,辄行锁禁,籍没家产,任意扰累,殊属违例,嗣后仍照旧例,旗分人员,止许用为护卫、散骑郎、典仪、亲军校、亲军……知会该旗都统等,令都统等覆奏,其旗分人员,不许擅行治罪,必奏闻交部。倘有仍将旗分人员,安行扰累,令其多供差役,兼管散职,着该都统等奏闻。若都统等,隐匿瞻徇,一经御史参劾,即将该都统等治罪。"简单来说,就是雍正帝下令诸王贝勒不要随意指使和处罚他们所在旗的属人,任用旗下属人要按照规定,并且要知会该旗都统,如果诸王贝勒没有按照规定,都统要及时上奏,如果都统帮忙隐瞒,经御史参劾后,都统就会被治罪。

雍正二年(1724年)七月,据《清世宗实录》记载,雍正帝向全体臣工颁布《御制朋党论》:

> 朕惟天尊地卑,而君臣之分定。为人臣者,义当惟知有君,惟知有君则其情固结不可解,而能与君同好恶,夫是之谓一德一心而上下交。乃有心怀二三,不能与君同好恶,以至于上下之情睽,而尊卑之分逆,则皆朋党之习为之害也……我圣祖仁皇帝御极六十年,用人行政,迈越千古帝王,而大小臣僚,未能尽矢公忠,往往要结朋党,圣祖戒饬再三,未能尽改。朕即位以来,屡加申饬,而此风尚存……朕在藩邸时,坦易光明,不树私恩小惠,与满汉臣工,素无交与,有欲往来门下者,严加拒绝。圣祖鉴朕居心行事公正无私,故令缵承大统。今之好为朋党者,不过冀其攀援扶植、缓急可恃,而不知其无益也,徒自逆天悖义,以陷于诛绝之罪,亦甚可悯矣。朕愿满汉文武大小诸臣,合为一心,共竭忠悃,与君同其好恶之公,恪遵大《易》《论语》之明训,而尽去其朋比党援之积习。

雍正帝以汉地天子的视角,大力批评康熙晚期因为夺嫡所造成的党争。他不只是针对传统中可以组成朋党的汉臣,亦是针对满洲势力中的下五旗。原因在于，在夺嫡之争中，各旗属人支持自己所在旗之皇子，形成了新的朋党，对皇权的威胁更大。

面对这一情况，雍正帝选择在根源上解决问题。雍正帝首先对九子夺嫡中实力最雄厚的八爷党下手。雍正帝在刚刚登基且根基不稳时，先将八阿哥胤禩封为和硕廉亲王，以此来稳住八爷党，等到初步掌控朝局后，再一一收拾八爷党。雍正四年（1726年），胤禩被雍正帝削王爵并圈禁，被改名为"阿其那"的贱称，于九月死于禁所。同年，胤禩最坚定的支持者九阿哥胤禟，被雍正帝改名为"塞思黑"的贱称，最终被监禁折磨而死。与雍正帝一奶同胞的十四阿哥胤禵和对雍正帝威胁较小的十阿哥胤䄉虽然失去自由，在雍正朝或是被软禁或是被圈禁，但起码没有被打压至死。等到他们的侄子乾隆帝登基后，彻底失去威胁的二人得以恢复自由。八爷党之外，三阿哥胤祉独成一系，雍正帝对这位三哥忌惮不已，寻找各种理由对其进行打压，后因为胤祉在怡亲王胤祥的丧礼上没有表现出悲痛，雍正帝再次将其夺爵并幽禁于景山永安亭。雍正十年（1732年）闰五月，郁郁寡欢的胤祉在景山禁所病逝。

对在九子夺嫡中唯一支持自己的十三弟胤祥，雍正帝既是为了表达自己的信任和感激，又似乎是为了显示自己并非薄情寡义的人，所予以无比的信任和重用。胤祥于雍正八年（1730年）五月去世，享太庙，被赐谥号为"贤"。胤祥的王爵也得到世袭罔替的许可，是为铁帽子王。胤祥是清朝有史以来第九位铁帽子王，又因其一系的世袭罔替并非靠战功得来，所以又成为清朝第一位恩封的铁帽子王。

有了九子夺嫡的前车之鉴，雍正帝认为皇子是威胁皇权的存在，因此他大幅度减少皇子们的参政程度。雍正帝登基后，一方面中止了夏秋之际前往塞外避暑和木兰秋狝活动，所以政治中心不需要随着皇帝避暑而转移，京师也不需要皇子或者大臣留守。另一方面，雍正帝大幅度缩减众位皇子参政的空间，使得皇子们开始退至权力边缘的位置，并与大臣保持距离，这在之后也形成定例。像后来的乾隆帝弘历，他在雍正朝重大的参政行为，也只是参与处理平定西北准噶尔部叛乱和平定西南贵州苗民起义等军务，而不是独当一面。

雍正帝为了避免属意的继承人皇四子弘历如前朝废太子胤礽木秀于林般遭到集中攻击，在分封爵位和协助政务方面还是尽量对弘历和弘昼一视同仁。诸如雍正十一年（1733年）二月，弘历和弘昼一起被封为亲王。

雍正元年（1723年）八月，针对康熙帝实施嫡长子继承制度的失败，雍正帝别出心裁地设置出秘密立储制度。秘密立储制度的设立意味着清朝的皇权达到新的巅峰，立储之事由皇帝一人决定，不看嫡庶和长幼，只看德才，而且是皇帝秘密决定，储位人选在皇帝死后才公布，皇帝的决定不受任何人或势力的影响，这是之前朝代所没有的。同时也避免了再度出现康熙年间九子夺嫡的局面，不至于因夺嫡引发愈演愈烈的党争。秘密立储制度完美地解决了康熙帝遗留下的一大难题。

雍正帝继位后，打压宗室诸王贝勒和新一代皇子，并且建立秘密立储制度这"三板斧"的行为，不只意味着清朝向独裁体制迈进一大步，更是意味着"八家分权"旧的载体——宗室诸王贝勒和新的载体——皇子，已经无法承载"八家分权"这一传统旧制。即使皇子受封下五旗，也与旗下属民再无直接联系，仅仅只是根据旗下人丁领取自己相应的俸禄而已。雍正帝的"三板斧"行为使得"八家分权"这一延绵上百年的祖制再无生存空间，彻底成为过去式。

八旗也开始进一步国家行政化，八旗事务由朝廷任命的都统负责。议政王大臣会议成为只议不重要的具体事务的机构，并随着军机处的成立越来越虚化，最后于乾隆五十六年（1791年）十月被撤销。雍正帝开始成为真正意义上的八旗最大的主人，旗人对旗主的忠诚超越对皇帝的忠诚的情况不复存在。旗主走进历史的尘埃，皇帝则步入了全新的时期，成为全体满人的主子，拥有绝对的支配权，可以直接控制每一个满人，这也意味着独裁体制得到进一步加强。

大清300年

满洲视角下的圣祖庙号

康熙六十一年（1722年）十一月十三日，康熙帝驾崩于畅春园，终年六十九岁。继承者雍正帝为他上庙号"圣祖"，谥号"合天弘运文武睿哲恭俭宽裕孝敬诚信中和功德大成仁皇帝"，简称圣祖仁皇帝。

康熙帝的庙号有两大与众不同之处。一是按照庙号制度，康熙帝身为后继之君，是清朝入关也就是清朝成为全国性政权后的第二位皇帝，加上关外二帝，他之前有着三代人经营，即使康熙帝在位时期开疆拓土，巩固清朝统治，但毕竟不像顺治帝在位时期那般，使得清朝从割据政权成为全国性政权，所以康熙帝不能称为"祖"。二是康熙帝"圣祖"的庙号不是一般人可以享用的，而是用来追封神人的。例如，唐朝皇帝追封道教老子（李耳）为唐圣祖，宋朝皇帝追封赵玄朗为宋圣祖。

康熙帝被上"圣祖"庙号，是雍正帝坚持的结果。雍正帝也明白，虽然按照庙号制度康熙帝身为后继之君不能称祖而只能称宗，但雍正帝认为康熙帝功业赫赫，有开创之功，因此可以称祖。从庙号制度来看，雍正帝要为康熙帝上祖字庙号，尤其是上"圣祖"这个不伦不类的庙号，是不合礼制的，甚至可以说是贻笑大方。但不论庙号制度，仅从满洲本位来说，这一庙号可说是恰如其分。

在中国历史上,少数民族建立的大一统王朝唯有元与清。两个王朝最大的不同之处在于,元朝没有迈过百年大关,清朝则迈过了百年大关,并且建立了完善的统治组织。

元朝的国祚不足百年,可谓中国古代大一统王朝中的"怪胎"。中国古代的大一统王朝中,一般分为两种,要么像秦朝和隋朝那般二世而亡,建立的统治维系了十几年或者最多几十年。要么像唐朝和明朝那般迈过二世而亡大关,国祚过了二百年,最终倒在三百年大关之前。虽然汉朝国祚有四百零五年,但却是由西汉、东汉加上中间王莽篡汉后建立的新朝而成的,因此古代大一统王朝有着过不了三百年大关的魔咒。而元朝属于迈过了二世而亡的大关,却意外地倒在了百年大关之前,之所以如此,是因为元朝空有强大武力,最高统治者却在蒙古大汗和汉地天子两重身份之间把握不了平衡,过度偏向于蒙古大汗定位,抗拒汉化和汉制,将汉人当作被征服的人群对待,最终导致了元朝统治的崩溃。

清朝在入关后也面临着当年元朝的问题,满汉矛盾成为决定清朝能否长久统治的关键问题。入关后的第一位皇帝顺治帝在位十八年时间,草创清朝大业,建立了大体框架。但在深化统治方面,开明的顺治帝虽然出于集权和扩大统治基础的想法而重用汉臣,要进行真正的满汉一体,但遭到满洲守旧势力的集体抵制,反而引发了新的满汉问题。顺治帝英年早逝,所以并没有解决满汉矛盾问题,反而使得作为守旧派的辅政四大臣全面推行满洲本土化运动,如果持续下去,清朝很可能成为下一个元朝,迈不过百年大关。

康熙帝在位六十一年。在如此漫长的时间中,他调整了统治策略,使得汉人精英真正为清廷所用,从而解决了元朝没有解决的民族之间的矛盾问题。同时,康熙帝还平定了三藩之乱,并且进一步完善和扩大了清朝的版图,彻底深化了对漠南蒙古的统治,并且将漠北蒙古(喀尔喀蒙古)和西藏纳入清朝的统治。虽然在位后期康熙帝留下诸如吏治腐败的问题,但他的一系列作为奠定了清朝之后的长久统治,使得清朝得以迈过百年大关。

因此,从狭义的满洲视角来看,康熙帝是满洲当之无愧的"圣祖"。他的一系列作为不只是解决了满汉矛盾问题，还保住了满族的主体统治地位，使得清朝没有成为下一个元朝。从满洲视角来说，康熙帝的确不是守成，而是实为开创，他为满洲的统治开辟出一个全新的历史时期，使得满洲的统治从根本上迈过百年大关，那么康熙帝自然可以称之为"祖"，甚至还是"圣祖"这样不一般的庙号。对满洲来说，康熙帝的确是神人一般的存在。

《清史稿》如此评价康熙帝："圣祖仁孝性成，智勇天锡，早承大业，勤政爱民，经文纬武，寰宇一统，虽曰守成，实同开创焉。"

《清圣祖实录》这般评价康熙帝："集帝王之大成，迈群圣而首出。"

康熙帝在位六十一年，对内修文治，对外开疆拓土，可谓一代雄才大略之主。从多民族融合的角度来看，康熙帝是难得一见的盛世之主，他解决了满汉对立问题，破解了终元之世都没能解决的难题，并且多方用兵，成为满、汉、蒙、藏四大族的皇帝。

康熙帝虽然解决了满汉矛盾问题，却解决不了立储方面满汉传统的差异问题，以至于造成了九子夺嫡的局面。康熙帝甚至在二废太子后，只能搁置立储君之举，同时也并没有构建完成皇权的独裁体制。这一切的问题，最终只能交给继承者雍正帝去——解决。

雍正帝的父亲康熙帝在位六十一年，儿子乾隆帝在位六十年，相比之下，雍正帝在位十三年似乎很短暂，但时间的长度并不代表所有，时间的宽度才是关键。虽然只有十三年时间，但雍正帝通过大刀阔斧的改革，进一步深化了清朝的统治，革除各种弊端，在清朝盛世中起到了至关重要的承上启下的作用。如果说在清朝跨越百年大关的过程中，康熙帝写下了最关键的那一笔，那么雍正帝则完成了这一壮举的最后的浓重一笔。

遗诏与篡位

雍正帝篡位谜团

九子夺嫡是满洲的八家分权制度与汉制嫡长子继承制度之下的生前建储行为的对立所导致的，是老父亲不忍心对儿子们下狠手的一场闹剧。康熙帝对此束手无策，于是二废太子以后搁置立储权，不再议立储君。这场夺嫡风波从一开始就充斥着诸多因素，结局也出人意料，首先是康熙帝突然驾崩，然后由皇四子胤禛继位，是为雍正帝。当时世人皆认为康熙帝属意的继承人是大将军王皇十四子胤禵，而非一直韬光养晦的皇四子胤禛。因此，便留下了雍正帝是否篡位的谜团。

关于雍正帝篡位的谜团，很多人认为雍正帝肯定没有篡位，属于正常继承皇位。他们最大的依据在于，《康熙遗诏》是一式四份，有着汉、满、蒙三种文字，他们认为遗诏是根本不可能被修改的，因此遗诏足以证明雍正帝的清白。

然而，在历史上一式四份并且有着三种文字的《康熙遗诏》，其实对雍正帝是否篡位的争议来说不足以盖棺论定。根据《上谕内阁》和《清世宗实录》记载来看，康熙六十一年（1722年）十一月十三日，康熙帝因为驾崩得突然，所以先由隆科多口头宣读遗命。等到三天后的十六日，《康熙遗诏》才被写出来并且颁布天下，而且刚开始只写了满文诏书，并无汉文诏书。也就是说，《康熙遗诏》并非康熙帝亲笔所写，而是根据隆科多口头宣读的内容润色而成，所以这份遗诏并不能作为康熙帝指定雍正帝继位的可靠依据。

至于康熙帝驾崩之际有谁在场，清朝的官方史料《清圣祖实录》《清世宗实录》《清高宗实录》的记载说法不一，甚至自相矛盾。《清圣祖实录》和《清世宗实录》都是记载有七名皇子：皇三子诚亲王胤祉、皇七子淳亲王胤祐、皇八子贝勒胤禩、皇九子贝子胤禟、皇十子敦郡王胤䄉、皇十二子贝子胤祹以及皇十三子胤祥，七人一同和理藩院尚书隆科多在场聆听康熙帝的临终遗言，听到的就是传位于皇四子胤禛。

根据《清世宗实录》，雍正元年（1723年）八月建立秘密立储制度时，雍正帝这般说道："于去年十一月十三日，仓猝之间一言而定大计。"意思是康熙帝驾崩之际，在仓促之间留话立他为皇位继承人。同月，根据《上谕内阁》记载，雍正帝再次提及传位细节："朕向者不特无意于大位，心实苦之，前岁十一月十三日，皇考始下旨意，朕竟不知，朕若知之，自别有道理，皇考宾天以后，（隆科多）方宣旨于朕。"意思是他一向无意于皇位，没想到突然继承了皇位，心里实在苦得很。前一年康熙帝在驾崩当天才下旨让他继位，他一开始并不知道，如果知道的话，自然会推辞。等到康熙帝驾崩后，隆科多才宣旨立他为皇位继承人，他是万万没有想到的。

当时雍正帝篡位之说在朝野上下广泛流传，所以雍正帝在继位之初得不到宗室王公的真正认可。根据《清世宗实录》记载，雍正三年（1725年）二月，雍正帝召唤宗室王公及满汉文武大臣等，提及九弟胤禟罪行时说他"肆行傲慢，全无人臣事君之礼"。对一奶同胞的十四弟胤禵，雍正帝也颇有怨言。雍正帝说胤禵回京后在景山寿皇殿拜谒康熙帝灵柩时，远远见到他竟然不过来下跪行礼。雍正帝即使向胤禵靠近，想要给胤禵一个台阶下，胤禵也是不为所动。御前侍卫拉锡见到这个情况连忙拉着胤䄉向前下跪，胤䄉当即对拉锡大发雷霆，并且来到雍正帝面前，气愤地说自己本来准备行礼，但拉锡将自己扯住了。胤䄉认为自己是皇上的亲弟弟，御前侍卫拉锡乃是下贱之人，并且胤䄉对雍正帝说如果自己有不对之处，求雍正帝照律处分，如果自己没有不对之处，求雍正帝立即处死拉锡。胤䄉的行为令雍正帝大为生气，这时胤裪从账房中走出劝胤䄉下跪，胤䄉立即下跪，这件事才算结束。但雍正帝并没有承胤裪的情，反而说胤䄉"事事听从胤裪之言"。雍正帝还提及康熙帝的亲表弟鄂伦岱（康熙帝舅舅佟国纲之长子）对他大不敬之事："朕有朱批谕旨，降与阿尔松阿者，令鄂伦岱转交，乃鄂伦岱于乾清门众人前，将朕谕旨掷之于地，且极力党护阿尔松阿，将其死罪承认在身，此等顽悍之状有是理乎？朕每召诸王大臣等，颁发谕旨，鄂伦岱从未有一次点首心服。"

从以上记载可以看出，雍正帝继位之初，在朝廷上处于被孤立的境地，不只是政敌老九胤禟和老十四胤䄉对他不敬，就连鄂伦岱这个外戚大臣也对他毫无敬意，还直接将他的谕旨扔到地上。在这种情况下，雍正帝都没有说出康熙帝驾崩时七位皇子在场之事，并且在雍正元年（1723年）八月两次提及登基时都只字不提此事。同时，如果七位皇子在场见证的话，不需要雍正帝强调，只要是康熙帝亲自指定的继承人，他们即使内心不服，也不至于像胤禟那般全无人臣之礼，所以这背后可谓大有文章。

更关键的是，根据《清高宗实录》记载，乾隆帝在乾隆六十年（1795年）提及康熙和雍正两朝皇权交替之时，并没有引用关于康熙帝驾崩时七位皇子在场见证的记载，而是引用只有隆科多在场的记载。由此可见，雍正朝的官方史料记载中，康熙帝驾崩时只有隆科多一人在场见证和还有七位皇子在场见证的说法自相矛盾，乾隆帝的最终看法是只有隆科多一人在场见证。再综合雍正帝登基之初，宗室王公大臣多不服从的记载，所以可以判断只有隆科多一人在场见证康熙帝遗命的说法才是真相。

至于七位皇子在场的记载，应是雍正帝修《清圣祖实录》时为了证明自己的合法性而特意加进去的。这个说法最早出自雍正七年（1729年），雍正帝与反清复明人士曾静辩论后写出《大义觉迷录》一书。在此书中，雍正帝道出了诸多皇家秘辛，他对自己篡位之说进行了反驳，并详细说明了康熙帝驾崩之时，七位皇子见证聆听遗命。耐人寻味的是，当时胤禔、胤祜、隆科多已死；胤禩被圈禁；胤祐一向谨小慎微；胤祉和胤䄉则连遭打击，更是小心翼翼，自保不暇，哪敢多言；胤祥身为雍正帝铁杆亲信，雍正帝说什么都支持。可以说当时已经是雍正帝的"一言堂"时代，在这个时间点，雍正帝提出康熙帝驾崩时有七位皇子在场的说法，自然无人敢有异议，这个说法最后也被载入《清圣祖实录》和《清世宗实录》中。

再来说说康熙帝晚年继承人呼声最高的皇十四子胤禵。从传统汉人王朝角度来看，皇帝在年迈之际，不会将继承人派往边陲之地领兵作战，而是会将继承人留在身边，这样做是为了防止皇帝一旦驾崩，如果继承人不在京师则易生变故。皇帝晚年派出去领兵的皇子，往往已经被排除在继承人选之外，以此来看，胤禵似乎并不是康熙帝心中的继承人选。然而清朝并非传统的汉人王朝，即使随着时间推移，清朝的皇帝与汉地天子越来越没什么区别，但在康熙帝时代，满洲传统的影响依旧很大。正如前文提到的，康熙帝虽然致力于打压八旗，但同时以皇子作为稳固皇权的重要组成部分，对皇子委以重任，使得受封下五旗的皇子反而成为新的"八家分权"的载体，以至于爆发了九子夺嫡的事件。

清朝开国还有一大特点，那便是家族式开国，因此康熙帝不只对皇子委以重任，还在出征时令皇子参与战事，甚至在晚年命胤禵领兵独当一面。从满人传统来看，这样的做法并非将胤禵排除在继承人人选之外，而是另眼相看，只不过因为康熙帝死得太过突然，因此康熙帝到底有没有考虑过让胤禵作为继承人，也成为不解之谜。

康熙帝重用胤禵，并不意味着就一定会让胤禵作为继承人。首先，胤禵虽然是大将军王，但他并非王爵，只是第四等爵贝子品级，上面还有贝勒、郡王、亲王三等爵位，如果康熙帝想要以他为继承人，总不能让他一直是贝子品级。康熙帝晚年身体并不健康，患有各种慢性疾病，这也是他突然驾崩的一个重要原因。在这种情况下，自知身体不佳的康熙帝，理论上应该为胤禵铺路，即使不想立他为储君，以免他成为众矢之的，但也应该或是将其及早调回京师，或是为了以防万一，提前写好遗诏，并让胤禵的心腹亲信担任要职和负责保管遗诏，以防止自己突然去世后，远在边陲之地的胤禵无法顺利继位。但很明显，康熙帝并没有这样做。

综合来说，因为目前为止没有一锤定音的史料出现，所以雍正帝篡位的谜团是无解的，因此本书只能综合各方史料，做出一定的推理。综合以上分析，雍正帝很可能不是篡位，而是夺位。康熙帝当时处于静养斋戒期间，为了恢复身体，他对王公大臣一概不见，按照《清史稿》卷二百九十五记载，隆科多虽然于康熙五十九年（1720年）升任理藩院尚书，但他仍担任步军统领，这是一个关键的岗位，负责京师的守备和治安。借着职务之便，隆科多是当时最可能见到康熙帝的人，因此隆科多成为康熙帝驾崩之时唯一在场之人。根据史料来看，康熙帝晚年可能患有心脏和血液循环方面的疾病，直接死因可能是由肺炎引起的心脑血管病发，因此导致猝然驾崩。在这种情况下，康熙帝很可能在临终时神志不清或者来不及交代后事，也有一定可能他临终交代的继承人并非皇四子胤禛，总之无论哪一种可能，唯一在场的隆科多自然成为掌握传位信息的垄断者，那么隆科多自然要将利益最大化。

在一番权衡利弊之下，隆科多不会选择八爷党的胤禩和胤禵，因为对胤禵来说，隆科多即使宣布传位于他，他也不会感激隆科多，只会认为自己本就应该继承大统。烧冷灶才是最好的选择，皇四子胤禛很明显是一个最佳选择，因为康熙帝虽然在晚年重用胤禛，但胤禛并非他唯一用的，也没有要传位于胤禛的迹象，相反，胤禵是康熙帝最为重用之人。在这种情况下，隆科多支持一位本认为与皇位无缘的皇子为新皇帝，这位皇子肯定对他感激涕零。同时胤禛的生母虽然是德妃，但胤禛满月后由隆科多的姐姐孝懿仁皇后佟佳氏抚养，也可以说是嫡子，并且相对来说与隆科多关系亲近，所以隆科多最终选择支持皇四子胤禛继位。

隆科多如此作为，自然换来了雍正帝的重用和不一般的殊荣。根据《清世宗实录》记载，雍正帝赐予隆科多与常人不同的待遇，雍正帝特意下谕给内阁，说道隆科多以后再向自己启奏事情时，可以写作舅舅隆科多。隆科多在之后也获得重用，担任吏部尚书时，隆科多所铨选（考核选用官员之意）的官员皆自称为佟选，这体现了隆科多在当时拥有了相当一部分人事权。

不过，隆科多也清楚雍正帝是"喜怒不定"之人，知道大恩即是大仇这句话。隆科多虽然知道风险大，但并没有收敛自己，反而是恃宠而骄，最终被雍正帝治罪。雍正五年（1727年），雍正帝以结党营私和私藏玉牒的罪名，议隆科多四十一条大罪，永远禁锢隆科多。雍正六年（1728年），抑郁的隆科多死于禁所，只获得短暂的五年辉煌，便凄凉落幕。

雍正帝亦有可能是正常继位

换个角度来看，雍正帝也有可能是康熙帝指定的继承人，在这里逐一分析一番九子夺嫡的几位皇子。

皇长子胤禔长相俊美，虽齿序为长子，但缺点明显。他长于军事但在政治上低能，竟然想出魇咒太子胤礽这种昏招，而且在胤礽被一废太子之位后，竟然提议杀死他，因此引起了康熙帝极大的反感。魇咒太子之事也被皇三子胤祉告发，最终被康熙帝革爵圈禁，彻底失败。

皇次子即废太子胤礽，身为实际上的嫡长子，他的能力是有的，只不过他在储位时间太长，上与父亲康熙帝产生矛盾，下遭众兄弟围攻，最终被康熙帝两立两废，自己被禁锢咸安宫，也被排除在继承人选之外。

皇三子胤祉也是有能力之人。他不只擅长文学和书法，武功骑射方面也颇了得，康熙帝对他也很喜欢并且重用他。不过胤祉的主要成就是修书，并不长于政治。虽然九子夺嫡时期他相对来说保持中立，不得罪任何一方，但也说明他的政治目标在于中庸和自保,而非其他方面。因此,康熙帝虽然重用他,但并没有流露出立他为继承人之意。

皇八子胤禩在某种程度上其实是挺冤枉的。身为九子夺嫡中的热门人物,在现代不少清宫剧中,他是最大的反派,其实历史上的胤禩是一个有贤名且心机不深沉的人。胤禩最大的问题是政治上太短视,他没有悟透帝王心术,只是博取贤名,以为有贤名就可以得到康熙帝的认可,于是他获得了诸多重臣的支持。由于他对储位过分希冀,又锋芒毕露,反而使得康熙帝大感威胁,自然会极力打压他,最后只能草草出局。

皇九子胤禟为人宽宏大量,是八爷党中的"侠王"。不过,胤禟的聪明在康熙帝看来不过是小聪明,康熙帝并没有对他另眼相看。胤禟也有自知之明,他全力支持皇八子胤禩夺嫡,想要等到胤禩成功后获取丰厚的政治回报。

皇十子胤䄉的出身仅次于皇太子胤礽,是忠厚老实之辈,并没有什么能力。只不过他因为支持皇八子胤禩,并且在之后遭到雍正帝的打压,所以才在史书上留下更多记载。

皇十三子胤祥的能力是毋庸置疑的。胤祥是雍正实施新政的得力助手,早年也很受康熙帝宠爱,不过在康熙四十七年(1708年)后,胤祥受到了第一次废太子事件的波及,莫名卷入其中,失去了康熙帝的宠爱和信任,之后备受冷落,自然也被康熙帝排除在继承人选之外。

皇十四子胤禵,前文提及康熙帝在晚年很是重用他,可能考虑过以他作为继承人。胤禵成功领兵入藏后,广泛结交青藏地区的统治阶层。他依靠显赫的战功,声望超过其他兄弟,获得了诸多朝中重臣的认可。康熙帝虽然重用胤禵,但并没有提前为他铺路,并且随着康熙帝突然驾崩和雍正帝继位,康熙帝是否将胤禵定为继承人成为解不开的谜团。胤禵对比胤禩的一大优势是年轻,但胤禵当时主要在军事上有所表现,政治上不如胤禩得分高,而治国之道考虑的是综合能力,所以康熙帝即使不是突然驾崩,也不一定会指定胤禵为继承人。

相对来说,皇四子胤禛有着诸多优势。从齿序来看,皇长子和皇次子当时已经明确被排除在继承人之外，皇三子政治能力有限，康熙帝虽重用他但不中意，所以按齿序也轮到皇四子胤禛了。从康熙帝心心念念的嫡长子继承制度来看，胤禛也可以说是嫡子，对比其他出身低的皇子，这也是胤禛的一大优势。

康熙帝也清楚胤禛的能力。根据《清圣祖实录》记载，康熙四十七年（1708年），康熙帝曾如此评价胤禛："惟四阿哥，朕亲抚育，幼年时微觉喜怒不定，至其能体朕意，爱朕之心，殷勤恳切，可谓诚孝。"康熙帝对胤禛评价尚可，但微觉胤禛"喜怒不定"。十余年后，胤禛上奏请求康熙帝将"喜怒不定"四字免于记载，康熙帝答应了他的请求，这说明胤禛的能力已经进一步获得了康熙帝的认可。

胤禛干事练达，能力很强，非常务实。不同于皇八子胤禩只知笼络人心，胤禛是干实事之人，这可是难得一见的。毕竟谁都可以当好人，可以假公济私，但能干实事，可以有效解决问题，不是一般人能做到的。

康熙帝在位晚期的国势看似蒸蒸日上，其实已弊端丛生。随着时间推移，丛生的弊端一旦爆发出来会是致命的。在这种局势下，康熙帝需要的继承者是能收拾烂摊子并且革除弊端的人，胤禛恰恰就是这种人，康熙帝不会连这点都看不明白，所以他最后选择了胤禛继位。只不过因为康熙帝是突然驾崩，加之只有隆科多一人在场，所以使得雍正帝继位后有着关于他是否篡位的争议。

当然，以上只是基于史料的另一种推测。很多时候，历史不会给我们一个标准的答案，会留下种种谜团，并且随着时间的推移，真相越来越远，最后只能永远成为谜团。我们所能做的，就是以史为鉴，在读史的过程中思考和感悟。千人千面，不同的人有着不同的视角，自然有着不同的看法，这也是读史的魅力之一，明明是一样的历史，却有着很多不一样角度的解读，这就是读史的意义所在。

雍正帝是否篡位其实并不重要。从对皇帝这一职业是否尽职尽责方面来说，雍正帝无疑是一位好皇帝。雍正帝在位虽然只有十三年，但是在位期间进行改革，解决了康熙晚年的各种问题，为盛世的持续打下了良好的基础。

第三章 | 皇权的巅峰

　　引用近代史学家孟森在《清史讲义》的话："要之圣祖诸子，皆无豫教，惟世宗之治国，则天资独厚，好名图治，于国有功，则天之佑清厚，而大业适落此人手，虽于继统事有可疑，亦不失为唐宗之逆取顺守也。"这段话对雍正帝的评价可谓恰如其分。

为盛世奠基

革除弊端

康熙帝如同他的主谥号仁皇帝一般,在位时期的统治风格是以宽仁为主,甚至容忍官僚有限度的贪腐。尤其是到了晚年,康熙帝已无年轻时的锐气,认为多一事不如少一事,认为不生事维持现状便好,结果"事"不可能不出现,并且由于这些"事"得不到直接解决,因此矛盾越积越多并越来越严重。诸如出现了各省亏空严重、贪腐之风盛行和朋党等问题。

以贪腐来说,其破坏力不容小觑,贪腐问题历朝历代都存在,一般来说越到王朝后期越严重,但处于清朝前期的康熙朝,贪腐现象已经很严重,这是一大反常。对王朝来说,贪腐是一个很致命的问题,尤其是严重的贪腐出现在王朝前期。在古代,皇帝虽说是九五之尊,但依旧是凡人,不可能事事亲力亲为,所以就出现了庞大的官僚系统以辅佐皇帝治理国家。官僚系统可以说是国家机器正常运转的关键。如果官僚系统吏治腐败,那么对下会导致社会矛盾激化,对上会形成官官相护的局面。贪腐行为甚至会打破族群的划分和对立,将满汉大臣为了共同的利益联结在一起，从而持有相同的立场，甚至会促成朋党的形成，造成皇权统治的弱化。

康熙帝的继承者雍正帝登基时已经四十五岁，这是他的优点，也是他的缺点。优点在于，雍正帝不是生长于深宫的少年天子，他是当了四十五年皇子的人。他在康熙朝多次参与处理政务，对朝政弊端心中了然，加之雍正帝是刚毅果决之人，所以继位后，可以针对性纠正康熙帝晚年的过失。缺点也很明显，那便是雍正帝在位只有十三年的时间。

雍正帝继位后，首先做的就是清查亏空并设立会考府。会考府是用来专门审计国家财政经费事项的机构，雍正帝对这个机构很重视，特意安排最为信任的十三弟怡亲王胤祥、舅舅隆科多、大学士白潢和左都御史朱轼共同负责。雍正帝颇为强硬和冷血无情，如果补不上亏空，就对涉事人员进行抄家。

根据《雍正朝起居注册》二年十月十七条记载，雍正帝的十弟敦郡王胤䄉被追索亏空，因为弥补不上亏空，被雍正帝查抄家产。如果说胤䄉是八爷党人，雍正帝有借此打击他的嫌疑，那么另一位没有参与九子夺嫡且曾受到雍正帝肯定，被晋封为郡王的十二弟胤祹，因为被追索亏空且无力偿还，所以将家用器皿摆在大街上出卖，以便筹款赔偿。这足以证明雍正帝不是借此打压某人，而是刚正不阿，无论是谁都要偿还亏空。

在地方上，被革职查抄家产的地方大员有江苏巡抚吴存礼、江苏布政使李世仁、湖广布政使张圣弼、湖南按察使张安世、广西按察使李继谟、原直隶巡道宋师曾、粮储道许大完、江安粮道王舜以及前江南粮道李玉堂等。

对于贪赃枉法的官吏，为了保证让他们将赃银归还国库，雍正帝对他们中的大多数人直接采用了抄家籍没的手段，同时抄检官衙和原籍，尽量不给他们提前隐藏家产的机会，所以在最大程度上补偿了亏空。雍正帝还采用了罢官手段，一旦查明此人是贪官并且造成亏空，便将其革职，不允许像之前那般留任以弥补亏空，这样做是为了防止贪官留任后，靠剥削百姓来弥补亏空。为了进一步打击贪腐，雍正帝还鼓励揭发官员的不法行为，并且对告密者进行奖励，以此大力整顿了纲纪。

雍正帝的开创性改革

雍正帝雷厉风行的追查亏空手段使得清朝的国库大为充盈，大规模亏空的情况得到根本性扭转。雍正帝还力求在根源上解决这个问题。康熙朝留下的钱粮大规模亏空和官员贪腐成风的情况，并不全是因为康熙帝宽仁所导致，还有一个重要原因在于清朝实施的是低俸禄制度。在这种情况下，除非像海瑞那样的清官，可以靠信念过苦日子，不然由于俸禄微薄，一般的官员会想办法捞外快，进而产生贪腐行为，甚至是横征暴敛。

面对这一情况，早在康熙朝就有人提出了解决办法，那便是按照惯例，地方官员在征收钱税时，以耗损为由多征钱银，称为火耗或耗羡。当时地方官员利用火耗滥征，加耗严重，使得百姓苦不堪言，造成百姓和官府严重对立。康熙帝原本不许征收这项附加税，奈何官员俸禄太低，如果没有这项外快，官员便没法度日，因此康熙帝只能听之任之。根据《清圣祖实录》记载，康熙六十一年（1722年）九月，陕西巡抚噶什曾上奏建议："查秦省州县火耗，每两有加二三钱者，有加四五钱者。臣与督臣商议，量留本官用度外，其余俱损补合省亏空，如此则亏空即可全完。"意思是将火耗摆到明面上，但是康熙帝的态度是："断不可行，定例私派之罪甚重。火耗一项，特以州县官用度不敷，故于正项之外，量加些微。原是私事，朕曾谕陈滨云，加一火耗，似尚可宽容，陈滨奏云，此乃圣恩宽大，但不可明谕，许其加添，联思其言，深为有理。今陕西参出亏空太多，不得已而为此举，彼虽密奏，朕若批发，竟视为奏准之事，加派之名朕岂受乎？"

简单来说就是康熙帝不允许将加征火耗合法化，他不想落得一个实行加派税收的罪名，从这里可以看出晚年的康熙帝已经不再想着如何解决问题，而是得过且过，并且一直维护着盛世的虚名。

务实的雍正帝登基后，并没有想那么多。雍正帝于雍正二年（1724）七月在全国范围内推广火耗归公，将明朝以来的火耗附加税改为法定正税，同时规定火耗及火耗率，只能减少，不能增加。火耗归公以后，雍正帝主要将火耗分为三大项：一是用来作为官员的养廉银，以提高官员收入。二是用来弥补地方亏空。三是留给地方公用。

显然雍正帝忽略了人性阴暗的一面，高估了朝廷的监督体系。即使官员有了养廉银，可以体面地生活，但高薪不一定养廉，尤其是在缺乏持续合理的监督体系时。因此，很多地方官员为了多捞钱，于额征火耗之外又暗中加派，由此可见，火耗归公的措施未能从根本上整顿吏治。不过在当时，火耗归公切实解决了实际问题，弥补了国库亏空，并且对打击贪腐、整顿吏治起到了积极的作用。不能在根本上改善吏治问题，并非雍正帝之过，而是帝制家天下的弊端本就如此，更多依靠的是皇帝的意志而不是完善的监督体制来反腐。遇到康熙帝这种宽仁之主，吏治自然只会越来越不好。遇到雍正帝这种铁腕反腐的强势君主，自然可以起到好作用，树立一时之典型，但缺点是不具有持续性。

雍正帝还大力整顿陋规。陋规是指官场上相沿成习的不合理的隐藏规定或者潜规则，并非法律明文规定的，是基于不成文的传统和惯例形成的。陋规存在于清朝各级官僚体系中，既包括地方官员对百姓的额外征派税收行为，也包括官员之间为了人际关系或者职位晋升便利而进行的非正式金钱往来。诸如，签字钱、底子钱、部费、节礼等都是陋规的具体表现形式。陋规长期被社会默认，但它的存在削弱了官员的公德心，加剧了官员腐败程度，增加了百姓的负担。因为清朝的低俸禄制度，官员俸禄低而开销大，所以多是通过陋规来增加收入。到了康熙帝在位末期，陋规已经发展到相当严重的地步，是造成地方上亏空严重和火耗加征很重的主要原因之一。因此，雍正帝除了设立养廉银以外，还对陋规进行了整顿，诸如禁止官员收受属下的节礼。禁止朝廷钦差接受地方官员的馈赠，地方官员亦不能以此向百姓征派。这一系列禁令在当时起到了很好的效果，不过也只是一时见效而已。

清朝的地方官员不只是要向上级馈送礼金来变相贿赂以求，地方官员还会前往京师活动，对处在权力中心的京官馈送礼金。雍正帝通过给予官员养廉银并且大力打击陋规的做法，使得地方官员对京官的上贡礼金大幅度减少。

在财政改革方面，雍正帝还在康熙朝晚期"滋生人丁，永不加赋"的政策基础上，实行了摊丁入亩的政策。这一政策将固定下来的丁税平均摊入田赋中，征收统一的地丁银，朝廷不再以人为对象征收丁税，废除了人头税。简单来说，以前按人头收税，之后则按照田地数量收税。摊丁入亩的政策大为减轻了无地和少地农民的负担，官府也因此放松了对户籍的控制，使得百姓有了较大的人身自由，缓和了社会矛盾，释放了社会活力，人口迎来爆发式增长。摊丁入亩政策有利于贫民，而不利于田地多的官绅地主。

雍正帝实施的另一条新政"官绅一体当差，一体纳粮"则进一步打压了官绅地主的特权。这一政策本质上是要使社会上的富有阶级承担更多的税收责任，并且还打压富有阶级的特权，避免富有阶级利用特权腐蚀官僚队伍，与地方官员深度勾结，并且抢夺地方官府的部分行政权力来进行种种不法行为。这项政策的实施意在打压地方势力，避免地方势力对朝廷在地方的统治构成威胁。

雍正帝还做出一大创举，那便是废除贱民身份，使原本为贱民身份的人恢复为普通百姓的身份，从而成为朝廷新的纳税对象。虽然被解放的贱民在生活上并没有得到改善，但仍具有多方积极意义，推动了社会经济的发展。

调整官僚机构

随着中国古代科举考试的兴起，一种新型的师生关系随之产生，那便是考官为师，考中的及第者为弟子。考官因为需要在众多文章中选拔出及第者的试卷，所以自然被及第者视为知己和恩师，被视为自己仕途上的领路人，所以双方结成了一种特殊的关系，既是师生，也是政治同盟。对于这种关系，历代皇帝自然很是戒备，并极力防范这种特殊关系下的师生进行结党进而威胁到皇权的行为，所以皇帝往往在科举的最后一场考试即殿试中亲自担任考官,这样对进士及第之人来说,最大的恩师自然是皇帝。不过,清朝前期皇帝的汉学素养并不高,所以往往将考试全权交于大臣之手。因此,因科举考试而产生的特殊师生关系,迅速蔓延成为一张庞大的关系网,从而出现政治联盟和朋党。

对于这种情况,雍正帝亲自撰写《御制朋党论》,意在大力打击朋党。雍正四年(1726年),河南巡抚田文镜与直隶总督李绂互参案,雍正帝发现科甲士人之间存在着很严重的请托和庇护现象,便以打击科甲朋党为名,对科甲士人发动了大规模打击。

正因为如此,雍正帝并不喜欢科甲出身的官员,同时出于务实的精神,他喜欢有能力的技术官僚,因此他所倚重的官员大多是出自下层满洲贵族或出身卑微的汉人官员。诸如雍正帝最为倚重的鄂尔泰、李卫和田文镜,鄂尔泰出身于下层满洲贵族,李卫出身于富户之家,田文镜则是监生出身。

前文提及自康熙朝中期开始,康熙帝便命令心腹手下以"奏折"的形式秘密报告地方形势等情报给自己,以此控制消息和监控官员。雍正帝登基后将这一形式进一步完善,并且将这项措施制度化,即设立密折制度。康熙朝,上密折的官员大多是地方大员,雍正朝则进一步扩大了可以上密折官员的范围,以获取更详细的地方情报,像知府和总兵亦可以上密折。雍正帝还互相对照密折以确认消息无误,并且以此评定上奏官员的人品和能力。同时,雍正帝还大力鼓励官员之间互相告密。如此一来,不仅大大提高了决策效率,还加强了对官僚体系的控制,皇权得以再度集中和加强。

雍正七年(1729年),因西北用兵,为了方便指挥,同时出于集权目的,雍正帝延续父亲康熙帝设立南书房的思路,始设私人秘书班子——军机处,军机处负责处理紧急军务,该机构之后即成为清朝的权力中枢机关,一直延续到清末。

军机处的优势在于,皇帝作出裁决后,军机大臣根据旨意草拟文书,之后不经过内阁和六部,由军机处直接发送给有关官员。军机处由此逐渐取代了内阁,也使得本就被削弱的议政王大臣会议越来越虚化，最后名存实亡。军机处具有保密性，机密消息不易泄露，有利于皇权的集中。

军机处还不设胥吏，由军机章京承担胥吏的职责，亦为一大提升。胥吏对律例精通并且熟悉政务的具体运作之道，看似地位低微，实则拥有不小的隐藏权力，很容易钻空子来实施欺上瞒下的不法行为。军机处不设胥吏，避免了其弊端，自然可以持续高效地运转下去。

还有一大关键在于，军机处不会像内阁和议政王大臣会议那般会对皇权构成威胁，因为军机处完全处于皇帝的直接控制下。在形式上，军机处始终处于临时机构的地位，没有正式衙署，只有在隆宗门内设有值班房，位置靠近雍正帝寝宫养心殿，以方便雍正帝处理政务。军机大臣虽有一定权力，但主要是秉承皇帝的旨意办事，既无内阁的票拟权，也无议政王大臣会议的正式议政权，所以军机处的设立使得皇权得到空前加强，这是雍正帝完成构建独裁体制的至关重要的一步。

边疆统治的深化

雍正帝在位期间，他既不像父亲康熙帝每年进行木兰秋狝活动，扮演"蒙古大汗"这一角色定位，也不像康熙帝和乾隆帝那般喜欢南巡，在位十三年甚至都没有离开过北京。同时，雍正帝也不喜欢战争，对于对外征战也不是那么积极。

雍正帝对内深化地方统治的主要措施是对西南一带实施"改土归流"政策。所谓改土归流就是废除西南各少数民族地区的世袭土司制度，改由朝廷委派流官直接进行统治，在西南少数民族地区实施如同汉地一般的行政制度。

土司制度是一种因地制宜的统治政策。西南地区有大小不一的土司这种地方势力的存在，朝廷因为不愿耗费巨大人力物力攻打和经营这种偏远之地，所以只要获得土司名义上的臣服，便允许土司实际自治，并赐予其朝廷官职，土司在自己的势力范围内便是土皇帝一般的存在。正因为如此，土司制度成为地方叛乱的温床。诸如明朝的万历三大征，其中的播州之役就是由播州世袭土司杨应龙发起的叛乱。明廷派兵平乱，待浩大的战役结束后便将播州一分为二，置遵义、平越二府。

可能是有着明朝的前车之鉴，加之土司制度是地方不稳定的因素，甚至可能会如同三藩那般成为下一个汇聚各种反清势力的避难所，因此雍正四年（1726年）云贵总督鄂尔泰建议在西南进行改土归流，雍正帝颇为赞同，于是命令鄂尔泰办理。最终清朝靠着强大的武力，将不服从的土司剿灭后，顺利完成了改土归流，深化了朝廷对边疆的统治，并且将大量汉人移民至西南地区，促进了民族融合并推动了地方发展。

对于西藏，雍正帝起初想要将驻藏清兵撤回内地，但随着雍正元年（1723年）青海蒙古和硕特部右翼首领罗卜藏丹津叛乱的发生，雍正帝改变了想法，决定继续在西藏驻兵。清廷于雍正二年（1724年）平定罗卜藏丹津叛乱，将青海纳入版图之中。为了深化对西藏的统治，雍正帝之后又派遣驻藏大臣和军队入驻拉萨，控制了西藏东部，正因为如此，清朝最终成为达赖喇嘛的"保护者"。

雍正帝在西北用兵时则遭遇了挫折。为了全力对付准噶尔部，如同当年康熙帝为了腾出手对付噶尔丹与沙俄签订《尼布楚条约》一般，雍正帝于雍正五年（1727年）签署了《布连斯奇条约》和《恰克图条约》，勘定了签订《尼布楚条约》以来没有确定的中俄边境，解决了西伯利亚和蒙古之间的边界问题。在暂时没有后顾之忧以后，清朝决定对准噶尔部全力出手。不过出师不利，雍正九年（1731年），清军在和通淖尔之战中大败，损失惨重，好在次年清军在额尔德尼昭之战中得胜。双方眼见都无法彻底击败对方，只能罢兵议和，西北战事告一段落。

雍正帝改革的意义

雍正朝处于康雍乾盛世中间，只有短暂的十三年，但雍正帝的改革却起到了承上启下的关键作用，使得清朝没有快速由盛转衰，而是继续走向巅峰，雍正帝的改革为乾隆朝六十余年的盛世奠定了基础。

在经济上，雍正帝通过清查亏空、打击贪腐、财政改革这"三板斧"，使得清朝从康熙末年的泥潭中走了出来，再度焕发荣光。根据当代美国哥伦比亚大学曾小萍教授所著《州县官的银两——18世纪中国的合理化财政改革》一书第一章记载，康熙帝去世当年，国库存银只有八百万两，到了雍正五年（1727年），根据《掌故丛编》之《鄂尔泰奏折》记载，国库存银高达五千万两，之后由于在西北用兵，国库消耗甚大，不过根据昭梿所编撰的《啸亭杂录》卷一《理足国帑》记载："特置封桩库于内阁之东，凡一切赃款羡余银两，皆贮其内，至末年至三千余万。"封桩就是封存不动之意，当年宋太祖平定诸国后就将其国库金帛别立封桩库，雍正帝也特意在内阁的东面设置封桩库，凡是赃款和富余银两都储存其中，到了雍正末年存银高达三千余万两。书中还高度评价雍正朝的粮库处于充实状态，存量可用二十余年之久，说雍正帝的政策真可谓是一大善政。还有另一种记载，根据乾隆朝重臣阿桂《论增兵筹饷疏》记载，雍正末年国库存银为两千四百万两。不论是哪一个数目，雍正一朝将康熙朝末年的国库存银起码翻了三番，而且只用了十三年，这是一个十分耀眼的成绩。

在政治上，雍正帝通过打击贪腐，不只将康熙朝晚期流于放纵的政治生态予以严厉整治，还将密折政治制度化，并且设立军机处，从而建立了一个全新的官僚体系，给之后的乾隆帝留下了一个高效廉洁且高度集权的官僚体系。

在军事上，雍正帝加强了对西藏的统治，将青海纳入版图，在西南进行改土归流，虽然在西北受挫，但起码维系了康熙朝的成果。

正是因为雍正朝打下了坚实的基础，并且财政的改革使国库处于持续充盈状态，才使得清朝在乾隆朝继续走向盛世，有底气进行各种战争来持续扩大清朝版图，最终将清朝的疆域推向历史的巅峰。

这一切成果的最大核心原因在于雍正帝进行了一系列改革，那么，这一系列改革在当时有多难推进呢？

如果将清朝比为一座宫殿的话，一代的努尔哈赤打下地基；二代的皇太极全面夯实地基，将墙体建好，并且将各种优良材料准备妥当；三代的顺治帝将宫殿轮廓大体建好，使这座宫殿初具大气磅礴的规模；四代的康熙帝则对外进一步扩建宫殿，对内将宫殿建得金碧辉煌。五代的雍正帝则发现父亲康熙帝扩建的宫殿虽然辉煌无比，但内部疏于打理，大殿中的梁柱早早出现蛀虫，更要命的是在这种时候已不可能将宫殿推倒重新再建。这种情况下，雍正帝可以选择修修补补，可以选择得过且过，在自己当家做主时维持不倒或者没有大问题就行，至于到下一任或者下下一任手中宫殿倒塌了，那是他们的命，跟他没有直接关系。但是雍正帝并没有这么做，而是将有蛀虫的梁柱一根根取下来代之以崭新的梁柱，并且借此将宫殿重新改造一番。这样的难度比推倒宫殿重建还要难，但雍正帝做到了，并完成了他的改革事业。

雍正帝虽然是清朝前期的皇帝，但他面对的局势与王朝中衰后的局面有不少相似之处。为什么王朝中衰后，很难出现中兴之主呢？就是因为中衰后的王朝格局已经固化而僵硬，身在漩涡中心的皇帝如果想要扭转乾坤，不可能跳出去打破旧世界，重新建立新世界，而是需要改革，是要自上而下地自己革自己的利益，这样的难度比重新打天下还要难。这时庞大的官僚体系已经腐败至极，各种利益链条交织，形成了巨大的既得利益集团。要改造官僚体系，就是与整个既得利益集团开战，一般的皇帝真没有这个勇气，即使有这个勇气也不一定有这个能力。雍正帝面对的情况比王朝中衰后的格局好不了太多，但他却成功了。从这个角度来看，雍正帝也可以称为中兴之主。

为什么说康熙帝为清朝打破百年大关，是写下最关键的那一笔，而雍正帝则是完成了最后的浓重一笔呢？

清朝入关后，顺治在位十八年，康熙帝在位六十一年，至雍正帝继任时清朝已历经七十九年。这种情况下，无论后继之君是不是雍正帝，无论在位时间是十三年，还是二十三年，或三十三年，康熙朝已经奠定了迈过百年大关的基础，所以清朝迈过百年大关是没问题的，但是很有可能清朝迈过百年大关没多久便统治崩溃，因为康熙朝晚期的各种弊端已然在盛世中埋下了巨大隐患，只待生根发芽就可能很快摧毁清朝这棵参天大树。如果继任之君是中规中矩之人，不像雍正帝那般进行铁腕反腐和改革，只是修修补补，那么清朝沿着康熙朝晚期的带病之路发展，就会快速进入重病时期，并且会快速患上各种王朝末日综合征，即使下一任皇帝不会亡国，但是下下一任就不太好说了。

以九子夺嫡时堪称雍正帝最大的对手皇八子胤禩来说，他有贤王之称，获得了百官的拥戴。《清圣祖实录》记载，康熙帝如此评价他："八阿哥之为人，诸臣奏称其贤，裕亲王存日亦曾奏言八阿哥心性好，不务矜夸。"由此可见胤禩在当时的名声之隆，支持者之多，连康熙帝的兄长裕亲王都对他赞赏不已。但胤禩这种人如果继位，只会沿着康熙帝晚年的轨道前行，营造一个虚晃的盛世。因为胤禩虽然是贤王，也的确有能力，但他出身低微，没有强大的背景，母亲家族为他带不来助力，也不足以支撑他建立自己的班底，而且他还是一个老好人，所以百官愿意支持他，愿意在他身上下注。身为既得利益集团推选出来的继承者，在继位以后，胤禩又怎么可能背叛既得利益集团而进行改革，去触动既得利益集团的利益呢？既得利益集团就是胤禩统治的根基所在，改革是自己革自己的命，而动不了既得利益集团，即使有心改革，也只是纸上谈兵。哪怕想通过背叛既得利益集团来进行改革，也是不会成功的，反而会遭到反噬，甚至会坐不稳皇位。像雍正帝那般不依靠既得利益集团上位的人，才能做到毫无顾忌地打击既得利益集团，并且还能获得成功。

胤禩这种人用现代的话来说，只能打顺风仗，如果他接手的是一个大好局面且没有巨大的隐患，那么他守成肯定没有问题，届时会营造出一个君明臣贤、一派其乐融融的盛世景象，会留下宽仁之名。但也有可能像父亲康熙帝那般，因为太过宽仁，给后世留下大麻烦。如果遇到逆风仗，他最多修修补补，没有魄力进行根本上的改变，不会使局势变好，最多会延缓局势的恶化罢了。而雍正帝就不一样了，他是顺风局可以打，逆风局更是可以越战越猛，并且可以在根本上对局势进行改变，虽然没有留下一个好名声，但是他留下的是一个大好的局面。雍正帝凭借实力证明了自己，也经得起时间考验，这才是真正的好名声。

独裁的最后一步

雍正帝在祖父顺治帝和父亲康熙帝两代人的基础上，构建完成了独裁体制。在这样的体制之下，只要后世皇帝不是幼年登基，不是精力不济者，只要履行好皇帝的职责，便可以成为独裁者。在这种体制框架下，皇帝的权力比明太祖朱元璋这个废除丞相制的明清皇帝独裁第一人还要大。说到这里，可能有人疑惑了，古代皇帝身为九五之尊，不就是独裁者吗？怎么到了清朝雍正帝时代才构建完成独裁体制，使得皇帝可以成为独裁者呢？这里有必要解释一下何为独裁。

从广泛的范围上来说，古代专制体制之下的皇帝表面来看可称之为独裁，但雍正朝之前的皇帝距离真正的独裁还相差甚远。以裁决政务来说，一般政务的处理方式是经过大臣再三讨论和重复审查，按照惯例是提出一种或几种解决方法，最后将方案送达于皇帝案前，再由皇帝拍板决定。表面来看，似乎没什么问题，但真正的独裁则是皇帝以自己个人意愿为主导将政令传达下去，或是交由大臣讨论如何实现，或是直接交由大臣实施下去，而不是按照惯例裁决某件政务。

古代的独裁，一般分为两种情况。一是皇帝依靠个人权术来完成真正的独裁，诸如秦始皇和汉武帝，在制度不完善或者制度上皇权不集中的情况下，利用自己的权术打压群臣，压制宗室，抑制后宫和外戚干政，最终使得朝堂成为自己的一言堂，弊端是这样的独裁不具有持续性，只是一时的现象。如果继承者同样精通帝王心术，那么独裁会持续下去；如果继承者是懦弱无能之辈，加之制度不完善，那么独裁就无从谈起，甚至会大权旁落。诸如秦始皇之后的秦二世是愚昧无能之主，所以赵高可以窃取大权。还有汉武帝传位于幼子汉昭帝，汉昭帝即位时年仅八岁，霍光、上官桀、金日䃅、桑弘羊受命辅政，因为皇帝年幼并无能力裁决政务，所以辅政大臣开始争权夺利，后来霍光用计除掉其他辅政大臣后独揽大权。

二是构建独裁体制，在制度上使得皇权没有各种威胁，等于是只要坐在皇帝位置上，只要有心履行皇帝职责并且可以裁决政务，便可以轻松做到独裁，优点是这样的独裁具有持续性。明太祖朱元璋和明成祖朱棣便是这种情况。明太祖朱元璋依靠个人权术废除丞相制，建立独裁体制，明成祖朱棣本身就是精于权术的皇帝，又有独裁体制的加成，自然很容易成为独裁皇帝。可以说明朝在开国初期便初步完成独裁体制的构建，只不过高开低走，在之后的发展过程中，草创的独裁体制并没有被完善，反而是皇权越来越式微。清朝则相反，皇太极时代构建皇权，顺治帝以明太祖朱元璋为师，欲要构建独裁体制，最终集三代之力，在雍正朝完成独裁体制的构建，并且相当完善。正因为明清建立了独裁体制，所以明清也被称为君权高度集中的王朝。

出于对集中皇权的考虑，雍正帝对统治体系进行了一次大幅度的调整。康熙帝以子嗣作为维护皇权的一部分，于是授予皇子实权，雍正帝则视子嗣为威胁皇权的一部分，因此他剥夺宗室诸王的实权，并且限制皇子权力，建立了秘密立储制，同时还将八旗实权转移到都统手中，将八旗予以国家行政化。雍正帝建立密折制度，铺就一张庞大的间谍网，极大地加强了对官僚的控制。又因为内阁制度不利于皇权集中，雍正帝直接成立军机处，将行政决策权彻底集中在自己手中。

在对社会的控制上，如果说改土归流是以武力为后盾深化了对地方控制，那么对朝野言论进行严密控制的文字狱则深化了对臣民的精神控制，是雍正帝独裁的最后一步。康熙朝虽然也进行过文字狱，诸如南山案就是由康熙帝亲自督办的，但整体来说，康熙朝文字狱力度并不大，范围并不广，对言论的控制并不严格，因此发表反清言论的吕留良等激进人士在地方上有着很大的活跃空间，并主导了地方舆论。

雍正帝继位后，对言论的控制更为重视。他大范围进行文字狱，出现多起自下而上的举发而导致的文字狱。雍正帝借此彻底控制了言论，在精神控制上加深了统治，从此反清言论在社会上开始销声匿迹。

在某些方面，雍正帝和其祖父顺治帝如出一辙。顺治帝在位时期，为提高汉臣地位，一改六部满汉尚书以满尚书掌实权的情况，下令无论满汉，授事在先者掌实权。根据《雍正朝起居注册》和大学士张廷玉所著《澄怀园语》记载，一般来说，大学士、六部尚书、六部侍郎等为复员制，为满汉兼用，虽然双方等级相同，但实权掌握于满员之手，朝会等也是满员在前行走。不过到了雍正五年（1727年），雍正帝一方面按照惯例规定大学士领班以满员居首充任，一方面打破常规，下令其余大学士的行走秩序不必分满汉，而是按照补授时间排列名次。雍正帝指定汉大学士张廷玉行走在旗人孙柱之前。雍正六年（1728年），傅尔丹管理部务，因为他是满洲镶黄旗人，还是开国五大臣费英东的曾孙，所以张廷玉不敢越过他，并且向雍正帝请求让傅尔丹在前行走，雍正帝不答应，让张廷玉安心在前行走。上述可以看出只要有能力者雍正帝便重用，并非以满人利益为重。

雍正帝还以独裁皇帝自居。在他看来，所谓的特权阶级应该只有皇帝一人，只有皇帝才享有绝对的自由和精神，其他上至王公大臣下至平民百姓，只不过是皇权独裁之下的"平民"罢了。区别在于有的"平民"分量大一些，有的"平民"分量轻一些，而"平民"不需要拥有自己的思想，只需要接受皇帝的命令，然后忠实执行即可，即使他们有自己的思想也只能隐藏在心中，或是以皇帝的思想为先才能含蓄地表达出来，只有皇帝才可以肆无忌惮地表达自己的思想。

作为独裁者的皇帝不需要有一定思想表达且有一定自主权的重臣，这也是雍正朝没有真正名臣的关键原因。对作为独裁者的皇帝来说，臣子有没有能力固然重要，但更重要的是要忠心耿耿地辅佐皇帝，要忠诚地执行皇帝的命令，不能有不同意见，不能影响到皇帝的决策。而像汉唐这样的朝代，独裁体制没有建立，皇权不集中，大臣有较大的自主权，可以发挥出巨大的政治作用，因此大臣们不需要在皇权之下畏畏缩缩，所以不时有名臣出现，可以匡补皇帝的过失或对体制弊端进行修正，进而造就一段君臣知遇的佳话。清朝真正出现名臣则是到了有着内忧外患的清朝晚期，朝廷式微，皇权衰落，所以出现了曾国藩、李鸿章、张之洞、左宗棠等名臣，他们有实力且有较大的自主权，为晚清的延续尽了不小的力。

从这个角度来看，雍正帝为什么要清除亲信兼姻亲的年羹尧和舅舅隆科多呢？就是因为这二人功劳太大，而且不知进退。年羹尧替雍正帝稳定地方局势并且平定青海，使得雍正帝借此功绩彻底坐稳皇位。隆科多更是不用多说，身为康熙帝驾崩时唯一在场之人，可谓雍正帝登基的头号功臣。雍正帝对他们极其优待，但他们还得寸进尺地插手人事，在吏部形成年选和隆选，对雍正帝的统治造成太大威胁。如果雍正帝放任不管，那么独裁就无从谈起，所以最后年羹尧被赐死，隆科多则被禁锢至死。

为了全方面享受九五之尊的待遇，同时随着清朝入关日久，皇帝受汉文化熏陶的影响，雍正帝登基后为了显示自己的独一无二，将避讳的范围扩展至亲兄弟的范围，将所有兄弟名字中的"胤"字改为"允"字，只有深受信任和宠爱的十三弟怡亲王"允"祥死后得以将"允"字改回为"胤"字。而在此之前，清朝入关的第一位皇帝之顺治帝福临为子嗣取名时，似是随心所欲，活到成年的子嗣之中，次子名为福全，三子名为玄烨，五子名为常宁，七子名为隆禧。到了入关第二位皇帝之康熙帝时，则是明显有变化，子嗣都是胤字辈，可以看出清朝皇帝的汉文化程度越来越高。

雍正帝虽然不是第一位独裁皇帝，但他是真正将独裁制度化并且延续下去的第一位独裁皇帝。相对于其他独裁皇帝，雍正帝的独裁权力也更大，这位独裁皇帝为儿子乾隆帝及其后来者创建了前所未有的扎实基础，只待后世皇帝如同他一般勤勉和爱民，便可以成为独裁皇帝。但是很明显，这是他所控制不了的，也是体制约束不了的，只能取决于后世皇帝有没有精力和个人意志。因此，之后的皇权发展也一定程度上偏离了他定好的轨道。

第三章 | 皇权的巅峰

被"刺杀"的皇帝

野史传言背后的社会态度

雍正十三年（1735年）八月，根据《清世宗实录》记载，在圆明园避暑办公的雍正帝于二十一日生病，但并不严重，所以"仍办事如常"。根据张廷玉在《澄怀园主人自订年谱》的回忆，二十二日白天，雍正帝还与他讨论政事，张廷玉并没有感觉到雍正帝有什么不对的地方，只以为是平常的生病，但是到了晚上，他刚刚入睡，就传来急诏命他入宫。他马上穿衣赶赴圆明园，到了寝宫以后，才知道雍正帝快不行了。由于雍正帝病情恶化太过迅速，震惊之下，张廷玉形容自己当时的心情是"惊骇欲绝"。在此期间，庄亲王胤禄（康熙帝第十六子）、果亲王胤礼（康熙帝第十七子）、大学士鄂尔泰、领侍卫大臣公丰盛额、军机处行走讷亲、内大臣兼户部侍郎海望先后赶到。在将提前准备好的密诏拿出，宣布传位于皇四子弘历以后，雍正帝于二十三日子时驾崩，死后庙号为世宗，谥号为"敬天昌运建中表正文武英明宽仁信毅睿圣大孝至诚宪皇帝"。

清朝十二帝中，很多皇帝之死都伴随着各种野史传言，诸如清太祖努尔哈赤被大炮轰死、顺治帝出家后老死于五台山或传言他亲往南方前线时被郑成功所部用大炮轰死、康熙帝被儿子雍正帝毒死、嘉庆帝在避暑山庄被雷劈死、同治帝得花柳病而死、光绪帝是被毒死等。

　　野史传言并非都是无稽之谈，其实有两大作用。一是多多少少代表当时的社会态度。诸如康熙帝之所以有着被害死的野史传言，是因为晚年出现九子夺嫡的情况，并且康熙帝两立两废太子，以至于晚年没有再立储君，最后死得突然。同治帝得花柳病而死的野史传言，是因为这位英年早逝的少年天子从未真正掌握过实权，一直受制于母亲慈禧太后，肯定需要通过某种方式发泄，因此自然流传出他偷偷跑出宫外寻花问柳的野史传言。

　　二是野史传言某种程度上可以匡补正史之遗缺。在专制社会中皇权是至高无上的，皇帝和皇室自然要保持完美的形象，所以不利于皇帝和皇室形象的事件，除非皇权衰落之时皇帝已经控制不了局面，或是皇帝有宽仁博大之心，对史料记载和言论控制不那么重视，才可能记载下来，不然一般官方不可能留下正式记载。在这种情况下，身为事件的亲历者，有时会通过私人笔记或者其他方式悄悄地记载下来或者传播出去，但因为亲历者记载的方式是隐晦的，所以一开始没有明确的消息来源，久而久之就演变成为野史传言的一部分。因此，野史传言中，有的确实是人云亦云的讹传，有的则很可能是当时官方竭力掩盖的历史真相，但因为真假难辨，所以野史传言最多作为参考。当然，也有事实证明野史传言是真的，像光绪帝之死，根据现代考古成果，他的确是被毒死的，至于害死他的人是谁，按照谁是最大受益人来推理，应该是慈禧太后，这个之后章节会详细分析。

　　雍正帝突然离世以后，关于他的死因当时民间传得沸沸扬扬。其中最为出名的一个野史传言便是吕留良案事发以后，其家人被追罪时，吕留良孙女吕四娘侥幸逃脱。吕四娘在江湖苦练武功多年，之后以选妃之名混进皇宫，在雍正帝召其侍寝时，出其不意地用短剑将雍正帝刺杀，并削下头颅提之而去，使得雍正帝无头下葬，只能以金铸头代之。这个野史传言即使到了今天也有不少人相信，甚至有人期待考古挖掘雍正帝的葬身之地泰陵，来看看雍正帝尸身是否无头。

这个流传很广的野史传言其实漏洞颇多。首先，吕四娘只是民间传说的人物，其是否存在尚有待考证。其次，吕四娘一个弱女子，即使她混迹江湖习得一身武艺，但选妃的程序极其严格，一个江湖女子怎么可能说混入皇宫便混入皇宫？而且在守卫森严的皇宫刺杀了雍正帝，还能带着头颅全身而退，简直是天方夜谭。但偏偏这个没逻辑的野史传言有很多人相信，还在当时流传极广。

野史传言代表了当时的社会态度。雍正帝之所以落得被"刺杀"的下场，其实是因为他得罪了当时的知识分子阶层，甚至可以说他得罪了除他之外的所有特权阶级。身为独裁皇帝，在雍正帝的认知之中，只有皇帝才应该享有特权，其他的人不过是只需要忠实执行皇帝命令的工具人。因此，当时的特权阶级巴不得他早点去死。而雍正帝的突然去世想必也有不少官员松了一口气，他们在心里想着：这位难伺候的主儿终于死了。

雍正帝之死

雍正帝很大可能因服丹药而暴死。雍正帝晚年不只崇信佛教，也很痴迷于道教的炼丹之术。他将道士贾士芳、张太虚、王定乾等人置于西苑炼丹用来医治自己的疾病，而不少僧侣和道士也利用皇上的宠幸横行于地方，招摇生事。根据《清高宗实录》记载，雍正帝驾崩于八月二十三日，乾隆帝继位后，在八月二十五日便急匆匆地将西苑的道士驱回原籍。乾隆帝一方面说雍正帝只是"聊欲试观其术"，并且说雍正帝"未曾听其一言，未曾用其一药，且深知其为市井无赖之徒，最好造言生事"，但另一方面却警告他们"伊等平时不安本分，狂妄乖张，惑世欺民，有干法纪，久为皇考之所洞鉴，兹从宽驱逐，乃再造之恩，若伊等因内廷行走数年，捏称在大行皇帝御前一言一字，以及在外招摇煽惑，断无不败露之理，一经访闻，定严行拿究，立即正法，决不宽贷"。

上述言辞可视为乾隆帝为父亲雍正帝保留体面的饰语，他说雍正帝不曾服食丹药，但如此急匆匆驱赶道士，并且严厉警告这些道士不要胡言乱语，不然立即正法，说明乾隆帝害怕泄露雍正帝靠炼丹治病的秘密。因此，雍正帝很可能是服食丹药暴死，但清朝官方为了维持雍正帝的形象，自然不可能记录下来。当然，这只是基于史料的一种推测。

无论雍正帝之死是因为急病，还是因服食丹药这种不体面的方式，雍正帝都开辟了一个新的时代。如果说他的父亲康熙帝雄才大略，及时调整统治政策，使得汉族精英真正融入清朝政权中，为清朝的长久统治奠定了基础，那么雍正帝则更进一步，建立了独裁体制并且推行改革，使得"疾病"缠身的清朝再度恢复生机。雍正帝还有被忽略的一大重要的成就，那便是他不只解决了"八家分权"问题，对康熙帝无法解决的满汉传统立储问题的矛盾，雍正帝也通过设立秘密立储制度顺利解决，将潜在的满汉矛盾对皇权的威胁再度降了一个等级。

雍正帝亦是一个有着强烈使命感的人。他不信任官僚集团，并且想要打破一切特权，同时他还对百姓有着深深的体恤之情，尽量制止无良官员剥削百姓。他的改革卓有成效，建立了一个高效廉洁的官僚体系，但他改革的本质终究是依靠皇帝的个人意志强行贯彻，而非制度的改革，依靠短暂的人治终究无法使得改革的成果一直持续下去并且不断加强。雍正帝亦如父亲康熙帝一般，是处在腐朽的框架之内，对于先进的西方并没有足够的重视，他不像沙俄彼得大帝那般对沙俄进行全方位改革，奠定强国之基。雍正帝只是在封闭的圈子中进行了一场因皇帝个人意志贯彻的不具有持续性的改革，清朝依旧滑向了落后的深渊。

《清史稿》如此评价雍正帝："圣祖政尚宽仁，世宗以严明继之，论者比于汉之文、景。独孔怀之谊，疑于未笃，然淮南暴伉，有自取之咎，不尽出于文帝之寡恩也。帝研求治道，尤患下吏之疲困。有近臣言州县所入多，宜釐剔，斥之曰：'尔未为州县，恶知州县之难？'至哉言乎，可谓知政要矣！"

虽然官方史料对雍正帝给予了高度评价，但也隐晦指出他太过严苛。从某种程度上来说，虽然雍正帝不得官心，但他足够体恤百姓，不失为一代明君。

在位短暂亦是一种幸运

雍正帝在位十三年,其实时间并不短。明朝有在位仅仅十个月的明仁宗朱高炽,更有在位勉强一个月的明光宗朱常洛,再往前说,还有金末帝完颜承麟在位不足一天便战死的情况,至于在位仅仅几年的皇帝更是不少。雍正帝的不同之处在于,他上有父亲康熙帝在位的六十一年,下有儿子乾隆帝在位六十年,加之他推行的改革卓越成效,是一位很有作为的皇帝。他革除了康熙帝末年的各种弊端,为乾隆朝六十年盛世奠定了基础,在康雍乾盛世之中起到了关键的承上启下的作用。由此来看,雍正帝属于虽然生命长度不足但宽度足够辽阔的有为之君,所以其在位时间非常短暂,也让后世人感到遗憾,认为如果雍正帝在位时间更长,清朝可能会更好。其实并非如此,在位十三年对雍正帝来说,可以说是一种幸运。

一是雍正帝的改革触动了既得利益集团的利益,既得利益集团已经隐忍了雍正帝十三年,时间再长的话,忍无可忍的既得利益集团会以某种方式爆发。虽然在君权高度集中的朝代,皇帝不太可能被刺杀,但是如果在其他方面遭到打击,使得雍正帝的改革只能停止而不能再深化下去,也是很有可能的。雍正帝的改革,是自己要成为唯一的特权阶级,不再与精英阶级合作,反而破除精英阶级特权的改革，所以这场改革注定是很难成功的。而且这场改革是靠皇帝个人意志贯彻下去，并且还处于腐朽的自我封闭的框架中，即使可以持续下去，清朝的发展也并不会比乾隆朝时好太多。

二是纵观古代史，皇帝在位时间太长并非好事，即使是励精图治之主也不例外。毕竟皇帝是人不是机器，所以在位时间长了会出现各种问题。皇帝会因为年老而出现糊涂的情况，会无法坚持励精图治，甚至会被属臣摸透脾性，从而出现被蒙蔽乃至被大臣利用其性格弱点来满足自己私人野心之事。总而言之，在位时间长的皇帝，往往是前明后昏。诸如汉武帝、唐玄宗、嘉靖帝、康熙帝、乾隆帝等均是如此。

汉武帝在位五十四年，他前期励精图治，到了晚年为了打压权势越来越大的太子刘据，选择轻信小人，结果爆发了"巫蛊之祸"，导致皇后卫子夫和太子刘据相继自杀，活生生逼死了妻子和儿子，最后汉武帝立幼子刘弗陵为储君。汉武帝虽然为了防止后宫干政，赐死了刘弗陵之母钩弋夫人，但他防止不了权臣干政，最终造就了一代权臣霍光，使得汉昭帝无法真正亲政。等到霍光死后，汉武帝之曾孙汉宣帝才将皇权收回。

唐玄宗是唐朝在位时间最长的皇帝。他身为唐睿宗的第三子，本与皇位无缘，却硬生生杀出一条血路。他先与姑姑太平公主联手发动政变，诛灭韦后集团，再登上皇位，然后又通过政变除掉姑姑太平公主，从而彻底掌握大权。唐玄宗在位前期励精图治开创开元盛世，但他晚年便开始怠政，越来越昏聩。他一日杀三子，宠信奸臣，并且全面放权于安禄山，最终导致了安史之乱发生，使得唐朝由盛转衰，从此一蹶不起。

嘉靖帝在位四十五年，是明朝在位时间第二长的皇帝，是一个相当聪明而有手腕的皇帝。嘉靖帝继位以后通过"大礼议"掌握实权，再效仿太祖和成祖重典治国，严以驭官，宽以治民，整顿朝纲，使得明朝一度有中兴之势。但嘉靖帝并没有坚持多长时间，在位中期便开始怠政，并且宠信奸臣严嵩，长期躲于后宫炼丹，结果导致明朝国力迅速衰落，甚至出现"嘉靖嘉靖，家家干净"的说法。他还差点死于宫女之手,差点创下历史上第一个被宫女勒死的皇帝的纪录。而且嘉靖帝在位日久,其生性多疑的性格和绝不容忍大臣有反心、宁可错杀也不可放过的底线也被佞臣摸透并加以利用。比如严嵩虽然失势,但并没有被处死,其子严世蕃本来也不至于被处死,但被反对派向嘉靖帝重点弹劾其通倭寇、图谋不轨,触及嘉靖帝的底线,因此父子二人最后落得被处死的下场。

康熙帝和乾隆帝更是不用说,虽然没有明显的大错,但晚年也出现昏聩的情况。康熙晚年还出现九子夺嫡的情况,甚至都不再立储君,说好听点是过度宽仁,说不好听就是政治上过度流于放纵。因此,官僚们把握住康熙帝的心理,趁机大贪特贪,从而使得清朝吏治败坏。乾隆帝晚年则好大喜功并大兴土木,使得国库空虚,贪腐之风大肆盛行,最终使得清朝开始由盛转衰,比如爆发于嘉庆元年(1796年)的白莲教起义,实际上就是当时已经成为太上皇的乾隆帝一手酿成的。

出现如此情况,有一个关键的原因在于,皇帝长期处于一个"谎言"的世界中。身为九五之尊,皇帝身边永远不缺阿谀奉承之人,即使一开始可以识破那些阿谀奉承的话语,清醒认识到自己的不足之处,但绝不可能杜绝身边的阿谀奉承。随着年岁增长,日渐月染下,皇帝的判断力也逐渐下降,会对谀词谄言习以为常。皇帝长期处于这种"谎言"的世界中,甚至时间长了,了解不到实际的情况,往往会真的以为自己英明神武并且无往而不利,那样又怎么可能不犯下错误?

雍正帝驾崩时是五十八岁。根据《清世宗实录》记载,他在雍正八年(1730年)时生了一场大病,差点死去,并且差点要交代后事,自此他的人生观开始改变。他开始痴迷于丹药,以至于晚年僧侣和道士借雍正帝的宠幸横行地方,并且雍正帝也开始了一定程度的怠政,这已经说明雍正帝出现了晚年昏聩的情况。在这种情况下,如果他的在位时间再长一些,那么很容易就会犯错。雍正帝是真正意义上的第一位独裁皇帝,没有相应制约皇权的臣权,也就意味着"清醒剂"缺失,这样固然可以使皇帝正确的政策迅速贯彻下去,但也同样可以使皇帝错误的政策迅速贯彻下去，而且还会被无限放大，乃至愈演愈烈进而掀起弥天大祸。因此，雍正帝在位十三年，对他来说也是一种幸运，戛然而止的退场避免了将晚节不保的遗憾，体面收场。

这也是帝制家天下的弊端之一，皇权的唯一性使皇帝往往做不到提前退位。赵武灵王就是血淋淋的例子，他想专注于军事，所以让位于次子赵惠文王，结果因为不在王位之上，所以慢慢失去了大权。赵武灵王不甘心自己的权力被架空，于是又扶持长子赵章，结果引发内乱，自己反落得活活饿死的下场。因此，皇帝往往只能老死于皇位之上，鲜少有提前禅位者。即使有禅位的情况，要么像玄武门之变后的唐高祖李渊那般被架空，无奈地成为没有权力的太上皇。要么像宋高宗和乾隆帝这种情况，禅位以后依旧拥有实权，甚至乾隆帝拥有全部实权，等于实际上并没有退位。

在这种情况下，古代的皇帝很难避免年老昏聩的情况，加之没有相应的纠错机构，付出的代价是整个国家一起承担。大权都在皇帝之手，等于整个王朝的命运都在皇帝一人身上。皇帝雄才大略，那么王朝自然会突飞猛进，国力如日中天；皇帝若是懦弱无能，或是晚年昏聩，在位时间再长的话，国家自然会快速衰败下去。一代人的错误，往往需要后面两三代乃至几代人来纠正和弥补，而且前提还是之后几任继承者都不会犯错误，方可继续纠正下去，不然王朝只会继续朝着黑暗的深渊滑落。

第三章 | 皇权的巅峰

盛世与武功

拥有多副面孔的乾隆帝

雍正十三年（1735年）九月初三，乾隆帝继位，时年二十五岁。乾隆帝在位六十年，他禅位后又训政三年，实际行使最高权力长达六十三年零四个月，是清朝乃至中国历史上实际在位时间最长的皇帝。

有着父亲和祖父两代人打下的良好基础，尤其是父亲雍正帝创建完成了独裁体制，乾隆帝时代的清朝步入巅峰，加之漫长的在位时间，乾隆帝可以说是中国历史上最幸运也是拥有实权最大的天子。乾隆帝是一位很复杂的皇帝，他拥有着多副面孔：政治机器（为了集中皇权，无一不防范，方方面面都想控制）、盛世明君（多次减免地方赋税，并大规模开疆拓土）、败家天子（在位后期清朝由盛转衰）、好战者（十全武功）、焚书者（四库毁书）、诗人（作诗四万多首）等。

乾隆帝十分崇拜祖父康熙帝，处处效仿康熙帝。诸如康熙帝开博学鸿儒科，乾隆帝便开博学鸿词科。康熙帝六次巡视江南，乾隆帝亦六下江南。甚至根据

《清高宗实录》记载，在乾隆六十年（1795年）九月，八十六岁的乾隆帝立皇十五子嘉亲王颙琰为皇太子，并宣布明年禅位于颙琰，提及原因，乾隆帝说是因为祖父康熙帝在位六十一年，登基之初，乾隆帝"即焚香默祷上天，若蒙眷佑，得在位六十年，即当传位嗣子，不敢上同皇祖纪元六十一载之数，其时亦未计及寿登八旬有六也"。意思是乾隆帝焚香祈祷上天，说如果能得到上天保佑，可以在位六十年，那他便将皇位传给儿子，因为他不敢与祖父康熙帝同样在位六十一年，所以在位六十年传位以示对康熙帝的尊重。当时乾隆帝也没想到自己会活到八十六岁这样的高寿。

虽然乾隆帝处处效仿祖父康熙帝，但他骨子里却是如父亲雍正帝那般严苛，并非真正的宽仁之主。像乾隆十四年（1749年）在大小金川之役中，川陕总督张广泗和大学士讷亲二人先后指挥失利，并且互相推诿，乾隆帝一怒之下将这两位重臣处死。而且更加残忍的是，根据《清高宗实录》记载，乾隆帝还下令取出讷亲的祖父即清初四大辅政大臣之一的遏必隆的遗刀，用来斩杀讷亲，并将地点选于军营营门，让将士们共同见证，以起到警示作用。

乾隆帝虽然有像父亲雍正帝的地方，诸如严苛，甚至是有过之而无不及，但他骨子里并不认可父亲雍正帝。雍正帝不重视民族出身，认为有能力者便可重用，不论此人是汉族还是满族。但在乾隆帝的统治下，"满洲本位"是首要并且是最为重要的，因此继位以后他努力恢复满洲的语言、骑射、狩猎等传统，并且提高满洲大臣的地位，对于汉大臣则以抑制为主。雍正帝出于务实精神，喜欢任用干练的技术官僚，不问出身。乾隆帝则有一种自命不凡的贵族精神，不只侧重于提高满洲大臣的地位，对大臣的任用也偏好有品位的文人雅士，而这类人往往是雍正帝所不喜欢的科甲出身。至于雍正帝宠信的李卫和田文镜，乾隆帝对他们评价也不高，可以看出父子二人在用人上有着明显的区别。

打一个不恰当的比喻，乾隆帝是一个外在穿着祖父康熙帝宽容的儒袍，内心却装着父亲雍正帝严苛理念的人。乾隆帝一手拿着书，一手拿着剑，似乎又说明在他的大脑中，隐藏着另一个真实的自我。乾隆帝在某些方面比康熙帝更加宽大，在某些方面又比雍正帝更加强势和霸道，同时他还用文化成果来展示着自己的文学素养。

重走旧路的继承者

乾隆帝与父亲雍正帝最大的不同在于，乾隆帝不是一位雄心勃勃的改革者，而是一位重走旧路的继承者。他走的是祖父康熙帝的路，走的是之前历代皇帝的路。

对雍正帝来说，独裁皇帝才是最大也是唯一的特权阶级，对其他的精英阶级不必像之前历朝历代那般合作，而是将他们当作工具人即可，所以雍正帝的改革就有了摊丁入亩和官绅一体当差、一体纳粮这样的举措。

乾隆帝并不认可雍正帝的理念。他没有经历过九子夺嫡的残酷竞争，也没有经历过康熙末年流于放纵的政治环境，只是经历过在父亲雍正帝大刀阔斧的改革下，反遭精英阶层或明或暗的各种反对的情况。乾隆帝看到了新政的弊端，感受到雍正帝是真正的"孤家寡人"，因此在传统帝王心术教育熏陶下的他并不认为雍正帝的改革会真正成功。对于乾隆帝来说，回到之前的轨道，与精英阶层合作，自己则作为主导而给予对方一定特权，双方再各取所需，这才是正道。

乾隆帝继位后，立即召回他的师傅大学士朱轼。在雍正帝晚年，朱轼是对雍正帝严厉的改革措施极为不满的大臣之一。可能就是因为如此，朱轼虽然是大学士，但并没有在雍正后期进入权力核心，反而因为曾巡抚浙江，被雍正帝以他熟悉地方为由，派他去浙江负责海塘工程，这样更远离了权力中心。乾隆帝在刚刚继位的过渡期，便召回反对雍正帝政策的师傅，其意图已经很明显。不过朱轼并没有发挥太大作用，于乾隆元年（1736年）便去世了，享年七十二岁。

在登基的当月，也就是雍正十三年（1735年）九月，乾隆帝便开始变更父亲雍正帝的改革措施。根据《清高宗实录》记载，对雍正帝严厉清查亏空政策的行为，乾隆帝予以宽大处理，规定"从前江南积欠钱粮内，曾有官侵吏蚀二项，乃从民欠中分出者，比时差往大臣官员，办理原不妥协，亦着照民欠例宽免"。他宽免了亏欠未还完的官员，相当于拉拢了这部分官员，并且以此向官僚集团展示自己的宽仁之心。

乾隆元年（1736年）二月，乾隆帝对于父亲雍正帝的官绅一体当差、一体纳粮政策也进行了改变，下令禁派士绅和生员杂差，并且规定以后举人、贡生以及生员等一概免派杂差，要使其专心学业。同时乾隆帝还大力提高儒生的地位，认为具有书生气难能可贵，并说自己也是一介书生，等于是与知识分子阶层和解，采取了雍正帝之前历代皇帝的政策，即朝廷与地方精英阶级合作的政策。

乾隆帝虽然又走到了旧轨道上，但并不意味着他是一位庸主，相反他很精明。诸如在无形的文化疆域，乾隆帝可谓恩威并施。一方面有着父亲雍正帝打下的"基础"，乾隆帝选择善待知识分子阶层，使得长期不认可清朝统治的知识分子阶层开始认可清朝统治，而知识分子阶层的认可也意味着清朝在社会的基础统治进一步扎实；一方面乾隆帝进一步扩大文字狱的打击范围，使得知识分子阶层噤若寒蝉，在源头上切断了反清思想的扩散和传承。在这种情况下，清朝统治阶级"外来者"这一身份越来越模糊，统治也开始深入人心。

乾隆帝也有像父亲雍正帝的一面。雍正帝体恤百姓，颁行政策以尽量避免官僚集团对百姓进行剥削，乾隆帝出于稳定社会的考虑，也很体恤百姓，早年颁布了一系列的减免赋税的政策。根据《清高宗实录》记载，在继位当月，乾隆帝便下令："朕即位以来，加意黎元，抚绥备至，叠沛恩膏，业将雍正十二年以前各省民欠钱粮悉行蠲免。"之后还多次进行地区性蠲免。乾隆二年（1737年）四月，针对直隶省和山东省雨水严重不足导致庄稼减产甚至颗粒无收的情况，乾隆帝将免除直隶省当年应征收的地丁钱粮七十万两，免除山东省当年应征收的地丁钱粮一百万两。直到随着一系列军事行为导致军费节节上升以后，大规模的减免才停止。不过即使如此，根据乾隆帝遗诏中回忆："保赤子普免天下钱粮者五，漕粮者三，积欠者再间遇水旱偏灾蠲赈并施不下亿万。"他免去了巨额的钱粮，在当时通货膨胀的时代背景下，此举大为缓和了通货膨胀对百姓的冲击，极大稳定了社会秩序。

与精英阶层合作、善待知识分子阶层、进一步扩大文字狱的打击范围并且体恤百姓，进行大规模的赋税减免，力图营造一个稳定的社会，从乾隆帝的一系列做法来看，乾隆帝是想在一个稳定的环境中，通过文字狱等精神控制，按照自己的想法来引导塑造当时的臣民。乾隆帝力求左右皇帝之下的一切臣民的道德观念和行为，并且使得他们彼此不信任而无法真正联合起来，从而在朝廷上形成不了朋党，在地方上形成不了威胁朝廷的势力。总而言之，乾隆帝想如父亲雍正帝那般，要做最大的独裁皇帝，只不过他换了一种方式，他与精英阶层再度合作，要求精英阶层配合自己来进行改造，完成对整个社会的真正深化控制，以此巩固和延长清朝的统治。

乾隆帝的野心很大，虽然他没有沿着父亲雍正帝的改革路线继续改革，而是回到了之前的旧轨，但他深谙帝王心术的政治能力是毋庸置疑的。乾隆朝早期有两位举足轻重的大臣，汉大臣以张廷玉为首，满大臣以鄂尔泰为首，这两位大学士是雍正帝的心腹大臣，亦是雍正帝留给乾隆帝的顾命大臣。这二人分别成为汉大臣的领袖和满大臣的领袖，并且彼此相斗。雍正帝之所以将心腹大臣张廷玉和鄂尔泰作为乾隆帝的顾命大臣，想必是想要以此保证自己的改革可以实施下去。换言之，张廷玉和鄂尔泰是乾隆帝放弃雍正帝的改革成果并且彻底亲政的潜在反对势力。面对这一情况，乾隆帝并没有采取拉一派打一派的做法，而是同时打压二人，消灭了朋党再现的萌芽。鄂尔泰于乾隆十年（1745年）病逝，使得张廷玉有着一家独大之势，加之张廷玉身为汉大臣领袖，在双重因素作用下屡遭乾隆帝打压。

乾隆十四年（1749年），在退休请求终于得到乾隆帝批准之后，张廷玉竟然不满足，还要求乾隆帝写下保证他将来可以配享太庙的手诏，乾隆帝不高兴地写下之后，张廷玉本来应该亲自进宫谢恩，也在谢恩折子上写了要"泥首阙廷"①，结果只派儿子张若澄入宫向乾隆帝谢恩，这使乾隆帝非常恼火，要传旨让张廷玉说清楚为什么不亲自进宫谢恩，没承想在军机处任职的张廷玉的学生汪由敦提前将此消息透露给恩师。张廷玉心急之下，不等旨意下达，在次日黎明便进宫谢恩。因此，乾隆帝大怒，将汪由敦革去协办大学士和尚书衔，命其在尚书任上赎罪。张廷玉则被乾隆帝削去伯爵，以大学士原衔休致，不过他并没有被剥夺享太庙的资格。

乾隆十五年（1750年），皇长子永璜去世。初祭刚过，曾经教导过永璜的张廷玉便迫不及待地再次请求归乡。这次彻底激怒了乾隆帝，于是乾隆帝剥夺了张廷玉享太庙的资格。之后乾隆帝要追缴之前御赐给张廷玉的物件，内务府总管德保前去收缴，将张廷玉抄家。还好，张廷玉家中并没有查到对乾隆帝有怨言的内容，所以乾隆帝将御赐物件之外的东西全部退还。经此审查，虽然张廷玉之后晚景凄凉，但乾隆帝也算放他一马，使他可以安心在家度过晚年。乾隆二十年（1755年），张廷玉在家中逝去。乾隆帝以遵父亲雍正帝遗诏为由，让张廷玉仍享太庙。

乾隆帝之所以可以将朋党之势掐灭，一方面是因为他的政治手腕很强，另一方面在于雍正帝给他留下了一个健全的独裁体制，掌握政治上的最终决定权。正因为如此，在改变原有的施政方针时，张廷玉和鄂尔泰并没有反对，因为他们清楚反对是无效的，而且雍正式的改革只有雍正帝才可以实施下去，乾隆帝很明显实施不了，也没有兴趣继续实施。

乾隆帝上位之初标榜宽大，他实施的也的确是宽仁之政，但并非代表其性格宽仁。乾隆帝之所以施政宽仁，实际上是因为雍正帝建立了秘密立储制度且打压限制皇子的权力，使乾隆帝在继位之前并没有培养出自己的势力和班底。虽然乾隆帝继位以后有独裁体制的加持，但毕竟根基不稳，所以要树立宽仁的形象，以此广泛拉拢官僚集团。

---

① 意思要进宫磕头谢恩，头磕到地上，自然就沾上了泥巴。

第三章 | 皇权的巅峰

对父亲雍正帝留下的有利于皇权集中的改革，乾隆帝并没有抛弃，而是加以改进。乾隆帝在继位之初撤销军机处后，又于乾隆二年（1737年）再度恢复并开始完善军机处的各项制度，扩大军机处工作范围。军机处开始处理全国事务，最终彻底超越内阁，成为处理全国政务的中枢机构。不过即使如此，乾隆帝也依旧未设专官和专立衙署，从军机大臣到军机章京皆为兼职，说白了这只是一个传达皇帝命令的秘书班子，所以军机处的权限增大并不意味着这个机构的权力增大，而是意味着乾隆帝的个人权力的增大。在雍正帝奠定的基础上，乾隆帝将皇权扩充至极限，这是专制王朝中皇权的巅峰。

乾隆十三年，坐稳皇位并且权力大增的乾隆帝，由于发妻孝贤纯皇后之死，开始展现出自己严苛的一面。乾隆帝与孝贤纯皇后感情极深，从乾隆帝将其谥号定为"孝贤"就可见一斑，孝贤纯皇后为乾隆帝生下了嫡长子永琏。由于清朝入关以后的四位皇帝均为庶出，乾隆帝又想要完成祖父康熙帝没有实施成功的嫡长子继承制度，便于乾隆元年（1736年）将永琏密定为皇太子。乾隆三年（1738年）十二月，永琏因病夭折，年仅九岁，乾隆帝极为悲伤。乾隆十一年（1746年）四月，孝贤纯皇后又生下嫡次子永琮，乾隆有意立其为皇太子，不过乾隆十二年（1747年）十二月，永琮夭折。乾隆十三年（1748年）三月，深受丧子之痛打击的孝贤纯皇后病逝。

接连遭受丧子和丧妻之痛的乾隆帝开始变得暴躁起来。根据《清高宗实录》记载，对在百日内剃头和没有奏请赴京叩谒皇后梓宫的官员，乾隆帝对其进行了严厉的惩罚，共有上百名大臣受到处罚，甚至一些大臣还因此丢了性命。乾隆帝自感没有得到官员足够的尊重，甚至认为一些官员互相勾结，因此大为愤怒。他认为自己所谓的宽仁并不能获得官僚集团的真正爱护，从此御下作风从宽仁转为严苛。

整体来说，乾隆帝的大体路线是与精英阶层合作，而他的政策也的确是拉拢精英阶层，即使之后开始严苛起来，也只是在某种情况下才暴躁严厉，或者是因为某一事件触怒于他而导致，并不像他父亲雍正帝那般对官僚集团是全面的严苛。对以官僚集团为代表的精英阶层，乾隆帝整体还是优待的。乾隆帝旨在维护精英阶层的利益，本质上还是秉持着祖父康熙帝宽仁治国的理念，只不过在具体实施过程中难免会受性格中的严苛影响。

正因为如此，乾隆帝的政治道路实际上是乏善可陈的，是之前旧轨道模式下的重复，是祖父康熙帝政治道路的重复。从乾隆中期开始，吏治腐败越来越严重，官商开始合流，双方一方获取利益，一方将触手伸到朝廷中，政治废弛到一塌糊涂，这个表面辉煌的王朝内部开始千疮百孔。雍正帝亲手将被蛀虫腐蚀的梁柱更换下来后，新的梁柱被乾隆帝亲手培养的蛀虫腐蚀，所以倒塌成为时间问题，而之后清朝的发展自然是倒塌之前的风雨飘摇。

乾隆帝的"公平"

乾隆帝虽然在政治上乏善可陈，但在军事上却有着一番作为，将清朝的疆域扩至巅峰，奠定了现代中国的版图。

乾隆帝骨子里拥有好战的基因，并且他的虚荣心很强。因此，乾隆帝进行了一系列军事活动，并于乾隆五十七年（1792年）撰写《御制十全记》，记述自己一生的"十全武功"，自诩为"十全老人"。

所谓的"十全武功"的说法，多有夸大之处，但并非名不副实。乾隆十二年（1747年）至乾隆十四年（1749年）的第一次大小金川之战，乾隆三十六年（1771年）至乾隆四十一年（1776年）的第二次大小金川之战，乾隆五十一年（1786年）至乾隆五十三年（1788年）的台湾林爽文事件，乾隆帝这三次武功是为了平定王朝内部的叛乱和起义。乾隆三十年（1765年）至乾隆三十四年（1769年）的清缅战争和乾隆五十三年（1788年）至乾隆五十四年（1789年）的安南之役，清朝实际上并没有获得真正胜利，只不过由于对方深知清朝国力雄厚，与清朝难以展开持久战，因此通过谈判结束了战争。

乾隆五十五年（1790年）至乾隆五十七年（1792年），清朝两次取得廓尔喀（今尼泊尔）之役的胜利。乾隆五十七年（1792年）五月，清军收复擦木和济咙，并且一鼓作气越过喜马拉雅山，攻入廓尔喀境内，最后兵临廓尔喀首都阳布（今尼泊尔首都加德满都）。廓尔喀最后称臣请降，成为清朝的属国。此举不只巩固了清朝边境，更巩固了清朝对西藏的统治。

乾隆二十年（1755年），清朝平定准噶尔达瓦齐部之战。紧接着，乾隆二十年（1755年）至乾隆二十二年（1757年），清朝平定阿睦尔撒纳之战。随后，乾隆二十三年（1758年）至乾隆二十四年（1759年），清朝平定大小和卓之乱。这三次战役才可谓是真正的武功，是真正的开疆拓土。乾隆帝最终收复了新疆，使得清朝的疆域达到巅峰。

在一系列战事中，为了维持"满洲本位"，乾隆帝可谓煞费苦心。他不只致力于提升满洲八旗军队的战斗力，还将诸多满洲贵族调遣至前线征战，并以满洲贵族作为统帅。对于忠实执行政策的将领，乾隆帝也表现出应有的担当。从乾隆二十三年（1758年）平定大小和卓叛乱的关键一役黑水营之围，便可以看出乾隆帝的行事风格。当时清军的统帅为雍正帝的生母孝恭仁皇后乌雅氏的族孙兆惠，兆惠所部当时被小和卓霍集占率部围困，差点全军覆没。兆惠靠强悍的战斗力和运气苦守两月有余才等到援军到来，并且反败为胜。差点全军覆没的主要原因在于乾隆帝不断催促，没有准备妥当的兆惠只能率领几千兵马出征，被围困后兆惠只能将责任都归于自身。大臣不敢指责乾隆帝，只能纷纷指责兆惠，根据《清高宗实录》记载，这时乾隆帝展现出他的担当，没有甩锅于兆惠，而是说道："向来之轻视逆回乃朕之误，又何忍以安进轻敌，为兆惠之责乎？"公开表态是由于自己的错误才导致兆惠被围困，这份担当是很多皇帝都做不到的，如此表态也自然使得大臣更尽心替他办事。也可以看出，乾隆帝继承了父亲雍正帝的独裁皇帝的心态，只要大臣忠实执行皇帝的命令，即使出了问题也不会让大臣背锅担责。

乾隆帝还绘制功臣画像悬挂于紫光阁中，以这种方式表彰功臣和宣扬自己的"十全武功"。对于有错的将领，乾隆帝动辄降职乃至赐死。之所以如此，是因为虽然清朝前期战争不断,但至乾隆朝国内并没有大规模战争,可以说是承平日久,满洲将士都过惯了安逸的日子,对战争并不是那么热衷,所以乾隆帝依靠奖赏和惩罚都大大增加的方式以激起将士们的斗志,这也的确收到了良好的效果。

乾隆朝或者说清朝用人还有一个风格,那便是文和武的界限并不是那么明显。清朝皇帝选官往往不分文武大臣,并非专以文臣或武臣任用,这就使得很多大臣能文能武。名将兆惠长期在户部任职,之后却领兵作战,在清朝收复新疆的过程中立下了赫赫战功。在度过最艰难的黑水营之围并且平定大小和卓叛乱后,兆惠回京就再没有领兵作战过,而是继续从事文职工作。在乾隆帝登基后,乾隆帝发妻孝贤纯皇后之弟傅恒仕途进入快车道,他担任保和殿大学士和领班军机大臣。按照之前王朝惯例,身为中枢重臣,一般不会被派至前线领兵作战,但傅恒先后署理川陕总督,经略金川军务。在朝廷征缅甸战事不顺利之时,又被派往前线统领大军作战,最后因在前线染上瘴疠之疾而病逝。

文武兼用的情况以满洲大臣为主,雍正朝还有八旗汉军出身的年羹尧和汉将岳钟琪大放异彩。到了乾隆朝,出于维护"满洲本位"的思想和对汉臣有所提防的心态,乾隆帝派往前线领兵作战的大臣基本上都是满洲大臣。直到晚清,随着太平天国运动兴起,汉人精英全面崛起,这种情况才得到根本性改变。整体来说,清朝很多大臣在皇帝的文武兼用之下,既可以经营地方和领兵作战,又可以进入中枢辅佐皇帝处理政务。因此,很多进入中枢的重臣并非纯粹的文臣,他们不只了解地方情况,对军务亦是精通,所以他们很难被地方官员蒙蔽。文武兼用的任官风格十分有利于朝廷统治地方,也是清朝任用官员的一大闪光点。

第三章 | 皇权的巅峰

边疆政策

满、汉、蒙、藏、维吾尔族五大族的皇帝

拥有多副面孔并且亲手将清朝推向盛世又推向衰落的乾隆帝,在今天的评价并不高,或者说褒贬不一。不过若提到收复新疆的功绩,确实可成为他的一大加分项。

事实上,乾隆帝趁着准噶尔部内乱将其消灭,并且准备在当地恢复王朝统治之时,大学士刘统勋和曾在西北担任甘肃巡抚、陕西巡抚和陕甘总督的大臣陈宏谋等汉大臣认为没必要占据地域辽阔的新疆,理由是大草原上的民族传统上不会对本土构成威胁,并且认为在辽阔的疆域建立统治是劳民伤财之举。在乾隆二十五年(1760年)的廷试中,他们还精心设计对策问,似是而非地谴责战事是徒劳无功和劳民伤财的。根据《清高宗实录》记载,面对这一"指桑骂槐"的情况,乾隆帝亲自出面回应:

> 今岁廷试,有条对策问,以古之屯田为劳民,今之屯田,劳民正所以惠

民者，新进摭拾陈言，不悉实政，固不足怪。然现在新疆垦种，实无一劳民之事，以书升论秀者，尚不免形诸廷对，何况蚩蚩无识之徒，以讹传讹，伊于胡底，故有不得不明白宣示者。西陲戡定，回部悉平，朕之初念，岂务为好大喜功。今亦不过辑其旧部，复其本业而已，又安肯转事劳民动众……则甘肃等处无业贫民，前赴营生耕作，污莱辟而就食多，于国家牧民本图，大有裨益。夫利之所在，虽禁之而不能止，民可使由，不可使知，将来亦徐观其效而已，朕又何所为而先事劳之？前此武功告成，不过偏师尝试之。而好议者或云黩武，今办理屯种，亦只因地制宜之举。而无识者又疑劳民，朕实不解，且付之不必解，而天下后世，自有公论耳。

乾隆帝的意思是如今新疆开垦种地并没有出现任何劳民的事情，自己也并非好大喜功之人，只不过是想要聚集回族旧部，令其安居乐业，并没有劳民伤财。而且甘肃等处的无业贫民还可以前往新疆开垦荒地，这些都是好事情，可以以观后效如何。之前可以收回新疆，也只是少数军队尝试，并非举国之兵出征，而好事者非要说这是穷兵黩武之举，如今自己实施屯种政策，也只是因地制宜之举，不懂之人又说这是劳民的举动，自己实在是不理解，也不想理解，以后后世之人自然会对收回新疆这件事做出公正的评价。

在做出解释并表明自己的态度后，乾隆帝继续推行管理新疆的政策，之所以如此，是因为乾隆帝延续了之前皇帝的主动防御性政策。王朝开疆拓土的动力往往就那么几点，或是农耕文明对于肥沃土地的渴望，或是有着巨大经济利益的驱使，或是面对强敌主动出击、以攻代守也就是主动防御。

在汉唐时代，朝廷在新疆设置管理机构，主要是因为当时陆上丝绸之路可以为王朝带来巨大的经济收益，所以王朝需要加强管理。而自宋朝开始，随着版图的缩小，北宋无法控制河西走廊，南宋更是只剩下南方的半壁江山，因此海上丝绸之路兴起，陆上丝绸之路开始快速衰落。自唐朝之后，历代朝廷对新疆的管理大大减弱。元朝时，新疆大部属于察合台汗国。明朝时，哈密卫曾大致管理过新疆东部，但是并没有持续太长时间。

清朝入关后，随着准噶尔部的崛起，在巅峰时期也就是康熙帝时期，准噶尔部建立的准噶尔汗国可谓中亚一霸，并且一度威胁到清朝的统治。在这种情况下，清朝自康熙帝开始，三代皇帝自然不遗余力地打击准噶尔部。

乾隆帝平定大小和卓之乱后，为保持长治久安，加强了对新疆的管理，也因此完成了多民族国家统一的最后一步，乾隆帝也成为满、汉、蒙、藏、维吾尔族五大族的皇帝。

乾隆帝对于新疆的开发，可以大致归为三点。一是利用新疆地广的优势缓解清朝人口增长的压力。随着准噶尔部被平定，辽阔的新疆成为开垦荒地的天堂，而人口激增之下，无地农民也越来越多，因此陕甘一带的无地农民为了生计开始移居新疆。二是新疆成为流放之地，多位朝廷高官被贬谪于此。三是有心维护"满洲本位"的乾隆帝将地广人稀的新疆作为一个理想的试验场。乾隆三十年（1765年），乾隆帝下令驻防伊犁的满洲八旗高官只准说满语，不准再说汉语。由于伊犁地处偏远且并非传统汉人的居住地，乾隆帝此举自然收到很好的效果，满语在当地很好地传承了下去。

藩部的管理

清朝的实际统治疆域可谓历代之最。对于辽阔疆域的统治方法，清朝统治者因地制宜地采取了不同的统治策略。

在传统汉地，清朝统治者采取直辖的政策，并以明朝制度为蓝本，以传统王朝的行政模式进行管理，并且加以改进。诸如明朝的总督和巡抚只是临时派遣到地方处理政务，到了清朝则开始作为地方军政长官常设化，并且形成定制。在关外，清朝统治者则进行严密的军事管理，并且在很长时间内禁止汉人前往关外，对这块祖地进行了严密保护。

蒙古、西藏、青海、新疆等地则被称为藩部，清朝统治者对其进行间接管理。藩部由理藩院负责管理，清朝统治者根据地方特色给予藩部一定自治权，再以要害之地驻扎军队，以防止有变。乾隆五十八年（1793年）颁布《钦定西藏章程》，驻藏大臣的地位进一步提高，与达赖和班禅共同处理西藏政务，军事和外交则由驻藏大臣负责处理。其他地区则没有诸如西藏达赖和班禅那样影响力巨大的存在来负责地方政务，因此由朝廷派遣将军、办事大臣、都统等官员率军驻扎当地进行监督管理。喀尔喀蒙古有库伦办事大臣，新疆西北部驻有伊犁将军，新疆南部则驻有喀什噶尔参赞大臣。

藩部中，朝廷的统治在漠南蒙古最为稳定，原因在于，自关外时期开始双方便进行满蒙贵族联姻，入关以后漠南蒙古更是有着自己世袭罔替的王爵传递体系，并且持续与皇室联姻。漠南蒙古王爵与皇室联姻的子孙后代也可以一定程度上享受特殊待遇，可以从小便入宫在御前大臣处行走，可以担任要职，可以进入清朝的权力核心，可以统领军队。这样的特殊待遇是其他藩部所没有的，清廷不会给予他们如此高的待遇和信任。像晚清名将僧格林沁，他是科尔沁多罗郡王索特纳木多布济与庄敬和硕公主的继子，从小就进入宫中，奉命在御前行走，屡屡被道光帝赏赐，二十三岁时便是正一品大员，此后更是率领军队四处出征，直到战死，在当时起到一定的力挽狂澜作用。

由于藏传佛教在蒙古、西藏、青海、准噶尔等地区广泛传播，因此清朝统治者对其采取了怀柔政策。诸如清朝收复青海之后彻底取代蒙古成为达赖喇嘛的"保护者"，并且进行了一系列的宗教保护行动。

自康熙帝开始，皇帝前往避暑山庄，在蒙古风格的营帐之中接见蒙古王公，以此笼络蒙古人心。乾隆帝在此基础上，于避暑山庄的周围山峰之上兴建了多座寺院。诸如仿照达赖喇嘛居所布达拉宫兴建的普陀宗乘之庙，有着"小布达拉宫"之称，还有仿照班禅居所扎什伦布寺兴建的须弥福寿庙以及仿照伊犁固尔扎庙兴建的安远庙，以此展现皇帝对藩部的关怀和重视。乾隆帝将避暑山庄打造为笼络藩部人心之地，成为多民族文化汇聚的中心，并且一直持续到晚清时代。

第三章 | 皇权的巅峰

《四库全书》与考据学的兴起

　　乾隆帝是一个极其矛盾的人。他维护"满洲本位",但又崇尚汉文化。他在军事和文化上都想突出自己的独一无二,并且试图控制方方面面,诸如想控制无形的文化疆域。

　　乾隆帝继位后与知识分子阶层进行了和解。他提高知识分子地位,还有另一重用意就在于,他想通过知识分子来协助自己完成文化上的巨大成就,以在文化史上留下乾隆盛世的鼎盛印记,他甚至想要超越之前任何一位皇帝的文化成就。乾隆朝最大的文化成就莫过于《四库全书》,这部丛书耗时十三年才修成。善于展现自己的乾隆帝,并没有在名字上效仿祖父康熙帝时代所修的《康熙字典》,没有取名为《乾隆盛典》之类高大上的名字,而是因为这部巨作分为经、史、子、集四部,所以中规中矩地取名为《四库全书》。该书共收录书籍三千五百余种,近八万卷,共计三万余册,可谓中国古代最大的文化工程,对中国古典文化进行了最系统和最全面的总结,是中国古代规模最大的丛书。

　　《四库全书》看似是文化史上的巨大成就,但背后的动机并不纯粹,因为修书和毁书是同步进行的。根据当代学者黄爱平的《四库全书纂修研究》统计,修书期间有三千余种作品被焚毁,与所收录种类数目接近,在全国范围内共毁掉

151725部书，这实际上可以说是乾隆帝借纂修之名行文字清查之实。乾隆帝对收藏或出版禁书的人也处以极刑，可谓文化史上的一次浩劫。

汉学素养极高的乾隆帝对汉人攘夷思想心中了然。即使清朝当时已经入关一百多年，且已经处于盛世之中，并且很多汉人知识分子通过诗歌等作品称赞清朝，但深谙人性的乾隆帝根本不信这些汉人知识分子真正认可清朝的统治。准确来说，他之前的雍正帝和康熙帝亦是如此，所以就有了愈演愈烈的文字狱。乾隆帝借着修书的名义来对全国的书籍进行检查，如果有攘夷思想的书籍，有关内容极少的话就进行修订；如果攘夷思想内容较多或是书籍具有反清思想，那么就列为禁书并进行焚毁。乾隆帝想要在无形的文化疆域之中，进行一次全面的思想清理。

乾隆帝还以这项庞大的文化工程来吸引汉人知识分子参与进去，使得他们的精力转移到学术研究之中，而非批评时政或者宣传攘夷和反清思想，并使其心甘情愿地参与到焚毁行动之中，从而在精神上对其进行压制。而大规模的毁书行动，对于其他不安分的知识分子也起到了震慑作用。

再结合乾隆时期进一步扩大文字狱范围以进行严格的言论管控而使反清思想无法传播来看，乾隆帝对政治文化信息进行了全面的控制。纂修《四库全书》的同时进行毁书，使得知识分子接受不到之前反清思想的书籍资料，攘夷思想也没有了市场，文字狱则控制着言论传播。乾隆帝全面切断了不利于清朝统治的信息传递，是想变相地改变过去的文化历史。朝廷的宣传信息或者其认可的书籍史料成为世人了解政治文化信息的唯一渠道，以此强化了清朝的统治基础。

乾隆帝在位期间，经学上唯心的阳明学开始衰落，实证的考据学开始兴起。之所以如此，一方面是明末清初之际，西方传教士将天文、历学、数学等西方科学知识引入中国，这些学科的实证主义研究方法也一定程度上对知识分子产生了影响；一方面是在纂修《四库全书》期间，知识分子需要进行大量文献考证研究，因此带动了考据学的发展。当然更深层次的原因在于，残酷的文字狱使得知识分子噤若寒蝉，使他们在思想上被包裹了一层无形的禁锢，知识分子不敢提出新的观点，不敢推出新的文化成果，甚至创作之时都是小心翼翼的，生怕写出类似"清风不识字，何故乱翻书"的字句而被扭曲成为具有反清思想的典型。在这种情况下，对古籍加以整理、校勘、注疏、辑佚等的考据学自然是最为安全的。

考据学的实证主义，本来是通过考证古代文献，对古代思想进行全面的梳理和再度突破，进而产生新的实用主义思想，但因为文字狱的酷烈，考据学走向了另一个方向。由于知识分子对传统儒家经典进行了全面的研究和整理，去伪存真，做到了正本清源，于是涌出了一大批考据名家和优秀著述。比如曾在军机处行走的赵翼，他长于史学，考据精赅到位，辞官以后埋头苦读，通过以史证史的方法，对之前历代正史进行全面梳理和反思，并著有多部史学著作，其《廿二史札记》成为清代三大考据学著作之一。到了嘉庆帝时期，考据学进一步完善，并且在史学、地理、历算、金石、书志等领域全面渗透，加快了这些领域的发展，考据学因此达到巅峰，又被称为乾嘉之学。

"冷血的政治机器"

集历代之大成

乾隆四十五年（1780年）八月，乾隆帝在避暑山庄迎来七十岁生日，因为古代皇帝鲜少有寿至七十岁者，像乾隆帝的父亲雍正帝享年五十八岁，祖父康熙帝享年六十九岁，所以乾隆帝洋洋自得。

乾隆六十年（1795年）八月，已经在位六十年的乾隆帝宣布要禅位时，如此自夸道："方今纲纪肃清，外无揽权怙势之臣，内无妇寺偏宠之事，朕亲裁庶政，巨细无遗，宫中府中，皆为一体。虽不明诏立储，实无丝毫流弊。"简单来说，乾隆帝认为清朝的统治已经达至极巅，达到了历代皇帝梦寐以求的大治，皇权的各种威胁已经达到历史上的最低水平，说自己的心态已达到月满无缺的状态。

乾隆帝也的确有资格自傲。清朝自关外兴起至乾隆朝，对皇权威胁最大的也就是入关初期宗室诸王之中的多尔衮，他以摄政之势将顺治帝架空，差点使得清朝帝系转移。正因为如此，之后的清朝皇帝一方面继续加强皇权，一方面将打压宗室诸王和八旗作为日常工作之一。即使雍正朝已经将宗室诸王实权剥夺，并且将八旗国家行政化，但乾隆帝依旧没有松懈，而是继续打压宗室诸王。

乾隆四年（1739年）的弘晳逆案中，根据《清高宗实录》记载，乾隆帝不只将怀有异心的康熙朝废太子胤礽之子理亲王弘晳革去王爵，并圈禁于东果园，又将当时宗室诸王中威望最高的十六叔庄亲王胤禄一同打压，乾隆帝认为他与弘晳等人结党营私。乾隆帝虽然没有革去庄亲王胤禄的王爵，并且命他仍旧管理内务府事，但罚其亲王双俸，胤禄所兼任的议政大臣和理藩院尚书两个职务也均革除。

为了进一步控制宗室诸王，乾隆帝命令宗室诸王不得与臣下往来。乾隆二十八年（1763年）十月，乾隆帝再次打压庄亲王胤禄和宗室诸王中另一位威望较高的諴亲王胤祕（康熙帝第二十四子）。针对当时多有官员称呼二王为太王的情况，乾隆帝唯恐以他们为中心形成威胁皇权的势力，防微杜渐地指责道有卑鄙无耻之徒不以所任职位称呼庄亲王和諴亲王，反而称其为太王，见到了就是长跪请安，实在是不合规矩。因此，乾隆帝下令以后禁止称王为太王，还有凡是诸王贝勒和大臣见到王长跪请安者，就要马上对其参奏，要进行严厉处罚以儆效尤。

除此之外，乾隆帝虽然对两位亲弟弟和亲王弘昼、果亲王弘曕格外优宠，但并不信任和重用他们，只是给他们安排一些不重要的差事，使他们位高而无太多实权。面对乾隆帝有意限制他们的心思，兄弟二人只能各想办法以保全自身。弘昼经常肆意妄为，展现出一副不成熟的放荡行为，并且喜欢在府中提前演习丧礼，做出荒唐的活出丧之举。弘曕的行为也多有放纵，他大肆敛财，甚至强占平民产业。即使如此，乾隆帝也没有放过他们。

乾隆三十八年（1773年）五月，圆明园九州清晏失火，王公大臣都纷纷赶去救火，弘曕住所离得最近却去得最晚，他还和皇子们玩闹并且没有担忧之色，此举令乾隆帝大怒，于是开始追究弘曕的过错。最后乾隆帝以弘曕存在非法追求财货和干预朝政的行为，并且向皇太后请安时弘曕擅自跪坐在乾隆帝平常跪坐的

217

地方这些事为由，将弘瞻革去王爵，降为贝勒。经过此事，弘瞻郁郁寡欢，一病不起，于乾隆三十年（1765年）三月病逝，年仅三十二岁。弘瞻病重期间，乾隆帝还假惺惺地前去安慰他，并且恢复他的郡王爵位。弘昼也因在皇太后面前同样跪坐无礼之事，被乾隆帝罚俸三年，经此打击，弘昼越发颓废，于乾隆三十五年（1770年）七月病逝，享年五十八岁。经过乾隆帝的连番打压，宗室诸王对皇权的威胁已经降至最低。

乾隆帝虽然致力于打压宗室诸王，但他吸取父亲雍正帝的教训，也在一定程度上注重加强宗室团结。诸如前文提到的弘晳逆案，乾隆帝只是将弘晳革爵圈禁至死，至于其他牵连在内的宗室诸王，包括庄亲王胤禄在内，都采取的是宽大的处理方式，乾隆帝将他们处罚之后又多予以任用，从而使得这些宗室诸王都得以善终，并且大为减小了惩罚宗室诸王所造成的不良影响。当然还有个关键在于，当时的皇权已经达到巅峰，乾隆帝有自信对宗室诸王做出宽大处理而不怕动摇其统治，如此张弛有道，对于维护皇权也起到了良好的作用。

对清朝统治威胁次之的外患和权臣，在乾隆朝也不复存在。最大的外患准噶尔部，与清朝缠斗近百年，最终被乾隆帝打败。至于权臣，随着皇权的加强，到了乾隆朝已经没有产生权臣的政治环境。乾隆帝虽然重用外戚，诸如乾隆帝以皇后之弟傅恒为首席军机大臣，并且无比重用傅恒之子福康安，但因为皇权独裁体制的建立，即使外戚被重用也不会出现其成为权臣并且干政之事。

清朝身为最后一个大一统王朝，不只以距离最近的元、明为师，亦以历朝历代为师，最终至乾隆朝时，成为历朝历代的集大成者。皇权达至巅峰，乾隆帝也的确有资格自傲。不过清朝的制度再完善、皇权再强大，也还在封建王朝的框架之内，清朝也只是历朝历代的极限，并没有跳出这个框架。

对皇太后和皇子的严厉防备和限制

很多人认为乾隆帝是一台"冷血的政治机器"，因为乾隆帝对于所有可以威胁到皇权的存在也是最大限度地打压，连自己的母后和皇子都不放过。

乾隆帝虽然对母亲孝圣宪皇后很孝顺，但为了维护皇权和防微杜渐，他在继位之初就下令让皇太后身边之人不得对皇太后透露政务信息，某种程度上来说是对皇太后进行了政治信息封锁，以此防止出现后宫干政的情况。孝圣宪皇后也是长寿之人，病逝于乾隆四十二年（1777年）正月。在几十年间，乾隆帝对母亲孝顺至极，但他的态度也很明显，那便是什么好的都可以给母亲，唯独政事免谈。

对于皇子，康熙帝认为皇子是维护皇权的一部分，因此授予皇子不小的实权，酿成了九子夺嫡的祸端。雍正帝有鉴于此，认为皇子是威胁皇权的存在，因此继位以后大幅度减少皇子们的参政程度。到了乾隆帝，他不只认为皇子是威胁皇权的存在，他还视皇子为"敌人"，乾隆帝对皇子始终严加管束和防范，甚至到了吹毛求疵和残酷的程度。

乾隆十三年（1748年）三月，在发妻孝贤纯皇后病逝以后第一次展现暴怒一面的乾隆帝，不只对上百名大臣进行了或重或轻的处罚。根据《清高宗实录》记载，同年六月，因为在葬礼上皇长子永璜和皇三子永璋不懂礼数，表现得不够哀痛，所以乾隆帝明确剥夺了这二人的继承资格并斥责他们不孝，一锤定音地说"此二人断不可承继大统"。说完以后似乎不解气，还言辞激烈地警告这二位皇子"若不自量各怀异意，日后必至弟兄相杀而后止。与其令伊等弟兄相杀，不如朕为父者杀之。伊等若敢于朕前微露端倪，朕必照今日之旨，显揭其不孝之罪，即行正法"。当时皇长子永璜只有二十岁，皇三子永璋更是不过十四岁，他们年纪尚轻，而且过世的并不是自己的生母，所以表现得并不悲伤。这个行为虽然可气，但乾隆帝因此剥夺他们继承大统的资格，并且说他们如果还心怀异意就杀了他们，这对他们来说无疑是处罚过重。这样做的直接后果是两年以后，一直郁郁寡欢的皇长子永璜于忧惧中病死，可以说是被活活吓死的。

《清高宗实录》之中，有两则乾隆帝要求将皇子过错记下贴于上书房以警示诸皇子的记载。

第一则记载是乾隆三十一年（1766年）五月，乾隆帝见时年七岁的皇十五子永琰所执扇子的题画诗句不错，于是询问得知是时年十五岁的皇十一子永瑆（字镜泉）所写，评道"自属可教"，但乾隆帝认为落款为"兄镜泉"的行为不应该是皇子所为，都是师傅太过书生气所影响的，认为以取别号和取字为美事是一种鄙俗。一心想维护"满洲旧制"的乾隆帝继续说道，皇子应该学习满语和骑射，这才是正道，其他不过是陋习。最后乾隆帝将谕令贴于尚书房，让诸皇子以此"触目警心"。乾隆帝不过是借题发挥罢了。他一方面崇尚汉学，一方面又想维持"满洲本位"，在这种矛盾的心理下，他想要抵制汉俗，让皇子习国书骑射。同时也足以看出乾隆帝是小题大作，甚至可说"微题大作"，皇子折扇题字落款都要管，还引出长篇大论，真是令人哭笑不得。

第二则记载是乾隆三十五年（1770年）五月，皇八子永璇和皇十一子永瑆一起被派往黑龙潭祈雨，结果永璇开了小差，途中私自入城办事。乾隆帝发现以后，认为他"纵不自重"，为了避免长此以往其他皇子"或相习效尤"，分别惩罚了永璇的师傅和教授满语、蒙古语与骑射技术的谙达，并且下令将此事写成谕书贴在尚书房，让皇子朝夕观看，引以为戒。之后，因为永璇的师傅观保和汤先甲没有劝阻永璇，均予革职。

皇长子永璜的长子绵德身为乾隆帝长孙，于乾隆三十七年（1772年）九月袭封多罗定郡王。到了乾隆四十一年（1776年）正月，乾隆帝发现绵德"赏给礼部郎中秦雄褒字画食物，并经相见送礼一节"，因为此举有违宗室诸王不得与大臣结交的规定。为了以儆效尤，乾隆帝将绵德革爵，由其弟绵恩袭爵。秦雄褒则被革职并发往伊犁。

在雍正朝，虽然皇子的参政空间被大幅度削弱，但皇子也拥有一定的权力，像被封为亲王的乾隆帝，在当时可以参与处理平定西北准噶尔叛乱和平定西南贵州苗民起义等军务。到了乾隆朝，皇子不仅封爵较晚，参政的空间也被削弱至最低，只被乾隆帝安排一些没有实权的事务性派遣职位。诸如皇四子永珹被派管理武英殿等处；皇六子永瑢被派管理内务府、充《四库全书》玉牒馆总裁以及监管钦天监事务；皇八子永璇管理武英殿御书处和雍和宫事务；皇十一子永瑆曾着充四库全书馆正总裁。如此一来，皇子不具有实权，对皇权的威胁自然降到最低，这也是乾隆帝有十七子却无九子夺嫡这种情况的原因。乾隆帝不授予皇子实权，还严厉管束并不时打压，这种情况下，皇子们自然只能在乾隆帝划定的框架中规规矩矩地生存。

再结合乾隆帝打压宗室诸王的行为来看，他延续了父亲雍正帝的做法，视宗室诸王和皇子为皇权的威胁，视其为传统八家分权的政治滋生土壤，因此对他们大力打压，而且力度远远超越父亲雍正帝。打压宗室诸王自然不必多说，毕竟这是皇帝的日常工作之一，但是对于自己的亲子却如此防范和打压，由此可见乾隆帝理智到近乎无情，只要威胁到皇权，哪怕是亲子也照样打压。

康熙帝是一个合格的好父亲，结果酿成九子夺嫡的悲剧，导致雍正帝登基以后对兄弟大力打压，很多兄弟都下场凄凉，并且风波蔓延到乾隆朝。乾隆帝虽然冷血，但起码没有使得皇子们兄弟阋墙，避免了皇子们自相残杀，这也是一种成功。

大清300年

过继皇子的"小心机"

乾隆二十四年（1759年）十月，乾隆帝将皇六子永瑢过继给自己的二十一叔慎郡王胤禧。乾隆二十八年（1763年）十一月，乾隆帝将皇四子永珹过继给自己的十二叔履亲王胤祹。将皇子过继到支脉，如此操作令人费解，毕竟皇子身为皇帝之子，是身份尊贵的存在，一般不存在过继于其他人的情况。哪怕是过继给亲王，也是变相的自降身份，更何况皇子成年以后怎么说也是个王爷，何必多此一举呢？

这其实跟清朝高超的统治手段有关。清朝是一个很务实的朝代，善于用极小的代价来获取丰厚的回报。入关以后，清朝统治者通过精密的计算，以最小的战损代价和招抚降军来征战辽阔的疆域、当后继无力时，又以半独立的代价使得三藩在南方甘于冲锋陷阵，最终消灭南明政权。在治理国家方面，清廷统治者通过完善的组织运作，大幅度整合了社会资源，再以非常经济实惠的开销来维持官府运行，达成对庞大王朝的统治。

清朝统治者在借鉴历朝历代得失时，将不利于长久统治的制度都加以改进。像明朝藩王制度便极其不合理，皇子起步便是亲王，而且是世袭罔替，偏偏藩王还起不到什么积极作用，只能给明朝造成庞大的财政负担，从而加速了明朝的灭亡。有着明朝的前车之鉴，务实的清朝自然不会重蹈覆辙，因此清朝的皇子不一定封王爵，像康熙帝的十四子胤禵，虽然在康熙晚年统领大军，并称之为大将军王，但他的爵位只是第四等的贝子，其上还有贝勒、郡王、亲王。同时清朝的爵位大多是降等世袭，即每承袭一次要降一级，降级若干次以后才不再递降，以此爵传世。除却藩部中诸如蒙古有自成一派的世袭罔替体系，清朝宗室中只有十二个世袭罔替的王爵，也就是铁帽子王。

　　清朝开国之初仅有八位铁帽子王，而且都是以军功封爵。其他的都是降等世袭，最多是有着大功劳或者与皇帝很亲近，才能被格外开恩少降袭几次。诸如康熙帝的亲哥哥裕亲王福全，其爵位并非属于铁帽子王，但康熙帝与福全感情极深，兄弟二人可谓兄友弟恭的典范，同时福全功劳也不小，因此康熙帝允许福全的长子保泰承袭裕亲王爵位，而非降袭为郡王爵位，之后保泰因为犯事被雍正帝剥夺裕亲王爵位后，爵位传袭于福全次子保绶的儿子广灵，依旧是裕亲王爵位。两年以后，广灵犯事被革爵，由弟弟广禄承袭爵位，照例为亲王爵位，直到乾隆朝随着与皇室血缘的疏远，加之后辈无大功者，福全的曾孙辈开始降等承袭爵位。可以说清朝对于世袭罔替的王爵授予相当"吝啬"，直到清朝中叶，雍正帝封怡亲王胤祥的王爵为世袭罔替，成为清朝第一位恩封的铁帽子王，等到晚清风雨飘摇之际，名器被滥授，因此又增加了三位恩封的铁帽子王，分别是恭亲王奕䜣、醇亲王奕譞（光绪帝生父、清废帝溥仪祖父）、庆亲王奕劻。

　　清朝的王爵不只大多降等世袭，而且被封为王爵并不意味着高枕无忧。像康熙帝第十二子履亲王胤祹，以替皇室成员操办丧事而出名，他的一生如同过山车一般，康熙四十八年（1709年）三月，被封为固山贝子；康熙六十一年（1722年）十月，被雍正帝升为郡王；雍正二年（1724年），因犯错从郡王降至贝子，又被夺贝子爵，降奉恩镇国公；雍正八年（1730年）五月，恢复郡王爵；雍正十三年（1735年）十月，乾隆帝升胤祹为亲王，之后因为没有犯下大错，乾隆帝也不好意思打击自己的十二叔，这才没有再出现被降爵和夺爵等情况。

　　胤祹这种情况在宗室之中并不算特例，而是普遍存在的情况。因为犯错被降爵或夺爵是普遍情况，即使铁帽子王本人不能降爵，也可以将其革爵，再由近支来顶替袭爵。清朝皇帝对宗室诸王如此这般，其实既符合经济实惠的统治手段，使得宗室诸王不会成为财政上的巨大负担，节省下的财政资金用于其他地方。又符合清朝皇帝一直打压宗室诸王的政策，使得宗室诸王威胁不到皇权。

正因为皇子并非必是王爵，加之清朝有一贯"精打细算"的统治手段，所以清朝皇帝会将皇子过继给绝嗣的宗室诸王，皇子虽然会因此被降袭，但即使如此起点也高了很多，可以更快地升为王爵，是给予其更高爵位的最快也是最好的方式。同时绝嗣的宗室诸王往往有着不菲的家产，皇子过继过去便拥有丰厚的家底，奠定了其优渥的生活，这也是一大好处。

乾隆帝之所以将皇子过继给绝嗣的宗室诸王，也是向父亲雍正帝学习。雍正帝敢爱敢恨，对于敌人，哪怕是亲兄弟，他也会下死手，从八爷党的首脑胤禩和胤禵的下场便可见一斑。对于支持自己的亲兄弟，则不遗余力地扶持，他不只将十三弟胤祥定为第一位恩封的铁帽子王，还将十六弟胤禄过继于铁帽子王的第二代庄亲王博果铎（第一代庄亲王为皇太极第五子硕塞）。

雍正帝开头以后，乾隆帝将这种行为发扬光大。他先是在乾隆三年（1738年）将才五岁的幼弟弘曕过继给绝嗣而死的十七叔果亲王胤礼，而且还不是降袭，是破例直接承袭为亲王。如果按照正常封赏，年仅五岁的弘曕根本不可能成为亲王，即使成年以后，如果没有相应的功劳和资历，也不一定会成为亲王，乾隆帝是取了个巧，为幼弟大开方便之门。

虽然乾隆帝将皇六子永瑢和皇四子永珹过继出去以后，永瑢降袭为履郡王，永瑢降袭为贝勒，但得到了丰厚的家产，而且虽然降袭，但是起点也不低，方便之后晋封。永珹能力不出众，没什么政绩，又于乾隆四十二年（1777年）二月早早逝去，不然他升为亲王也不是难事，即使如此，嘉庆四年（1799年）三月，嘉庆帝亲政以后，还是追赠他为亲王。永瑢尚算可以，于乾隆三十七年（1772年）晋为质郡王，乾隆五十四年（1789年）又被乾隆帝晋封为质亲王。

除此之外，皇子过继还有两大好处。一是乾隆帝认为这两位皇子没有继承大统的能力，干脆以这种方式将他们彻底排除在继承人选之外，可以有效避免皇子之间的不良竞争。二是可以进一步控制宗室诸王，因为像宗室诸王绝嗣的情况，如果选择近支子孙过继，那么近支子孙往往不会感谢皇帝，反而认为这是理所应当，还不如指定自己的弟弟或者子嗣，使得弟弟或者子嗣可以得到丰厚的家产和更高的起点，尤其是对于子嗣来说，这也是一种将其排除在继承人选之外的补偿。对于弟弟来说，这是皇帝对他的照顾，自然会偏向于皇权一方，有利于皇帝控制和分化宗室诸王，如同当年雍正帝将十六弟胤禄过继到庄亲王一系，也是为了以此加强对宗室诸王的控制和对军功王爵的削弱。

大清300年

乾隆帝的无奈

为什么会选嘉庆帝

　　乾隆帝的一生，从多个角度来看都是幸运无比的。他拥有最强大的皇权，二十五岁便登基，享寿高达八十九岁，实际在位时间长达六十三年，他在位时期疆域扩至巅峰，清朝的盛世更进一步。但乾隆帝亦有不幸运的一面，那便是选择继承人方面不尽如人意，甚至可以说是倒霉，最后只能选择既非嫡子又非长子而且资质平庸的十五子永琰即嘉庆帝继位。乾隆帝不像祖父康熙帝那般幸运，虽然在位末期弊端丛生，但是有继承者雍正帝来收拾烂摊子，乾隆帝留下的烂摊子太大，继承者嘉庆帝无力收拾，只能眼睁睁看着国势日衰。

　　乾隆帝的痛苦在于，他共有十七子，虽然子嗣众多，但多不长寿。活过三十岁的皇子只有六位不说，等到他去世之时，他的子嗣之中只余嘉庆帝颙琰（乾隆帝册立他为皇太子以后，为方便臣民避讳，将其名字从"永琰"改为"颙琰"）、皇八子永璇、皇十一子永瑆和皇十七子永璘。同时更尴尬的是，乾隆帝在立嘉庆帝为储君之前，曾属意四位皇子，结果立谁谁死。根据《清高宗实录》

记载，在乾隆四十三年（1778年）九月，关于立储之事乾隆帝这般说道：

> 朕登极之初，恪遵家法，以皇次子（永琏）为孝贤皇后所生，人亦贵重端良，曾书其名，立为皇太子，亦藏于正大光明匾内，未几薨逝，因追谥为端慧皇太子，其旨亦即撤去，不复再立。且皇七子（永琮）亦皇后所出，又复逾年悼殇。若以次序论，则当及于皇长子（永璜），既弗克永年。而以才质论，则当及于皇五子，亦旋因病逝，设如古制之继建元良，则朕在位而国储四殒，尚复成何事体乎？

从这段话可以看出乾隆帝有着深深的无奈，他先是按照嫡长子继承制，想要立嫡子为继承者，结果两位嫡子先后夭折。再是考虑过皇长子永璜，奈何永璜命祚不长。当然乾隆帝这应该是一句客气话，因为在乾隆四十八年（1783年）九月，乾隆帝再次提及立储之事时，说道："朕三十余年之内，国储凡三易，尚复成何事体。"这次并没有提及皇长子永璜。前文曾提及乾隆帝发妻孝贤纯皇后丧礼中皇长子永璜和皇三子永璋表现不佳，因此被乾隆帝严厉训斥，并且剥夺他们继承大统的资格，当时乾隆帝还说道："从前以大阿哥断不可立之处，朕已洞鉴，屡降旨于讷亲、傅恒矣。至三阿哥，朕先以为尚有可望，亦曾降旨于讷亲等，今看三阿哥，亦不满人意。"因此，乾隆帝曾经考虑的应是皇三子永璋而非皇长子永璜，永璋命祚也不长，被剥夺继承大统资格以后，于乾隆二十五年（1760年）四月病逝。

第四位即皇五子永琪可谓文武双全，倒是甚合乾隆帝之意。嫡次子永琮去世后，乾隆帝是如此评价皇五子永琪："其时朕视皇五子于诸子中觉贵重，汉文、满洲、蒙古语、马步射及算法等事并皆娴习，颇属意于彼，而未明言，乃复因病旋逝。"乾隆帝对永琪非常重视，在永琪病重期间，乾隆帝于乾隆三十年（1765年）十一月破例将年仅二十四岁的永琪封为和硕荣亲王。由于乾隆帝对诸子极力打压和限制，皇子生前封亲王爵位者除了嘉庆帝，也就是皇五子永琪和皇十一子永瑆，可见乾隆帝对永琪这个儿子的宠爱。但即使如此"冲喜"，也并没有使永琪的病情好转，次年永琪病逝。

在经过选择储君的一系列意外之后，乾隆三十八年（1773年），乾隆帝最终立皇十五子永琰也就是后来的嘉庆帝为储君。当时皇子在世者仅七人，其中皇四子永珹和皇六子永瑢已经过继旁支，等于乾隆帝是在皇八子永璇、皇十一子永瑆、皇十二子永璂、皇十五子永琰、皇十七子永璘（永琰同母弟）之中选择了嘉庆帝，这是其中的最优选择。

乾隆帝的继后那拉氏所生的皇十二子永璂，能力也不差，做事滴水不漏。像乾隆帝这样执着于细节的人，对皇子自取别号和私自入城的事情都要惩罚，但独独没有训斥过永璂，可见永璂的行为处事可谓无懈可击。同时在前面两个嫡子均已早夭的情况下，永璂可以说是实际上的嫡长子，他的名字也大有深意，意为永固基业。不过可惜的是，他的母亲继后那拉氏触怒了乾隆帝。根据《清高宗实录》记载，乾隆帝说继后失宠的原因是"乃至自行剪发，则国俗所最忌者，而彼竟悍然不顾，然朕犹曲予包含，不行废斥，后因病薨逝，只令减其仪文，并未降明旨，削其位号，朕处此事，实为仁至义尽。"虽然意思是自己宽宏大量，但很明显乾隆帝是小心眼之人，继后擅自剪发得罪了他，他不只是将继后不废而废，更是迁怒到下一代，属于"以母废子"，将无辜的永璂剥夺继承大统的资格，对永璂也冷淡无比，可以说长期对其进行冷暴力。备受冷落的永璂于乾隆四十一年（1776年）去世，年仅二十五岁。乾隆帝其他子嗣之中，一般已成年而早过世者都被追赠王爵和赐谥号，而永璂死后则既未追赠王爵也未赐谥，由此可见乾隆帝对继后那拉氏的恨意之深和心眼之小。嘉庆四年（1799年），亲政的嘉庆帝可能也觉得父亲乾隆帝太过冷血，因此追封永璂为贝勒。

余下的四位皇子中，皇八子永璇、皇十一子永瑆与已过继出去的皇四子永珹都为一奶同胞的兄弟，都为淑嘉皇贵妃所出。永璇继承了乾隆帝的长寿基因，活到了八十七岁，不过他做事不得体，曾因私自入城被乾隆帝训斥，为人举止轻浮，不得乾隆帝喜欢。永瑆是书法大家，但为人处世方面同样不得体，名声并不好。

嘉庆帝的同母弟皇十七子永璘只有八岁,年岁尚小不说,也非可造之材。根据《啸亭续录·庆僖王》记载,永璘"不甚读书,喜音乐,好游嬉"。相比之下,时年十四岁的永琰,为人稳重,处事不惊,《李朝实录》评价他"聪明力学,颇有人望",永琰相比其他三位兄弟更胜一筹,乾隆帝只能选择他。

强势的父亲往往教育不出能力超群的孩子,要么教育出叛逆的孩子,要么教育出乖乖听话的孩子,尤其是乾隆帝这种又霸道又爱抠细节还小心眼的强势父亲,能教出永琰这样的有一定能力且成熟稳重的乖孩子,已经是难得。可惜的是,乾隆朝末期清朝已经迅速衰落,开始走下坡路,永琰这样的中庸之主很明显应对不了那样的局面。乾隆帝选择了永琰,意味着清朝最后的翻盘机会彻底没有了,只能一步步滑向衰落的深渊而不可自拔。

某种程度上来说,乾隆帝对皇子的教育不如祖父康熙帝。康熙帝晚年不只政治上流于放纵,对皇子亦是如此,虽然因此酿成九子夺嫡的祸端,使得皇子们恶性竞争,但好处也是显而易见的。继承者雍正帝对于种种恶劣之习有着深知灼见,他是既可以守成,更能开创的雄才之主。在乾隆帝的高压教育之下,皇子们的天性得不到释放,长此以往只能小心谨慎,的确不会出现九子夺嫡的情况,更不会威胁到皇权,但皇子们也因为极少接触政务,对关键的军事更是无从了解。即使皇子们接受了完整的皇家教育,也无异于纸上谈兵,比之"生于深宫,长于妇人之手"的情况也好不了太多。即使永琰身为"旁观者",对乾隆朝末年的弊端洞若观火,但发现问题容易,解决问题难,事实也证明永琰并没有好的办法来解决问题。

对于乾隆帝的评价

嘉庆四年(1799年)正月初三,乾隆帝于养心殿逝世,享年八十九岁。根据《清高宗实录》记载,在生命的最后时刻,乾隆帝对"侍疾寝宫"的嘉庆帝

大清300年

"握手眷爱，拳拳弗忍释"。这位中国历史上最幸运、最长寿的皇帝，在生命的最后一刻对世间充满无限眷恋，脑海之中涌出无数人生片段，想起了六十四年前父亲雍正帝临终时对他的嘱托，他对自己的一生很是满意。对嘉庆帝也再无防备，这一刻他不再是独揽大权的太上皇，而是一位垂死的老父亲，在对爱子充满不舍的心态中，将庞大的王朝托付于嘉庆帝，无奈地离开了人世。

对于乾隆帝，《清史稿》这般评价：

> 高宗运际郅隆，励精图治，开疆拓宇，四征不庭，揆文奋武，于斯为盛。享祚之久，同符圣祖，而寿考则逾之。自三代以后，未尝有也。惟耄期倦勤，蔽于权幸，上累日月之明，为之叹息焉。

《清高宗实录》如此评价：

> 六十三年中，登郅治，付鸿业，积日策三万一千九百而赢乾绶穆清，贞符悠远。致此躬阅四朝，亲见七代，嘏崇九帙。谋诒万叶之洪庥，盖内圣外王之治，法道法显著于亿兆人之耳目……天祐之久长惟天为大，惟太上皇帝则之天，其申命用休，曷有既极。乃放勋徂落，遽成粤若稽古之辞；攀龙髯而莫追，怆麟笔之顿绝。至矣哉！巍巍荡荡，统天大圜。仰高宗之高，一如天之高。赞天德之纯，永慕纯皇帝之德之纯。上下古今畴克臻兹苍旻昊上之全，量所由光被六合，泽流世世万子孙，亘京垓正载其未有艾者矣。

乾隆帝是一位复杂且充满矛盾的皇帝。他具有多面性，他似乎有强迫症，想要事事完美无缺，又想要什么都控制，既是明君又是昏君。乾隆帝以超前的眼光经营新疆，并且多次减免赋税，知人善用，不将责任推卸于臣下，俨然一派盛世明君形象，但在晚年却亲手造成了官僚队伍的腐败，并亲手将清朝从盛世推向中衰的深渊。乾隆帝的优点很明显，缺点也很明显。

乾隆帝还如同祖父康熙帝一般，十分在意名声，致力于打造自己文人的形象。他想将自己打造成为学识渊博的统治者，以便更好地展现自己身为汉地天子的角色定位，从而获得知识分子阶层的更多认可。因此，虽然乾隆帝在军事上取得了非常杰出的成就，但因为他更多是以文人的形象示众，诸如除却修书之外，他的书法水平极高，收藏了诸多书法作品和古画，诸如王羲之的《快雪时晴帖》、韩滉的《五牛图》等。他喜欢在画作之中身穿汉服将自己塑造成古典文人形象，他喜欢作诗，虽然大多数诗不尽如人意，但产量很高，所以乾隆帝留给世人的印象并非秦皇汉武那般以武出众的皇帝形象，而是偏向于儒雅的文人皇帝，或者是文武双全，这在当时是很成功的。不论知识分子如何看待乾隆帝，都不得不承认，抛去族群划分，乾隆帝与传统意义上的英明神武的汉地天子并无太大区别，即使在今天对乾隆帝的评价虽然毁誉参半，但没人认为他是一位武人皇帝。野心勃勃的乾隆帝还发动文字狱，进行大规模毁书运动。很明显他只是胜利了一时，乾隆帝死后，这场野心勃勃却漏洞百出的文化垄断运动也随之失败，曾经再精明再周密的算计，终究抵不过时间的考验。他想控制住一切，想抓住一切，结果到头来却是一场空，什么也没有抓住，什么也没有留下。

他到底不是父亲雍正帝那般的改革者，可以开创性地进行火耗归公、能以养廉银的制度抑制贪腐的行为，以及能够推行官绅一体当差一体纳粮的政策。乾隆帝面对王朝顽疾积弊，诸如贪腐的情况，他只能想到惩罚性的方法，而非开创性的方法，这是他统治的最大弱点，也使得这个庞大的王朝在他的看似措施严厉却束手无策中衰落，清朝的统治也没有因为他异想天开的文化改革之举而延长，反而迅速衰落。乾隆帝有着巨大的闪光点，也有着巨大的不足，是一个让人很难评定的皇帝。

第四章
覆辙重蹈

嘉庆帝的高光时刻

以"傀儡权臣"对傀儡皇帝

嘉庆元年（1796年）正月，乾隆帝举行禅位大典，永琰即帝位，清朝开始进入短暂的二帝时代，即太上皇在上，皇帝在下。在古代，太上皇与皇帝的关系很微妙，一般分为两种情况：或是太上皇有实权，或是皇帝有实权。其本质上在于一方拥有压倒另一方的碾压性实力，权力只在一人之手，毕竟皇权可以式微，但是皇权两分很难实现，很难保持平衡。

乾隆帝一开始就分配好了权力。根据《清高宗实录》记载，乾隆六十年（1795年）九月，乾隆帝这样说道："归政后，凡遇军国大事及用人行政诸大端，岂能置之不问，仍当躬体健躬亲指教，嗣皇帝朝夕敬聆训谕，可以知所禀承，不致错失。"意思是自己继续独揽大权，嘉庆帝当一个实习皇帝即可。有些人认为嘉庆帝实际上相当于监国太子，实际上他连监国太子都不如。监国太子可以代理朝政，可以独自处理政务，甚至可以处理重要政务，嘉庆帝却没有这样的权力，他与傀儡皇帝并无二致，只不过傀儡皇帝是没有希望亲政的，而他因为独揽大权的是父亲乾隆帝,所以是有希望亲政的。

嘉庆元年(1796年)七月,乾隆帝曾计划召嘉庆帝的师傅也就是时任两广总督的朱珪回京,想要升其为大学士。根据《清史稿》卷三百四十记载,和珅认为朱珪进京对自己威胁太大,因此取出嘉庆帝给师傅朱珪写的贺诗,说道"嗣皇帝欲市恩于师傅",意思是说嘉庆帝在笼络人心。这可谓触犯了乾隆帝的逆鳞,因此乾隆帝生气地问军机大臣董诰这该怎么办。不依附于和珅的董诰在关键时刻说皇上无过言,潜台词是在提醒乾隆帝,嘉庆帝也是皇帝,就是真笼络人心也是应该的。乾隆帝沉默良久才没有再追究这件事,只是要求董诰要好好辅导嘉庆帝,这才使得这件事没有波及嘉庆帝。朱珪进京之事也被乾隆帝找了个借口作废,还被降调为安徽巡抚,嘉庆帝想让师傅朱珪入内阁以组建自己个人班底的愿望落空。直到嘉庆四年(1799年)正月,乾隆帝死后,嘉庆帝急召朱珪赴京任职,师徒二人才得以相聚。

表面来看,这是和珅害怕朱珪威胁到自己的地位因此从中作梗,但这个动机其实说不过去。身为乾隆帝的第一宠臣,和珅是一个相当聪明之人,他很清楚自己的权势来源于皇帝的宠信,面对年岁已高的乾隆帝和正值春秋鼎盛的嘉庆帝,自然清楚嘉庆帝这位新主子其实更重要,而他也的确讨好过嘉庆帝。《清仁宗实录》记载,据嘉庆帝回忆,乾隆六十年(1795年)九月初三,乾隆帝册封他为皇太子,尚未宣布,和珅就于初二日先向嘉庆帝递如意,泄露这一机密之事,但之后和珅却屡屡与嘉庆帝作对,像嘉庆帝的师傅朱珪进京,他不可能阻拦一辈子,这是早晚的事情,按照和珅的作风,无论他与朱珪关系如何,都应该借此机会极力欢迎朱珪,在其入内阁以后多次向其示好,以表示对新皇帝的臣服之心,又怎么会反常地从中作梗,并且想要将嘉庆帝也牵连其中呢?

根据昭梿的《啸亭杂录·今上待和珅》记载,和珅还安排其师吴省兰在嘉庆帝身边,名为录诗草,实则是窥视嘉庆帝的举动。和珅没有谋朝篡位的野心和实力,却又与嘉庆帝作对,还派人窥视嘉庆帝,这背后的原因其实很简单,和珅不过是提线木偶罢了,真正的要打压嘉庆帝的是乾隆帝。遍阅史书的乾隆帝深谙皇权需要独尊，一人独享才是最安全的，因此他不可能授予嘉庆帝实权。为了避免父子二人相斗，所以乾隆帝认为嘉庆帝要处于自己绝对的控制之下，绝不能任由嘉庆帝建立自己的私人班底，要行防微杜渐之举。

乾隆帝对嘉庆帝早有限制和打压，准确来说，他自始至终视这位皇位继承者如宗室诸王和皇子一般，是皇权的威胁，甚至是最大的威胁。以帝师方面来说，雍正帝时期确立的秘密立储制度及其对皇子的限制，使得被密定的储君远不及嫡长子继承制度之下的储君。被密定的储君没有自己的东宫属员，也没有自己的心腹大臣，除非皇帝生前为储君培养班底，不然的话，储君在继位之后才能建立自己的私人班底。在这种情况之下，新皇帝往往只能依仗自己的师傅或让亲兄弟掌握关键职位，来以此坐稳皇位，诸如乾隆帝继位以后急匆匆地召自己师傅朱轼入京，之后的清朝皇帝也多颇为倚重自己的师傅，可以说帝师是维护皇权的重要一环。

嘉庆帝与他的师傅朱珪感情深厚。乾隆四十一年（1776年），朱珪受命教导皇十五子永琰（即嘉庆帝）读书，在这个过程中，师生二人结下了深厚情谊，朱珪的作风也深刻影响了年少的永琰。乾隆帝对于皇子一向严厉限制，甚至是吹毛求疵，所以年少时的永琰与朝夕相处的朱珪感情更为深厚。师傅朱珪弥补了永琰缺失的父爱，尤其是嘉庆帝的生母孝仪纯皇后于乾隆四十年（1775年）正月病逝，对于缺少亲情的嘉庆帝来说，师傅朱珪就是他少年时期的一抹阳光，消融了他深藏心底的孤独和冷寂。

乾隆帝不只竭力防范永琰与朝臣结为党援，对他的师傅朱珪也早有提防。乾隆四十五年（1780年），从督福建学政开始，朱珪就不断奉诏出京到地方任职，虽然朱珪在地方任职步步高升，最后成为两广总督这样的封疆大吏，但毕竟远离京师，对永琰起不到什么援助作用，永琰由此也始终建立不了自己的私人班底。

嘉庆即位当年朱珪入京之事，虽然史料记载是乾隆帝下令，但很可能是嘉庆帝向父亲进言，因此乾隆帝才不太情愿地召朱珪入京。乾隆帝不好出面直接打压,于是授意和珅出来做恶人,自己再与和珅一唱一和,使得朱珪无法入京,嘉庆帝也因此获取不到实权,势力得不到增长,因此乾隆帝保证了自己的绝对控制权。而和珅无论愿意不愿意当这个恶人,都没有办法拒绝。

从这里也可以看出乾隆帝的聪明,他让和珅去当恶人,使得和珅无法讨好嘉庆帝,反而为嘉庆帝深恶之,这样自己的第一宠臣和皇帝儿子就不会联合在一起,自己独揽大权,以嘉庆帝为虚君,再以宠臣和珅当恶人,避免与嘉庆帝直接冲突,在最顶层形成稳固的三角形权力格局。

嘉庆帝在乾隆帝的限制下,实际上成为傀儡皇帝。和珅这个第一宠臣,身为当时的"二皇帝",身兼领班军机大臣等多个涉及军、政、财、文等方面的要职,看似权势滔天,俨然是一大权臣,实则是一个假权臣,连鳌拜这个最弱权臣都不如。和珅之所以被重用,不只因为他善于迎合上意,可以揣摩到乾隆帝的心思,还有个关键在于他是乾隆帝的"敛财工具"。乾隆帝晚年,因为连年对外用兵,国库空虚,乾隆帝生活又奢侈无比,急需新的财政收入,至于方式如何,对他来说并不重要。恰恰和珅是一个理财能手,还会通过贪腐行为大肆敛财,因此乾隆帝先后令和珅担任内务府大臣、崇文门税务监督和户部尚书等方便敛财之职。

和珅通过索取贿赂和巧立名目的方式向地方官员索要大量财物,以供乾隆帝挥霍。从这里也可以看出,乾隆帝晚年官员之所以贪腐严重,是因为乾隆帝根本抑制不住身边重臣的贪腐,尤其是他为了方便自己挥霍甚至还鼓励这种行为。和珅在这个过程之中,不只使得乾隆帝满意,也肥了自身,和珅大肆贪腐,乾隆帝自然心里清楚,不过对他来说,有污点的臣子反而更好控制,说明其野心在于谋财而非谋国,所以乾隆帝加倍宠信和珅,以此回报他的敛财功劳,并授予其各种要职。

归根结底,和珅的权势来自乾隆帝的宠信,而非拥有独立势力。对于处在绝对控制下的和珅,乾隆帝出于防微杜渐之需也多有打压,根据《清朝野史大观》卷一《谕旨前军机署名之例》记载,嘉庆二年(1797年)八月,曾长期担任领班军机大臣的阿桂病逝，和珅再无顾忌，开始于"军机寄谕独署己衔"，乾隆帝发现这一情况以后，对和珅说道："阿桂活着的时候，你随同他列衔还说得过去，如今阿桂死了，你竟然单列自己名字，地方上不知道什么情况，还以为事情都由你决断，甚至会称你为宰相，你自己想想你能不能这样称呼？"乾隆帝的语气很是严厉，此番话使得和珅大为惶恐。从此以后，军机文件上不再列军机大臣的名字，并成为定例。

乾隆帝虽然最宠信和珅，但他依旧重用与和珅不和的大臣。诸如领班军机大臣阿桂、军机大臣董诰、王杰都与和珅不和。乾隆帝的内侄福康安与和珅更是势不两立，乾隆帝这下子就无法调节了，福康安又有将才，所以乾隆帝经常命福康安外出领兵作战，尽量避免其与和珅同在朝堂。其他大臣包括嘉庆帝师傅朱珪在内，刘墉、纪昀、铁保、玉保等人也始终不依附于和珅。乾隆帝以这些大臣来牵制和珅，并且使得和珅无法在朝廷上真正形成自己的势力集团。

而事实上和珅到死连像鳌拜的势力集团都没有经营出来，只有极少数依附于他的大臣。《清史稿》卷三百十九记载，和珅被捕议罪期间，时任直隶布政使吴熊光因为是"旧直军机"，因此嘉庆帝问他："都说和珅有造反的心思，你觉得有没有？"吴熊光回答道："但凡心怀不轨者，肯定会收买人心。满、汉大臣都没几个归附和珅的，和珅即使心怀不轨，谁又会听他的啊？"由此可以看出和珅根基之脆弱。从八旗角度来说，和珅不过是乾隆帝宠信的奴才罢了。和珅即使身居高位，也是一个高级奴才，他深知乾隆帝是他唯一的靠山，所以极尽谄媚逢迎之事。因此和珅看似是权臣，实则是傀儡，只不过嘉庆帝这个傀儡皇帝可以转正，他这个"傀儡权臣"被老皇帝用为打压新皇帝的急先锋，已经注定转正无望，死路已定。

面对父亲乾隆帝的极力打压和限制，历经师傅朱珪入京不成反被降官之事，嘉庆帝并没有再试图为自己争取权力，而是专心效仿汉宣帝。当年毫无根基的汉宣帝被权臣霍光扶持为帝，他审时度势，清楚霍光并无谋朝篡位之心，又年岁已高，自己却年纪尚轻，因此任由霍光擅权，而无半分不满之心，反而对霍光恭恭敬敬，等到霍光死后，汉宣帝再慢慢收回权力，最终平定霍氏之乱，开始真正的亲政。嘉庆帝亦是如此，虽然他不满父亲乾隆帝独揽大权的行为，也对和珅恨之入骨，但他只能韬光养晦，只能开始伪装成为唯唯诺诺的懦弱皇帝，以麻痹乾隆帝与和珅。

根据史学家吴晗摘编的《朝鲜李朝实录中的中国史料》第十二册记载，嘉庆帝自此一切以太上皇父亲的旨意行事，和珅或是为了试探他，将一些礼仪性事务上奏给他，嘉庆帝经常性回复"惟皇爷（乾隆帝）处分，朕何敢与焉"。嘉庆帝将自己的演技发挥到极致，是"侍坐太上皇，太上皇喜则亦喜，笑则亦笑"。如此表现，使得小心眼的乾隆帝也挑不出什么毛病。对于和珅，嘉庆帝也是凡是政务处理都听和珅的，表现出视和珅为亲信的意思，和珅对此深信不疑，如此使得乾隆帝与和珅都对嘉庆帝放心，认为嘉庆帝是愚孝且缺乏主见的懦弱之主，易于控制。

嘉庆帝就这样容忍了三年。嘉庆四年（1799年）正月初三，乾隆帝去世，嘉庆帝终于迎来了属于自己的时代。得益于清朝强大的独裁体制，皇权已达到极巅，加之嘉庆帝行事稳健，因此顺利地继承了大权。对于和珅，嘉庆帝展现出高超的帝王心术，他趁和珅及其同党福长安还没有反应过来之际，迅速将其革职并下狱治罪。为了争取宗室王公支持，根据《清仁宗实录》记载，嘉庆帝加恩本支。八皇兄永璇由仪郡王晋封为和硕仪亲王；同母弟永璘由贝勒晋封为庆郡王；乾隆帝在永琪死后将其长子绵亿递减二等袭封贝勒，嘉庆帝将其晋封为郡王；仪亲王长子绵志、成亲王长子绵勤和定亲王长子奕绍俱系亲王长子，则加恩照考封一等之例。之后嘉庆帝更是打破惯例，效仿清朝开国之初宗室诸王掌部务的旧例，授十一皇兄永瑆为军机大臣，总理户部三库，之前亲王无领军机者，领军机自永瑆始；以仪亲王永璇总理吏部；以睿亲王淳颖管理理藩院；以定亲王绵恩管理步军统领。除此之外，嘉庆帝还急召师傅朱珪入京辅佐自己。

撕下懦弱伪装的嘉庆帝，还发布了一道言辞激烈的谕令，用来展现对平定白莲教起义前方战事不利的重视和自己的权威，最后如此说道："朕综理庶务，诸期核实，只以时和年丰平贼安民为上瑞，而于军旅之事，信赏必罚，尤不肯稍从假借，特此明白宣谕各路带兵大小各员，均当涤虑洗心，力图振奋，务于春令一律剿办完竣，绥靖地方，若仍蹈欺饰怠玩故辙，再逾此次定限，惟按军律从事，言出法随，勿谓幼主可欺也。"意思是现在太上皇已经逝去，自己便是唯一的权威所在，言出法随，不要以为皇帝还是太上皇在世之时的懦弱幼弱君主。

似乎是为了报复父亲乾隆帝，嘉庆帝在乾隆帝逝去还不到半个月的正月十五日，便赐和珅自尽，第一宠臣草草落幕，这是乾隆帝生前所料不到的。不过乾隆帝生前将第十女固伦和孝公主嫁于和珅的长子丰绅殷德，也算是为和珅留下了一道护身符，虽然没能保住和珅的性命，但保住了和珅的颜面。身为先帝亲家，和珅被赐自尽得以留全尸，同时和珅的子嗣也得到保全，不至于连坐被杀。

赐死和珅以后，嘉庆帝发布上谕，申明和珅一案已经办结，不会大规模地牵连百官，以安朝臣之心。和珅之死并没有掀起风浪，并未影响嘉庆帝亲政，反而稳固了嘉庆帝的统治。

根据《清仁宗实录》记载，和珅"家内银两及衣服等件，数逾千万。且有夹墙藏金二万六千余两。私库藏金六千余两。地窖内并有埋银两百余万。附近通州蓟州地方，均有当铺钱店，查计资本，又不下十余万"。他的家奴刘全，"不过下贱家奴，而查抄赀产，竟至二十余万，并有大珠及珍珠手串"。由此可见和珅贪腐之多，嘉庆帝借此大大补充了国库，因此有着"和珅跌倒，嘉庆吃饱"的说法。

除掉和珅，可以说是嘉庆帝的立威之战。嘉庆帝展现了自己的权威，开始真正亲政，如同当年康熙帝智擒鳌拜一般，从开始到结束，无一不展现出嘉庆帝的手段。

高宗庙号背后的明褒暗讽

根据《清仁宗实录》记载，乾隆帝死后，关于上庙号之事，嘉庆如此说道：

第四章 | 覆辙重蹈

夫以我皇考丕承祖烈，光大前猷，拓土开疆，声教暨讫，继统绪则为守成，论功业则兼开创，自宜崇称祖号，以副鸿名，惟是圣德谦冲，曾同军机大臣等，共承面谕，万年之后，当以称宗为是，予虽欲极意尊崇，不敢上违遗训，惟至德难名，究非臣下所能拟议，谨按谥法"肇纪立极曰高"，我皇考圣神文武，式廓鸿基，敬上庙号曰高宗，为百世不祧之庙。

从这里来看，嘉庆帝认为父亲乾隆帝如同康熙帝一般，虽为守成，实则亦有开创之功，也想为其上"祖"字庙号，但奈何乾隆帝生前特意交代要上"宗"字庙号。仁孝的嘉庆帝不敢违背乾隆帝遗训，因此为其上"高宗"庙号，并且让乾隆帝享受百世不祧也就是永不入祧庙合祭的崇高待遇。表面来看，嘉庆帝做得无懈可击，实则他是借机报复乾隆帝。因为乾隆帝好大喜功，尤其到了晚年更甚，经常自诩自己是盛世明君，吹嘘自己的禅位是千古盛事，这样自视甚高之人，他强调不要"祖"字庙号，实则是暗示嘉庆帝和军机大臣在自己死后一定要上"祖"字庙号。但久被压制的嘉庆帝岂能如他所愿，所以嘉庆帝打着听从乾隆帝遗训的幌子，为其上"宗"字庙号。

高宗这一庙号大有深意。可以说这个庙号上得精明无比，既可以让世人认为此庙号是盛赞乾隆帝，又可以使嘉庆帝的不满情绪得以表达。一般高宗庙号是上给守成令主，为极佳庙号之一，而且寓意很不一般。按照"太高世中"排名来看，最佳庙号是太祖和太宗，分别为"祖"字庙号中的极品庙号和"宗"字庙号中的极品庙号。再次之是高祖和高宗，一般高祖是开国皇帝的庙号，若说"祖"字庙号，含金量最高的便是太祖、高祖、世祖，清朝已有太祖努尔哈赤和世祖顺治帝福临。

一向自视甚高的乾隆帝可能是想上高祖庙号，又或者乾隆帝想让儿子嘉庆帝效仿明朝嘉靖帝给明朝第三位皇帝朱棣由太宗升级为别具一格的成祖庙号那般，让嘉庆帝为他上一个别具一格的"祖"字庙号。乾隆帝的主谥号为"纯"字，是为高宗纯皇帝，如果以此为乾隆帝上"纯祖"庙号，也说得过去。不过嘉庆帝并没有满足乾隆帝的小心思，相较之下高宗庙号可谓最合适乾隆帝的庙号，乾隆帝的父亲雍正帝也只是再次之的世宗，高宗庙号比之世宗庙号的含金量也是要高一些的，从这里来看似乎是没问题的。

庙号的好与不好，还有一大关键因素，那便是使用该庙号的皇帝有没有作为。诸如中宗是一个好庙号，西汉的中兴之主汉宣帝刘询便上的是庙号中宗，但到了庙号开始滥用的唐朝，唐中宗李显两度为帝，在位五年时间并没有太大作为，最后更是被妻子韦皇后和女儿安乐公主毒杀，这般作为却上庙号中宗，使得中宗庙号的含金量直线下降。高宗庙号亦是如此，唐高宗李治虽然开创永徽之治，将唐朝版图扩至极盛，但也一手扶持武则天，使得武则天最终自立为帝，并建立武周政权，差点使得唐朝半道而崩，也使得高宗庙号开始有了水分。

北宋灭亡以后，逃跑皇帝赵构信任秦桧并冤杀岳飞，对金国俯首称臣，但因为建立南宋政权这一特殊功绩，虽然没上"祖"字庙号，却也上了高宗这一极佳庙号。因此，嘉庆帝为父亲乾隆帝上庙号高宗，似是隐隐有着将乾隆帝和宋高宗列为一类的讽刺之意。更有意思的是，无论从哪个方面分析，嘉庆帝为乾隆帝上高宗庙号的做法都说得过去。由此，认为嘉庆帝以此盛赞父亲乾隆帝说得过去，认为嘉庆帝以此讽刺父亲乾隆帝和宋高宗是一类人也有其理论依据，可见嘉庆帝的高明之处。

在诛杀和珅并且清除完太上皇遗留的势力和影响力之后，嘉庆帝开始正式亲政。嘉庆帝面临的挑战才刚刚开始，虽然他有雄心壮志，但面对庞大而腐朽的官僚集团或者整个统治阶级，嘉庆帝如同一个"异类者"一般。他有心整顿吏治，但所有的手段就如同打在棉花上，最后被层层消化，被庞大的黑暗面无声无息地吞没。嘉庆帝只能无奈地看着清朝衰落下去，自己却毫无办法，他亲政即巅峰，巅峰之后则开始"泯然众人矣"。

生不逢时的守成之君

越努力越绝望的守成者

嘉庆帝和父亲乾隆帝一样，并非改革者，而是守成者。乾隆帝是一个灵活的守成者，嘉庆帝却是一个中规中矩的守成者，这样的性格注定了他在王朝中衰以后无法在根本上进行改变，只能勉强守成，因此勤勉的嘉庆帝成为既英明又平庸的矛盾皇帝。

嘉庆帝在亲政之初作出了一系列改变，比如为了获取宗室诸王支持，嘉庆帝让宗室诸王掌部务，等到坐稳皇位以后，便开始剥夺诸王实权。以嘉庆帝最为倚重的十一皇兄成亲王永瑆来说，嘉庆四年（1799年）二月，嘉庆帝下令永瑆在军务奏销事宜完成以后，不必总理户部，并罢八皇兄仪亲王永璇总理的吏部差事。七月，永瑆识趣地自辞总理户部三库，不过永瑆并没有识趣到底，没有自辞关键的军机处职务。根据《清仁宗实录》记载，到了十月，眼看永瑆没了动静，嘉庆帝直接下令："本朝自设立军机处以来，向无诸王在军机处行走，正月初闲，因军机处事务较繁，是以暂令成亲王永瑆入值办事，但究与国家定制未符。

成亲王永瑆，着不必在军机处行走。"大致意思是本朝自设立军机处以来，并没有诸王进入军机处的情况，诸王也不允许进入军机处。今年正月因为事情繁多，所以才暂时让成亲王永瑆进入军机处处理事务，但终究是与规定不符，所以免去了永瑆这一差事。

被罢免实权后，永瑆只是担任一些不重要或者是位高而权不重的职务，诸如担任左宗正。嘉庆帝以发挥他的书法特长为由，命永瑆书写裕陵圣德神功碑。嘉庆二十四年（1819年），祭地坛终献时，在赞礼和引导时出现错误，但永瑆没有发现。嘉庆帝因此以永瑆年老多病为由，罢免其一切差使，让其不必在内廷行走，在邸第闭门思过，罚其亲王半俸十年。道光三年（1823年）三月，一直被打压的永瑆去世，享年七十二岁，在当时也算高寿之人，虽政治上不得意，也算有个圆满结局。

对于爱财的同母弟庆郡王永璘，嘉庆帝虽然优待之，诸如赐死和珅后便将和珅府第作为庆王府，并将半数财产赐给了这位爱财的弟弟，但也一直打压防范他，自始至终都没有让永璘担任过要职。他还经常因为一些小事惩罚这位弟弟。嘉庆二十五年（1820年）二月，永璘病重，嘉庆帝亲自去看望，眼看这位同母弟没有了威胁，嘉庆帝才回归兄长的角色，将这位一直被自己打压的亲弟弟晋封为亲王，三月永璘病逝，享年五十五岁。

整体而言，嘉庆帝延续了之前清朝皇帝打压宗室诸王的政策，始终对宗室诸王有所戒心，渡过亲政之初的难关以后就不再授予宗室诸王实权。根据《清仁宗实录》记载，在宗室成员待遇方面，乾隆帝在位时期，出于"满洲本位"思想，认为宗室子弟应该熟练骑射之术以延续满洲习俗，唯恐他们只读书学艺沾染了汉人的书生气，以至于骑射之术生疏，所以禁止宗室成员参加会试考试。嘉庆四年（1799年）二月，也就是亲政以后第二个月，嘉庆帝或是认为此举意义不大，或是如同乾隆帝看不惯雍正帝一般，是儿子看不惯父亲，总之出于替宗室成员谋生计的考虑，恢复了宗室会试考试，以扩大宗室子弟的上进之路，而且读书还可以提升个人的思想，不至于以后没有明确的方向和目标。同时嘉庆帝要求照例考较宗室子弟的骑射之术，不至于因此荒废了骑射之术。旧制宗室成员不用参加乡试便可以参加会试，嘉庆帝认为太过优待，于是要求宗室成员也要参加乡试，然后再参加会试。

从这里可以看出嘉庆帝的开明态度，毕竟当时清朝已经入关一个半世纪之久，加之师傅朱珪为汉人，他所倚重的大学士刘墉、董诰也都是汉人，因此嘉庆帝对于满汉之分不像乾隆帝那般极端守旧，而是顺应时代发展，不再顽固地想要保存满洲旧俗。因此，诛杀和珅以后，嘉庆帝又逐步将地方督抚大员中与和珅亲近者撤职，或由曾被和珅打压过的官员顶替，或由师傅朱珪推荐，最终地方督抚一级大员中，汉人督抚开始明显增加。被乾隆帝打压的汉人精英势力再次抬头，可以说随着时间的推移，清朝皇帝与汉地天子的区别越来越小，甚至与传统的汉人天子一般无二。

正是基于如此开明的态度，嘉庆帝不像他的父亲乾隆帝那般极度没有安全感，要通过扩大文字狱范围来控制言论，嘉庆帝清醒地认识到这样的方法并没有积极作用，反而会造成各种冤案，并且会动摇清朝的统治，还显得底气不足，不如放开，因此在同年二月，嘉庆帝下令：

> 向来大逆缘坐人犯，按律办理，原其以实犯叛逆，自应申明宪典，用示惩创，至比照大逆缘坐人犯，则与实犯者不同，即如从前徐述夔、王锡侯皆因其着作狂悖，将家属子孙，遂比照大逆缘坐定拟。殊不知文字诗句，原可意为轩轾，况此等人犯，生长本朝，自其祖父高曾，仰沐深仁厚泽，已百数十余年，岂复系怀胜国，而挟仇抵隙者，遂不免藉词挟制，指摘疵瑕，是偶以笔墨之不检，至与叛逆同科，既开告讦之端，复失情法之当，着交刑部，除实犯大逆应行缘生人犯，毋庸查办外，凡比照大逆人犯，其家属子孙，或已经发遣，或尚禁图圄，即详晰查明，注写案由，开单具奏，候朕核夺降旨。

这段话一针见血地指出了文字狱的弊端，嘉庆帝认为大规模的文字狱是"既开告讦之端，复失情法之当"，应予停止。又命刑部核查之前因文字狱而遭连坐的犯人后代，一律开释，放回关内，自由择业，准许参与科考。此后文字狱基本结束。当清廷不再严厉管控言论，清朝的文化思想自然重新焕发生机，充满活力。诸如成书于乾隆年间的《红楼梦》《儒林外史》等开始在嘉庆年间大规模流传。在良好的创作环境中，先后诞生多部诸如《三侠五义》《浮生六记》这样的经典之作。之后随着清朝持续中衰及其不久面对西方列强的挑战，统治力也越来越松散，清朝的文学在晚清迎来了一个爆发期。而有着乾隆帝"珠玉在前"，嘉庆帝此举得到了知识分子阶层的认可，真正深化了清朝的统治，对于中衰的局面起到了一定的挽救作用。

嘉庆帝还纠正了乾隆朝的弊端，即禁止地方呈进贡物。按照传统王朝的套路，如果新皇帝想要推翻前朝定下的规定，或是会拿先皇曾私下与自己提及后悔这样做，反正没人在场，就算有人在场也没人敢说到底有没有说过，或是会拿先皇曾经有意禁止此事当作借口来进行铺垫。因此，嘉庆帝说道乾隆帝屡次禁止进呈宝物一事，却屡禁不止，实际情况是如果乾隆帝想禁止早禁止了，他晚年好大喜功并且过惯了奢靡的生活，又怎么可能真的想禁止地方进呈宝物一事呢？所谓的禁止只是说过几句场面话而已。嘉庆帝认为地方所贡之物没什么用，反而会使得地方官吏变本加厉剥削百姓，而且内府所藏宝物多的是，所贡之物又怎么比得上呢？即使比内府宝物更好，嘉庆帝也不在意，他在意的是政通人和，在意的是百姓生活富裕，在意的是治理国家的人才，这才是国家真正的至宝。

从以上可以看出，嘉庆帝俨然一派明君形象，但面对乾隆晚年废弛的政治造成官僚集团集体腐败的恶劣局面，嘉庆帝却只能消灭表面大患，解决不了根本问题。官僚集团的腐败行为形成官官相护的政治生态以后，地方官员更是无所顾忌地压榨百姓，以恶毒的手段横征暴敛，使得老百姓苦不堪言，最后不堪忍受揭竿而起。官逼民反这种情况最后成为常态。嘉庆帝亲政以后，对官逼民反的现象极为痛斥。

在这种情况下，白莲教开始快速崛起。中国古代基层社会经常性出现一些宗教性的结社，以祈祷风调雨顺和互帮互助为目的，因此白莲教在基层社会可谓大有基础，只不过因为之前百姓生活尚可，所以具有反清思想的白莲教一直掀不起风浪。随着百姓因为官员过度剥削导致生活水平日益下降，甚至到了衣食无着的境地，暴乱的因素已然快速滋生，因此长期被官府打压的白莲教各分支抓住机会，开始大行其道。最终百姓以白莲教为主开始有组织性地造反，可以说政治上的黑暗和腐败导致了声势浩大的白莲教起义爆发。

白莲教起义虽然具有一定的组织性，但因为没有统一的中央指挥系统和明确的政治目标，亦没有各方势力共尊的领袖，所以只能流动作战于城乡之间，加之贫苦百姓太多，人员方面有着源源不断的补充，于是这场起义愈演愈烈。当时政治上的黑暗和贪腐已经蔓延到军队，八旗军队和绿营的战斗力大幅度下滑，军队将领贪生怕死，只是一味避战和尾随。诸如和珅的同族河南巡抚景安，他一再延误军机消极避战，不敢迎击，只是尾随，因此人送外号"迎送伯"，以这样的"成绩"竟然升至湖广总督。等到嘉庆帝亲政，景安才因堵剿不力和抚治失当而被撤职，湖广总督一职被之前和珅打压过的吴熊光担任。

清朝军队将领还抱有养寇自重的想法。虽然装备精良，对起义军有着碾压性的优势，但军队将领并没有快速将其扑灭，反而任其发展壮大，每次只剿灭一部分，靠着源源不断的战功来获得赏赐和军费，以方便自己贪腐，从而使得各地起义此起彼伏，并且延绵日久。同时因为军纪不严明，大军所过之处严重扰乱地方。更要命的是，清军各自为战，并没有统一的指挥系统，由此可见乾隆帝晚年之昏聩。对此情况，嘉庆痛心疾首地说道："已阅三年，经费则数逾七千万，总缘伊等各路军营，全不认真剿办，惟知苟延岁月，军中宴乐。"意思是三年时间已经过去了，军费开销高达七千万两白银，就是因为你们这各路大军都不认真围剿，在军中吃喝玩乐，所以迟迟没有平定叛乱。

为了根本性扭转这一情况，嘉庆帝开始整顿军纪，对表现不佳的将领和大臣进行惩罚。嘉庆帝建立统一的指挥系统，以四川总督勒保为经略大臣，副都统明亮、额勒登保为参赞大臣，节制川、陕、楚、豫、甘五省官军。勒保之后表现不佳，嘉庆帝将其革职，以额勒登保为经略。如此整顿过后，清军镇压白莲教起义才开始取得突破性进展。政治上的黑暗使得嘉庆帝对军队失望至极，甚至因为军队冒领战功的事情，对战报也不是太相信，于是嘉庆帝开始寻找新的力量。他优待地方乡勇，并通过修筑城堡的方式来进行坚壁清野。本来当时只有州县有城墙保护，村镇则没有，因此村镇损失惨重，对此清廷下令在起义军活动区域的主要城镇修筑堡寨和壕沟，将当地的百姓和粮食财产等物资都集中于此，堡寨再采取训练乡勇的方法进行自卫，使得起义军到来之后无法得到百姓的支持或是胁迫百姓，并且获取不到必需的粮食等物资。最终，嘉庆帝依靠整顿军队和依靠地方乡勇，于嘉庆九年（1804年）八月镇压了声势浩大的白莲教起义。

白莲教起义对清朝的统治造成了多重打击。这场战争不只暴露出军队的战斗力整体下滑，更意味着朝廷对军队掌控的式微。在朝廷看来本可迅速平定的起义，因为军队将领无底线的贪腐行为，成为一场养寇自重的骗局，朝廷为此付出九年的时间和天价的军费才结束这场骗局。乾隆朝一系列的战争本就使得充盈的国库开始捉襟见肘，而平定白莲教起义更是使得国库空虚。古代王朝的专制统治在于头（朝廷）重脚（地方）轻，因为不能让地方有着太大自主权，所以要进行中央集权使得地方没有太大自主权，朝廷再通过军队对地方保持绝对的控制，这样才能维持其长久统治。但随着政治上的黑暗延伸至军队，造成军队腐败等问题以后，军队战斗力就开始下滑，从而不利于平乱，朝廷只能通过地方百姓组织的乡勇来协助平乱，属于大幅度让步地方民众的自治，这对于中央集权的统治来说是一种严重的破坏。

可以说和珅的大贪特贪和白莲教起义，皆是由于乾隆末年政治废弛、官僚集团腐败以及政治黑暗，也就是制度上的弊端所造成的两大恶果。但嘉庆帝却因果颠倒，他一度以为和珅是一切问题的来源，是万恶之源，认为和珅大肆贪污腐败才使得吏治腐败，才使得爆发白莲教起义，是和珅在军事上庇护将领虚冒功绩，坐糜军饷，才使得白莲教起义愈演愈烈，认为诛杀和珅这个首恶以后，清朝便会河清海晏，朝堂之上就会众正盈朝。当和珅被杀以后，嘉庆帝却悲哀地发现局势并未朝着自己想象中演变，白莲教起义到了嘉庆九年（1804年）八月才被平定不说，清朝更是进一步衰落。因为承平日久，在官吏因循和军纪涣散之下，发生了不少荒唐事件。

嘉庆八年（1803年）闰二月，嘉庆帝在神武门竟然遭到一个失业的原内务府厨师陈德刺杀，当时神武门的侍卫一时之间竟然没有反应过来，没人敢去护驾，只有嘉庆帝的侄子定亲王绵恩和姐夫固伦额驸拉旺多尔济及其随行的几位侍卫上前护驾，嘉庆帝大为恼怒，虽然最后将相关统领和侍卫处罚，但并没有在根本上改变紫禁城守卫军纪涣散的糟糕情况。嘉庆十八年（1813年）九月，在直隶、河南一带传播的天理教发动起义，其中一部分教徒在京城发动兵变，竟然攻入紫禁城直入隆宗门，还在匾额上留下了一支箭头，之后才被清军镇压，还好嘉庆帝当时不在京城，不然真有可能就此死于非命。这件事的荒唐之处在于，起义之前有人泄露消息，但没有人当一回事，而且天理教攻打皇宫竟然还有太监接应，使得嘉庆帝深感羞愧，下罪己诏说道这是"汉唐宋明未有之变"。

嘉庆二十五年（1820年）三月，嘉庆帝前往东陵祭祀时，发生了兵部行印丢失一案。按照清制六部大印分为"堂印"和"行印"，"行印"由主官离京外出时所带，主官在取兵部行印时发现其早已丢失。嘉庆帝得知以后大为恼怒。本来事情很简单，是因为去年八月二十八日时任兵部尚书松筠未将兵部行印存于账房而是委之捷报处司员，而该司员又委之书吏俞辉庭看管，结果俞辉庭随手将兵部行印置于一边便去睡觉，睡了一觉发现兵部行印被窃走，为了免受处罚他没有及时上报，反而回京以后贿赂堂书鲍干，二人一番上下打点将装有兵部行印的空副箱混入兵部库房。事发以后，在兵部上下相关人员互相掩护之下，断定兵部行印在库房中被盗走。嘉庆帝感觉其中有猫腻，下令由庄亲王绵课会同刑部严审兵部守库人员，绵课等人一开始并没有认真审查，根本没用心，因此进展缓慢，认定兵部行印就是在库房之中被盗走。嘉庆帝大怒，将其一一处罚，并且严令限期审出人犯或找到兵部行印，如此才审出真相。虽然相关人员被一一处罚，但并没有在失窃地找到兵部行印，嘉庆帝深感无力，也没有心思再大肆搜查了，只得重铸兵部行印了事。

可以说嘉庆帝是一个很倒霉的皇帝，王朝中衰之下，遇到了不少荒唐的事情。面对如此糟糕的状况，嘉庆帝只能通过勤政和大力处罚贪官污吏来试图改变局势。但不在根本上解决问题，一切问题的解决只不过是修修补补罢了，这里处罚一批贪官污吏，那里又冒出一批贪官污吏。最后嘉庆帝无奈地发现，大清国贪官污吏遍地都是，清官反而是另类。

嘉庆帝不是看不到问题的根本所在，而是他没有那个能力，也没有那个勇气和胆魄。一方面是因为他在皇子时代没有参政经验，而且父亲乾隆帝对其进行高压教育，思维上已经限制他只能循规蹈矩，不像祖父雍正帝那般有着丰富的参政经验，知道该如何解决问题。甚至他都不一定可以发现问题，能做到诛杀和珅和平定白莲教起义已经实属不易。另一方面，嘉庆帝面对的问题比祖父雍正帝更难，乾隆末年的吏治腐败状况衍生了太多问题，诸如出现官官相护和官逼民反的情况，只能通过改革和铁腕反腐才能有效解决问题。雍正帝身为改革者可以想到开创性的方法来抑制官员腐败，虽然受限于时代因素没有在制度上进行全面改革，并且他的改革不具有持续性，但雍正帝通过在关键方面的改革，并且严苛治国，将强大的皇帝个人意志贯彻下去，两相结合之下才使得改革卓有成效，扭转了康熙末年吏治腐败的局面，并且充盈了国库。

乾隆末年的情况，可以说是康熙末年情况的加强版，而嘉庆帝只是守成者，并非改革者。嘉庆帝身为一代仁宗，性格过于仁慈和谨慎，对于贪腐情况虽然在某些问题上处理果决，但整体而言优柔寡断，做不到重典治国且后劲不足。他不敢面对官官相护下的庞大官僚集团，没有勇气像雍正帝那般做真正的"孤家寡人"。又或者说，嘉庆帝不是没有勇气，而是面对这样全面的政治黑暗，面对官官相护的局势，他无从下手，似乎从哪里下手都是牵一发而动全身，即使有心也不知该如何做，只能在一日又一日的叹息中，通过勤政来自我麻痹，最终走向生命的终点。

在社会民生方面，嘉庆帝也僵硬地恪守祖宗成法，不敢有所逾越。嘉庆年间，随着人口暴涨，出现了人多地少的情况，很多百姓陷入极度贫困的境地，这也是白莲教起义能日久不衰的一个重要原因。面对这一情况，本来鼓励百姓前往地广人稀的关外垦荒也是一个行之有效的办法，但因为乾隆帝在位时期坚持"满洲本位"思想，害怕大量的汉民移居到关外会威胁到当地的统治，因此下令严禁向关外移民。嘉庆帝不考虑实际情况，依旧延续这一禁令，使得人地矛盾越发严重。不过蔓延七省的白莲教起义被平定后，人口减少，并且出现了不少无主荒地，也变相缓解了这一矛盾。

乾隆五十八年（1793年），英国国王乔治三世派遣前驻俄公使、孟加拉总督马戛尔尼率一支由800多人组成的使团访华，想要建立中英外交关系并且进行通商。自高自大的乾隆帝以天朝上国自居，拒绝了对方，没有睁眼看世界，使得中国再次丧失改变落后的机会。嘉庆帝亲政后，依旧固步自封地进行闭关锁国，面对嘉庆二十一年（1816年）访华的英使阿美士德，依旧是排斥的状态，并且自大地在礼仪问题上与对方发生分歧。他拒绝与西方接触，对外来事务采取极度排斥的态度，使得清朝再次失去融入世界的机会。当然这也不能全怪嘉庆帝，长期处在自我封闭的环境中，嘉庆帝能有如此想法也属正常，清朝落后于世界之林，不只是嘉庆帝有责任，之前几位皇帝也难辞其咎。

何为生不逢时？

继位之初表现英明的嘉庆帝，其诛杀和珅之举堪比康熙帝智擒鳌拜之举，但智擒鳌拜是康熙帝一生辉煌的开始，而诛杀和珅并没有成为嘉庆帝辉煌帝业的开端，反而是他一生中唯一的一大闪光点。世人对这位皇帝的印象往往只有诛杀和珅之举。

这固然与他的个人能力有关系，其实也与他所处的时代有很大关系。遇到中衰之世的他举步维艰，只能越来越小心谨慎，而不能有开拓进取的想法，最终只能自我束缚，可以说生不逢时。如果他生在王朝前期，绝对是守成有为之主，甚至大概率会有一番大作为。

王朝初期正是百废待兴之际，皇帝很容易有所作为，尤其适合嘉庆帝这种守成有余开创不足之主。以官僚集团来说，国家新建所以朝堂内部不会迅速形成各种利益集团以及朋党，亦不会形成各种官场潜规则，不会出现官僚集团集体贪腐并且官官相护的情况，政治尚属清明。对上来说皇帝的政令可以顺利贯彻下去，对下来说百姓正是休养生息之时，官员也不敢对百姓过分压榨和剥削。同时，改朝换代便意味着人口会因为战争大幅度减少，人地矛盾不会那么激烈，不至于很快出现人多地少的情况，土地兼并情况也不严重，底层百姓有活路，社会有活力，此时的社会比较稳定，动乱的因素自然降至很低。

到了王朝中后期，内部官僚集团经过多年发展，即使皇帝可以通过打压以避免出现朋党，但不可避免会出现利益集团，只不过区别在于不会像朋党那般威胁皇权，而且朝政运转已经形成潜规则，吏治腐败也不可避免。如果不明白其中的规则，那么皇帝很容易被蒙蔽，好的政令一层层传递下去会消弭无形，甚至会被扭曲成为坏的政令。贪腐也形成惯例，诸如赈灾的银两会按照一定比例层层剥削，再就是官官相护，严重破坏了统治基础。社会上则出现人多地少、土地兼并严重等情况，各种矛盾日益加剧，经济也不景气。这种情况下皇帝想要有所作为，意味着要动整个既得利益集团已经划分好的蛋糕，其难度是王朝初期的十倍甚至百倍，这就是为什么说创业容易守业难。

比如从某种程度上来说，康熙帝之所以可以有着一番作为，跟他处在王朝初期有很重要的原因。当时正逢明末大乱之后的大治时期，经济得以迅速恢复，官僚集团也没有出现集体腐败行为，政令可以顺利贯彻下去，军队战斗力尚可，足以应对内部的叛乱和外部的挑战。康熙帝在位时间很长，但即使如此，在其统治后期的政治废弛之下，王朝提前出现大规模吏治腐败的情况，幸亏继位的雍正帝解决了这一问题，不然康熙帝晚年的错误会愈演愈烈，甚至可能将之前的成果推翻。从这个角度来看，康熙帝并不是多么英明神武，如果嘉庆帝在他的位置上，也可以有着一番成就，所以嘉庆帝可谓生不逢时。

嘉庆帝的倒霉之处在于，父亲乾隆帝实际在位六十三年，各种大手笔，俨然一派盛世之主的形象，将清朝推向了巅峰，却也将清朝的积累耗空，更是将清朝推向中衰的深渊，给嘉庆帝留下了一个弊端丛生的局面。可以说乾隆朝末期开始，清朝开始重复之前王朝的各种末期弊端，甚至有过之而无不及，这种情况下，只有雍正帝这样不按套路出牌的改革者才可以有效解决问题，中规中矩的守成者嘉庆帝却无从下手，只能徒劳地一件一件解决乾隆帝留下的烂摊子，使得清朝一步步走向衰落的深渊。

嘉庆二十五年（1820年）七月，嘉庆帝在承德避暑山庄突然病死，终年六十一岁。这位修修补补了一辈子的平庸皇帝，在猝不及防的情况下离开了他既无可奈何又心心念念的庞大王朝。嘉庆帝死后上庙号仁宗，谥受天兴运敷化绥猷崇文经武光裕孝恭勤俭端敏英哲睿皇帝，主谥号为"睿"字，皆是上佳庙号和谥号，为仁宗睿皇帝。

《清史稿》如此评价嘉庆帝：

仁宗初逢训政，恭谨无违，迨躬莅万几，锄奸登善，削平逋寇，捕治海盗，力握要枢，崇俭勤事，辟地移民，皆为治之大原也。诏令数下，谆切求言，而呼哺之风，未遽睹焉，是可慨已。

《清仁宗实录》评价：

上受天明命，协帝重华，天亶聪明，帝传精一，承手付太平之后，微躬备多福之原，懿铄哉，生民以来未有之嘉会也，敬惟廿五年中，经纬万端，蟠际两大，垂千百王之模范，抚数万里之版图，奠亿兆人之家室……而体元者仁，曰恭曰从曰聪曰明，而作圣者睿，则惟我仁宗睿皇帝有以兼之。

总的来说，嘉庆帝是一位有责任心的皇帝。他有着强烈的使命感，想要中兴清朝，但理想是丰满的，现实是残酷的。嘉庆帝虽苦读圣贤书和恪守祖宗成法，但圣贤书中对现实问题没有切实的解决方法，祖宗成法也不是万能公式，他只能以不变应万变，以祖宗成法生硬地解决问题，最后成效平平。而嘉庆帝和之后的道光帝都是不善权变的守成之主，在政治上乏善可陈，根本解决不了实际问题，他们也清楚自己的不足，所以只能靠勤俭来装点自己或者解决表面问题。嘉庆帝以勤为主，道光帝则以俭为主，尽管有着勤俭的好名声，父子二人却只能眼睁睁看着清朝一步步滑向深渊。

第四章 | 覆辙重蹈

庸碌的"中兴之主"

三个唯一

嘉庆二十五年（1820年）七月二十五日，嘉庆帝于承德避暑山庄烟波致爽殿突然驾崩，由于不在京城，并且事出仓促，所以一时之间竟然没有找到他的传位密旨。雍正帝创建秘密立储制度后，传位密旨放于顺治帝亲笔所写的正大光明匾额之后，不过乾隆帝继位后在第二次秘密立储时有所改变，他将传位密旨藏于匣内随身携带，因此嘉庆帝延续其做法，将传位密旨藏于小金盒中，再放在内侍身上，自己走到哪里带到哪里。应该是出于保密的原因，因此内侍并不知道小金盒里是何物，加之嘉庆帝突然驾崩，人心惶惶之际，慌了神的内侍并没有将小金盒拿出来。

随行的皇次子旻宁一直为嘉庆帝所属意，也被祖父乾隆帝所喜爱，在幼年时便崭露头角。乾隆五十六年（1791年）八月，八十一岁高龄的乾隆帝举行秋狝，十岁的旻宁射中一鹿，乾隆帝大喜，赏他黄马褂和双眼翎，又忆及自己十二岁时参加木兰秋狝初围获熊的往事，感慨之下作诗一首："尧年避暑奉慈宁，桦室安居聪敬听。老我策骢尚武服,幼孙中鹿赐花翎。是宜志事成七律,所喜争先早二龄。家法永遵绵奕叶,承天恩贶慎仪刑。"这首诗后来被《清宣宗实录》所录,并且以此认为乾隆帝对年幼的道光帝"期勖之意深矣"。旻宁长大以后,并没有丢失年幼时的勇猛。嘉庆十八年(1813年)九月,部分天理教教徒攻入紫禁城,身在皇宫的旻宁并没有像其他人一样惊慌失措,反而临危不惧,沉着指挥,用鸟枪击毙两人,立下首功。本就对旻宁另眼相看的嘉庆帝得知以后大为高兴,直接封旻宁为智亲王,增俸银一万二千两,将旻宁所用的鸟枪赐名为"威烈",至此,朝廷上下都清楚密定的储君非旻宁莫属。不过即使是这样,传位密旨也是不可或缺的凭证。

根据《清史稿》卷三百六十五记载,在找不到传位密旨的情况下,总管内务府大臣、睿亲王淳颖之子禧恩提议智亲王旻宁有平定叛乱的功勋,应该由他继位。这足以代表当时相当一部分宗室和大臣对旻宁的支持,不过大学士托津、戴均元等人比较犹豫,没有同意。禧恩与之争论,也没有达成一致意见,大家一时之间不知道该怎么定夺。之后根据包世臣所撰写的《戴均元墓碑》记载,根据当事人之一的时任大学士戴均元回忆,他与另一位大学士托津检查了数十个小箱子,最后在一位近侍身上发现了一个小金盒。托津拧开后找到了传位密旨,密旨上说由智亲王旻宁继承帝位。

而在另一边,因为一开始找不到传位密旨,所以在避暑山庄的大学士还派内务府大臣和世泰迅速返京,向嘉庆帝的第二任皇后孝和睿皇后报丧,同时告知没有找到传位密旨一事,并在紫禁城和圆明园的皇帝寝宫寻找传位密旨,不过也没有找到。这时身为旻宁养母的孝和睿皇后审时度势,既没有趁此机会提议立自己的亲儿子,也没有选择置身事外静观事态如何发展。相反,孝和睿皇后清楚旻宁一直为嘉庆帝所属意,并且为朝廷上下众所周知,是继承皇位的不二人选,因此及时站队。根据《清宣宗实录》记载,孝和睿皇后通过下懿旨的方式支持道光帝继位。

在避暑山庄已经继位的道光帝收到养母孝和睿皇后的懿旨以后大为感动,同时为了表明自己的合法性，立即下令将传位密旨寄送给在京城的王公大臣和皇太后查看，以证明传位密旨没有造假，自己继位名正言顺。

这场传位风波终是有惊无险地度过了，道光帝最终顺利继位，并且开创了三个纪录。首先，道光帝是嘉庆帝发妻孝淑睿皇后所生，虽然在皇子齿序中排名第二，但却是嫡长子，因此道光帝是清朝二百六十八年之中唯一一个嫡长子出身的皇帝。其次，道光帝是有清一代唯一一个皇太后以懿旨来支持其继位的皇帝。最后，道光帝找到传位密旨以后，为证明自己继位的合法性特意将其发往京师，让统治集团的成员观阅一番，这也是有清一代的唯一一次。

继位以后，道光帝开始论功行赏。内务府大臣禧恩开始进入仕途快车道，道光帝对他屡屡委以重任，创造各种机会给他加官晋爵。到了道光帝晚年，随着时间流逝，禧恩早年的功劳越来越模糊，加之他长期担任要职位高权重，可能引起了道光帝的猜忌，因此被屡屡打压。到了咸丰帝继位以后，备受冷落的禧恩被咸丰帝重用，到了咸丰二年（1852年）升为户部尚书，协办大学士，管理藩院事务，本来还有机会成为大学士，不过禧恩在同年逝去，死后被赠太子太保，谥号"文庄"。

嘉庆二十五年（1820年）九月，大臣们撰写嘉庆帝遗诏时，发生了乾隆帝出生之地被误写之事，将出生于雍和宫的乾隆帝写为"降生避暑山庄"，其实也不算误写，因为乾隆帝一直声称自己降生于雍和宫，嘉庆帝则在诗作之中称父亲乾隆帝降生于避暑山庄。后来嘉庆帝在修《清高宗实录》时，发现父亲乾隆帝一直声称自己降生于雍和宫，因此才统一说法以乾隆帝降生于雍和宫为准。不过嘉庆帝的诗作并没有改变或销毁，因此撰写嘉庆帝遗诏时，涉及乾隆帝降生之处，大臣们参考嘉庆帝之前的说法便写为避暑山庄，此事牵连到在寻找不到传位密旨之际，面对拥立道光帝的建议犹豫不决的托津和戴均元两位大学士。根据《清宣宗实录》记载，最终处罚结果是这两人被退出军机处，并降级留任。虽然表面来看与之前犹豫不决的事情没有直接关系，但如果之前他们大力支持道光帝继位，道光帝也不至于将二人逐出权力中心。之后这两位年迈的前朝重臣，虽然依旧被在一定程度上重用，已不复之前风光。

舍弃亲子而支持养子继位的孝和睿皇后受到了道光帝的尊崇，被屡加徽号，母子关系也很融洽。孝和睿皇后于道光二十九年（1849年）十二月，崩逝于寿康宫，终年七十四岁。根据《清宣宗实录》记载，孝和睿皇后死后，道光帝哭得没有了声音，连水都喝不下。已经六十八岁并且还患病的道光帝，在孝和睿皇后死后于丧处"席地寝苫"，恪守孝子居丧的礼节，在哀伤劳顿之下，年老的道光帝很快病倒，并且一病不起。一个多月以后，道光帝于道光三十年（1850年）正月十四日去世，死后上庙号宣宗，谥"效天符运立中体正至文圣武智勇仁慈俭勤孝敏宽定成皇帝"，主谥号为"成"，是上佳庙号和谥号。

平庸至极的节俭皇帝

道光帝和父亲嘉庆帝一般，都是很努力的皇帝，他们并非庸才。嘉庆帝继位之初有诛杀和珅之举，道光帝则在嘉庆十八年（1813年）天理教起义爆发、宫中大乱之际沉着冷静地御敌和指挥，可以说这两位皇帝都有可圈可点的地方。奈何面对巨大的政治黑暗，他们实在没有勇气也没有能力去挑战，只能慢慢被黑暗吞没，变得越来越保守而平庸，只能沉浸在自己的世界里，或是以勤勉或是以节俭试图改变时局。最终嘉庆帝平安着陆，道光帝面对西方的挑战则一败涂地，使得他无法沉浸在自己的世界之中，开始面对浩浩荡荡的世界潮流。道光帝并没有被打醒，而是选择继续"装睡"。

嘉庆二十五年（1820年）十一月，刚刚继位的道光帝有着雄心壮志，想要完成父亲嘉庆帝所没有完成之事。根据《清宣宗实录》记载，道光帝采纳军机大臣英和的建议，意图通过清查各省陋规作为突破口来整顿吏治，结果遭到了群臣强烈反对。在强大阻力面前，道光帝立即退缩，以自己当时在悲伤中心绪很乱，又刚刚处理起政事，不明白天下吏治民生情形作为借口，最后取消清查各省陋规的措施，大力赞扬反对的官员，并罢了英和军机大臣的差事。

第四章 | 覆辙重蹈

陋规在清朝早已有之,是官员非法收入的主要来源之一。康熙末年,陋规便普及开来,可以说是吏治腐败的根源之一。前文曾提及雍正帝大力打击过陋规行为并且卓有成效,但雍正帝的打击只能起到一时之作用。到了乾隆朝中期,随着政治上的流于放纵,加之物价上涨百姓购买力下降,各级官员即使有养廉银补贴,也不足以维持日常办公。面临入不敷出的困境,各级官员只能通过陋规来弥补不足。

乾隆帝对各级官员对百姓加征摊派的行为心知肚明,但年老的乾隆帝已经压制不住官员贪腐的行为,他连身边的重臣和珅大贪特贪的行为都纵容,又怎么会取消陋规?加之国库空虚,乾隆帝无力从根本上解决这个问题,他做不到高薪养廉,所以只能任由官员通过陋规维持日常办公,陋规自然开始蔓延发展。到了嘉庆朝,陋规更是成为官场惯例,因为没有强有力的惩罚和监督,所以官员通过陋规大捞特捞,成为吏治腐败的根源之一。道光帝能看出这个问题,却没有魄力和勇气,也拿不出切实有效的方法,若是遇到官员反对,他便马上停止,并将过错推于他人。登基之初便是如此,注定了道光帝之后只能小心翼翼地在有限的空间中左支右绌。

清朝虽然是集历代大成者,但依旧没有跳出古代王朝的藩篱,这个最后的王朝虽然皇权达到了前所未有的巅峰,但终究还是走了历代王朝老路,盛世之后便是中衰,社会矛盾的日益激化衍生了各种问题。吏治腐败导致官逼民反的现象屡见不鲜,白莲教起义和太平天国运动相继而起,百姓的反抗浪潮此起彼伏。同时,朝廷还出现了后宫干政的乱象。这一系列因素共同作用,最终形成了朝廷式微、地方督抚权势日重的局面。

在这个过程之中,道光帝庸碌无为。吏治腐败严重的问题使得各级官府不健康地运转,官官相护之下,官员以维护自身利益为先,皇帝的政令也难以贯彻到位。像道光帝提出想要清查各省陋规的计划时,他们不是阳奉阴违,而是公然反对,这已经意味着皇权的削弱。在这种情况下,道光帝选择了退缩,更是意味着皇权开始明显衰落,虽然皇权依旧高度集中,不至于马上落至低谷,但这并非一个好的信号，意味着皇帝对于整个官僚体系的统治力被削弱，也注定了清朝要沿着历代王朝的旧轨道走向衰败的结局。

道光帝在用人方面可谓十足失败。他先是重用"多磕头少说话"的曹振镛。虽然曹振镛并非奸臣，但他以自保为先，在当时的中衰之世并没有辅佐道光帝力挽狂澜，是一位平庸至极的大臣。曹振镛于道光十五年（1835）逝世，享年八十一岁，道光帝对这位心腹重臣兼"知己"评价很高，并且赐予其谥之极美的"文正"谥号。

曹振镛之后，贪得无厌但善于揣摩上意的穆彰阿被道光帝信任和重用。穆彰阿主持过乡试三次和会试五次，担任过多次重要考试的考官，又充任过编纂国史、玉牒、实录等史料的总裁官，门生故吏遍布天下，诸如晚清名臣曾国藩便是其得意门生。穆彰阿在朝中党羽众多，号称"穆党"。这位道光帝的心腹大臣，在当时可谓"臭名昭著"，只不过靠着道光帝的恩宠才屹立不倒，不过道光帝病逝以后，他的"末日"也随之来临，根据《清史稿》卷三百六十三记载，咸丰帝继位以后，批评穆彰阿是"保位贪荣，妨贤病国，小忠小信，阴柔以售其奸，伪学伪才，揣摩以逢主意……固宠窃权，不可枚举"。最后咸丰帝将其革职，并且永不叙用。咸丰六年（1856年），大半生春风得意的穆彰阿病逝，终年七十五岁，死后连赐谥号的待遇都没有得到。

道光帝个人能力不足，也做不到知人善用，纵有名臣辅佐也弥补不了他的过失。高度集中的皇权之下，大臣反而成为平庸的道光帝"加速"清朝衰落的"爪牙"。道光帝也清楚自己治国能力太差，所以想要从小事做起，旨在通过以身作则的节俭，试图引领整个统治集团节俭，以达到节省开支的目的。

根据《清宣宗实录》记载，道光元年（1821年）十一月，道光帝便颁布《御制声色货利谕》，说道"自古求治之主，罔不躬行节俭，为天下先"。之后道光帝也多次提及要节俭。《清朝野史大观》中也记载了几则道光帝生活简朴的逸闻。诸如道光帝穿的套裤，膝盖处破了，并没有换新的，而是令人在破损处补了一块圆绸，以打补丁的方式来解决衣服破损的问题，引得大臣纷纷效仿。有次他见心腹大臣曹振镛的裤子膝盖处有补缀的痕迹，还讨论起来打补丁要花多少钱，曹振镛说要三钱，道光帝说宫内需费五两银子。民间还流传着道光帝在皇后过生日时，为了节俭竟然只准备了猪肉打卤面。

以生活节俭来说，道光帝在历代皇帝中也是数得上的存在，他的节俭甚至可以说是吝啬，不过最终除却感动了自己之外，再无作用。其他统治集团的成员见他提倡节俭，便假惺惺跟着迎合做了一些面子工程，背地里的生活依旧。道光帝再以节俭做榜样，清官依旧清贫，贪官依旧奢靡生活，不可能因此变为清官。所有人都知道这是无用的，只不过是为了配合上位者而演戏，唯独发起者道光帝沉醉其中。

道光帝虽然能力有限，但他还是有心振兴清朝，并非荒淫无道之主，因此他在位时期属于勉强守成，并且有一定成就。他在清查各省陋规失败以后再度采取英和的建议，对漕运进行了改革。因河运耗资巨大，并且运粮船只经常出现陷进河道淤泥的情况，因此道光帝决定以海运代替，这样既解决了漕运的困难，又节省了开支。嘉庆二十五年（1820年）九月，乾隆年间处死的大和卓之孙张格尔自持拥有不小的宗教影响力，又有英国支持，因此利用当时南疆维吾尔族人民对清朝参赞大臣斌静残暴压迫的不满情绪，在南疆发动叛乱，企图复辟和卓家族的统治。不过张格尔并没有掀起多大风浪便被迅速平定，最后只带领几十人逃到浩罕，由英国提供装备，组织训练军队。在道光六年（1826年）六月，做好准备的张格尔卷土重来，攻占了喀什噶尔（今喀什）、英吉沙尔、叶尔羌（今莎车）、和阗四城，道光帝得知以后迅速任命伊犁将军长龄为扬威将军，并与陕甘总督杨遇春统领万余大军前往平乱，最终平定了张格尔之乱。道光八年（1828年）五月，张格尔被解送京师，道光帝亲临午门受俘，并颁发谕旨，历数张格尔罪行，最后将其处死，此举大为巩固了清朝在新疆的统治。

在某些方面，道光帝比他父亲嘉庆帝更具灵活性，对于祖宗成法，道光帝并非一成不变地遵守。对于盐商垄断盐业的种种弊端，道光帝于道光十一年（1831年）进行改革，规定只要纳税便可以领票运销食盐，此举打破了盐商的垄断行为，大为降低了盐价，还增加了盐税，并且切断了官员利用盐政营私的途径。乾隆帝时代因为害怕开矿会出现聚众争占斗殴的情况，从而引发地方动乱，为稳定社会秩序，干脆采取封矿政策，一禁了之，嘉庆帝时代依旧延续这一政策。道光二十八年（1848年），道光帝为了缓解社会矛盾，根据《清宣宗实录》记载，"至开矿之举，以天地自然之利，还之天下，仍是藏富于民。如果地方官办理得宜，何至藉口于人众易聚难散，因噎而废食，着四川、云贵、两广、江西各督抚于所属境内，确切查勘，广为晓谕"。意思是开矿是以天地自然的结晶来回报天下，是藏富于民。如果地方官员办理得当，也不会出什么乱子，何至于找借口说人易聚而难散，说开矿是因噎废食呢？于是道光帝下令四川、云南、贵州、广东、广西、江西各省总督和巡抚在辖区好好查勘，要让这条政令广为通晓。道光帝废除了封矿政策，允许百姓开采。

如果道光帝没有遇到西方列强的挑战，他也算得上一代勉强守成之主。奈何他时运不济，在位时期被西方列强打得无所遁形，因此也不好意思吹嘘自己的成绩。

道光帝在位时期，面对的一大问题就是当时中国成为世界上最大的鸦片消费地。吸食鸦片一事其实早在雍正帝时代便被禁止，不过因为吸食人数较少，没有造成较大的危害，所以清廷一直不太重视，并没有彻底抑制住鸦片的流通。到了道光年间，随着吸食鸦片的人数日益增长，鸦片消费量也随之快速增长，进口数量也越来越多。

随着鸦片的进口量越来越多，中国白银流失也越来越严重，清朝货币理论家许楣在其作品《钞币论》中认为19世纪上半叶的白银外流导致中国财富损失近半，虽然这一论据没有可靠的数据支撑，并且很夸张，但也在侧面反映出鸦片对于中国经济的严重打击。白银的大量流失导致当时出现了银贵钱贱的问题，并且不可避免地出现经济衰退的现象，已经严重影响到清朝的统治。不过之后随着茶叶和生丝出口量的快速增长，不仅抵消了鸦片和其他进口商品的增长，也使得白银在咸丰六年（1856年）前后开始回流中国。茶叶和生丝的出口使得白银外流问题和银贵钱贱的危机都得到了解决,清朝的经济开始"起死回生"。

道光年间,鸦片问题已经成为危及清廷统治迫在眉睫的问题。在自身利益受到极大损害以后,清朝开始重视起鸦片的各种危害,重视起因吸食鸦片而导致的民众健康问题,最终选择采取强硬措施。道光十九年(1839年),道光帝派在地方上禁烟卓有成效的湖广总督林则徐作为钦差大臣前往广州,林则徐到达广州以后,采取雷霆手段没收了英国商人的鸦片并进行集中销毁,因此发生了轰轰烈烈的虎门销烟运动。

英国不甘心巨量鸦片被毁,也不甘心舍弃如此庞大的中国市场,因此于道光二十年(1840年)对中国展开侵略行为,即发动第一次鸦片战争。一直闭关锁国、拒绝与世界接轨的清朝最终尝到了恶果,武器装备落后的清军败得一塌糊涂,承平日久已无当年勇武的清廷最后只能割地赔款,签订了丧权辱国的不平等条约——《南京条约》,开启了中国屈辱的近代史。可以说这是一场注定的败局,从康熙帝热衷于学习西方文化和科技,明知西方科技之利却出于防民考虑只限于在宫廷之中学习,再到乾隆帝自高自大,拒绝与英国通商,还有雍正帝、嘉庆帝、道光帝拒绝与世界接轨。几代人积攒的问题,最终于道光年间被引爆。

第一次鸦片战争的失败虽然发生于道光帝在位时期,但原因并非在道光帝一人身上,他之前的几代皇帝都有责任,所以道光帝倒也有可理解之处。但是失败以后,没有认识到自身之落后,依旧原地踏步、得过且过,就是道光帝一人的责任了。他的自我封闭在十几年以后引来了更大的灾难。这场灾难使得清朝连京师都被攻破,白白错失了十几年的发展时间,清朝就如同道光帝这个小老头一般,顽固封建的思想深入了骨髓。

虽然道光帝在位时期割地赔款,但得益于清朝强大的皇权,他死后还是得到了上好的庙号和谥号,并且官方史书对其治绩也是大夸特夸。

《清史稿》如此评价道光帝:

宣宗恭俭之德,宽仁之量,守成之令辟也。远人贸易,构衅兴戎,其视前代戎狄之患，盖不侔矣。当事大臣先之以操切，继之以畏葸，遂遗宵旰之忧，所谓有君而无臣，能将顺而不能匡救，国步之濒，肇端于此，呜呼，怖矣！

《清宣宗实录》评价：

上寅承宝祚，抚御寰区，荷上天笃眷之隆，嗣列圣昇平之盛，觐光扬烈，德盛化神，下际上蟠，超图溢牒，溯自肆围上塞，宠被宸章，养正潜居，特蒙赐翰，允文允武，式彝训而奉心传，洎至亲御神枪，奠安宗社，百灵翊相，恩赉益隆，骏烈丰功，实依古帝王所未有……尧曰成功，舜曰成功，禹曰成功，下此商曰成汤，周曰成周，惟我宣宗成皇帝克集大成。徵特汉之本始，唐之大中、明之宣德，不足以媲美万一，即车攻吉日，作为诗歌，号曰中兴。

这两段评价极尽吹嘘之词，竟然将道光帝只是感动了自己的节俭行为当为一大功绩。更离谱的是，史家竟然认为道光帝是中兴之主。唐宣宗李忱和明宣宗朱瞻基同为宣宗。唐宣宗在唐朝地方有藩镇割据、朝廷有太监乱政的情况下靠着多年伪装隐忍登上帝位以后，对内勤于政事，整顿吏治并且限制宗室和太监，对外击败吐蕃、安定塞北、平定安南，并接纳归唐的张议潮，设置归义军，创下大中之治。虽然唐宣宗晚年有所败笔，但他在位时期的作为使得国家相对安定，有着中兴气象，因此被很多百姓视为是唐太宗李世民式的明君，有着"小太宗"之称。明宣宗年号宣德，在位时期颇有作为。他平定汉王朱高煦叛乱，重视整顿吏治和财政，实行休养生息的政策，使得明朝从明成祖朱棣连战征战导致几乎要崩溃的泥潭中抽身而出，与其父明仁宗朱高炽统治时期合称"仁宣之治"。唐宣宗和明宣宗两位皇帝竟然不足以媲美割地赔款的道光帝万一，简直是荒唐至极。

由此可见，皇权高度集中下，皇帝享受着全面的特权。再平庸的皇帝都可以找到亮点，都可以夸大其词，如果实在没有耀眼的功绩，也可以用意大空泛之词来进行夸赞，包装成为英明神武的中兴之主。官方史书客观性大为减少，成为点缀皇权的工具之一。

修陵乱象

耗资巨大的陵寝工程

道光帝是一个具有一定灵活性的守成者，也可以说他是一个胆大的守成者，但他的胆大并没有用在正处，而是用在了修建陵寝方面。他公然破坏祖父乾隆帝创下的昭穆相建之制，并且废弃了一座陵寝，又重新修建了一座陵寝，从这里也可以看出贯穿了道光帝一生的优良品质之"节俭"二字并没有被贯彻到位，属于说一套做一套。某种程度上来说，他的节俭都不是真的节俭，是做给下面人看的。下面的人也不傻，也装节俭做给他看。

在选择陵寝方面，道光帝一共选择了三处。第一处与他的发妻孝穆成皇后有关。根据《清仁宗实录》记载，孝穆成皇后于嘉庆十三年（1808年）正月病逝。按照惯例，皇子发妻去世，要以亲王福晋规制安葬，金棺座罩等均用红色，不设仪仗。嘉庆帝却下令"今二阿哥（道光帝）福晋，所有金棺座罩一切着施恩俱用金黄色，其仪仗仍照亲王福晋之例赏用，其旗色着用镶白"。嘉庆帝还破例没有将儿媳暂安于某一处，而是赐地于北京西南的王佐村，按照亲王福晋的规制为其修建了园寝。嘉庆帝于嘉庆四年（1799年）便秘密立储道光帝，既然是秘密立储，却又如此明显地给予道光帝的发妻超高规格待遇，自然是想让人看出储君人选是谁，这"秘密立储"四字，已经没有"秘密"可言。很多人认为从这里可以看出嘉庆帝性格中鲁钝的一面，其实并非如此，嘉庆帝应该是感同身受，更多是在为自己鸣不平罢了。嘉庆帝的发妻孝淑睿皇后于嘉庆二年（1797年）二月病逝，享年三十八岁，根据《清仁宗实录》记载，当时嘉庆帝下了这么一道谕旨：

> 谕内阁本日皇后薨逝，一切典礼，仰蒙皇父太上皇帝特降敕旨，加恩照皇后例举行。第思朕日侍圣慈，一切禀承睿训，所有辍朝期内，各衙门章疏及引见等事，仍着照常呈递，王公大臣官员等虽有素服之例，但皇后册立甫及一年，母仪未久，且昕夕承欢，诸取吉祥，此七日内，圆明园值日奏事之王大臣等及引见人员，俱着常服，惟不挂珠，此礼以义起，天下臣民等。自当共喻朕崇奉皇父孝思，敬谨遵行，副朕专隆尊养至意。

这段话字里行间的意思虽然是嘉庆帝孝敬父亲乾隆帝，知道乾隆帝年岁已高，忌讳白事，所以尽量不影响他，但代价却是嘉庆帝深爱的发妻孝淑睿皇后的丧礼规格被严重减杀，丧事也非常冷清，根本没有大行皇后应有的丧礼规格。康熙帝发妻孝诚仁皇后于康熙十三年（1674年）五月去世，当时正是三藩之乱如火如荼之际因此丧事简办，此后形成定例。乾隆十三年（1748年）孝贤纯皇后死后，乾隆帝却要求丧事大办，天下臣民一律为大行皇后服丧，对比起来，嘉庆的发妻孝淑睿皇后的丧事尽显寒酸。这并非嘉庆帝本愿，而是乾隆帝将嘉庆帝当作儿皇帝，大行皇后本就应按皇后丧礼操办，他竟然下令加恩照皇后例操办，嘉庆帝自然明白他的意思，只能违心说发妻册立为皇后不足一年，母仪天下未久，因此降低丧礼规格，这可谓嘉庆帝心中挥之不去的痛。但乾隆帝毕竟是他的父亲，即使他亲政以后也不能对此指责，只能以迅速处死父亲生前宠臣和珅来发泄心中的不满。因此，当既是自己发妻孝淑睿皇后所生嫡长子又是密立的储君人选的道光帝发妻死后，感同身受的嘉庆帝为了弥补当年的遗憾，故抬高其丧礼规格，以显示他并非父亲乾隆帝那般薄情寡义。

不料道光帝竟然认真起来，认为王佐村园寝是万年吉地，可以就地改建为陵寝。因此，他派戴均元、英和等大臣前往王佐村勘察。戴均元和英和实地考察以后，认为无论从哪方面来说，王佐村园寝都不适合作为皇帝陵寝，但他们又不敢直说，因此左思右想下提出两点理由：一是工程艰难，要拆迁的村庄坟墓为数甚多，即使将陵寝修建范围减之又减也依旧不行。二是抬出乾隆帝立下的昭穆相建之制，提议道光帝应该在东陵范围内选择陵寝。

根据《清宣宗实录》记载，道光帝无奈说道："万年吉地，仍按昭穆相建，所议甚是，皇祖高宗纯皇帝垂训，我朝景运庞鸿，继继承承吉地依昭穆次序，东西递建洵为万世良法，朕自应恪遵成宪，于东陵界内，选择万年吉地。"从这段话来看，道光帝并非不知道昭穆相建之制，但他并不想在东陵境内选择万年吉地，不过当大臣提出来以后，他已经无法装糊涂了，只能无奈遵守，这也为他之后放弃东陵境内陵寝埋下了伏笔。

道光帝派出大学士戴均元、尚书穆克登额、侍郎阿克当阿前往东陵境内为他相度万年吉地，最后选中东陵境内的绕斗峪，他们一致认为这是最佳之地。道光帝同意将绕斗峪作为万年吉地，于道光元年（1821年）十月十八日开工。可能是因为绕斗峪这个名字并不高大上，显示不出帝王之气，因此根据《嘉庆道光两朝上谕档》第二十七册记载，大臣拟定了"宝华峪""饶九峪""万有峪"三个名字供道光帝挑选，道光帝最终选定"宝华峪"这个名字，将绕斗峪改名为宝华峪。

道光七年（1827年），宝华峪陵寝工程结束，道光帝大为高兴，按照惯例将操办工程的庄亲王绵课、戴均元、英和等人一一奖赏。并将发妻孝穆成皇后殡宫自王佐村移葬至清东陵宝华峪地宫。本来事情发展到这一步，无论道光帝愿意不愿意葬入清东陵，已经木已成舟，而且他也很满足，这件事自此得到圆满解决。不过宝华峪陵寝在施工过程中，根据《清宣宗实录》记载，出现了两大问题：一是发现有石母滴水的情况，这可是大问题，意味着地下有水源，当时专业人士提出的解决方法是"用士拦挡，令水旁流，不使流于圹内"。同时在两旁修建龙须沟用来排水，结果英和与庄亲王绵课和戴均元商议以后，只是"用土挡护"，并且害怕会泄露地气，于是没有修建龙须沟，如此做法自然使得之后地宫出现渗水情况。二是本来如果"用土挡护"的方法得当，糊弄几十年，等到道光帝死后下葬，地宫永封也罢，关键是他们糊弄都不会糊弄，工程极不合格，是为"修砌石工，用材既粗，又未坚固如式，致有浸溢"。道光八年（1828年），守陵大臣便发现宝华峪地宫木门外有潮气，墙根还有水痕。木门是孝穆成皇后入葬地宫以后，主要起到了临时封闭作用，等到道光帝去世入葬时便拆掉，地宫再进行永久封闭，所以东陵守护大臣不敢擅自打开，于是连忙向道光帝奏明情况。道光帝得知以后，马上派宗室大臣敬徵打前站前往查看，自己随后亲自过去查看，敬徵查看以后，发现"有积水五分，逐层石券，至地宫石券地面，俱有积水五六分不等"。

道光帝过去之后，发现情况比敬徵汇报的还要严重，他"验看旧存水痕，竟逾宝床上至孝穆皇后梓宫，霉湿之痕，约有二寸，宝床仅高一尺五寸，而存水竟至一尺六七寸"。这时候的道光帝内心又怒又喜，怒的是出现这么严重的情况，开工之前肯定有所发现，但是负责人员却没有做好预防措施，也没有奏明情况，说明负责工程的王公大臣在合伙欺骗自己。喜的是自己可以有借口"逃出"东陵，可以重新寻找万年吉地。

道光帝开始了一系列表演，他大怒之下骂道"丧尽天良"，将相关人员革职、抄家、罚银、流放。庄亲王绵课虽然已经死去，但被追罚赔银十万两，他的儿子庄亲王奕𫍯被降为郡王。身为铁帽子王，被降爵可谓很严厉的处罚。绵课其他的儿子则被一一革爵。戴均元被革职、抄家、流放，之后道光帝念他为官清廉，未在工程中有贪腐行为，并且年逾八旬，毫不加刑，免其死罪，并免发配，将其逐回原籍，不过其子、孙俱免职。英和等七名相关满洲大臣被抄家，英和本人被革职，本拟处死，道光帝想以此杀一儆百，但经过皇太后劝阻，最终免其死罪，其子兵部侍郎奎照、通政使奎耀也被革职，父子三人被发往黑龙江充当苦差，道光十一年（1831年），英和被赦免返回北京赋闲，子孙复官。道光二十年（1840年）英和死去，享年七十岁，被赠三品卿衔。其他相关人员，工部尚书穆克登额身为相度人员被罚赔银三万两，工部左侍郎阿克当阿亦是相度人员兼派办工，被罚赔银四万两。责任不大的理藩院尚书穆彰阿被罚赔银八千两。工部左侍郎阿尔邦阿被罚赔银两千两。前任马兰镇总兵兼办工程嵩年、继昌被各罚赔银三万两，前任马兰镇总兵广泰被罚赔银六千两，庆惠被罚赔银八千两，宝兴被罚赔银两千两。

乾隆帝的裕陵也曾出现地宫渗水之事，经过修复以后继续使用，按说有这个成例在前，道光帝又提倡节俭，肯定会同意采取补救措施，继续使用这块万年吉地，但没想到道光帝并没有这么做。他面对大臣的修复建议，说道："尚云设法修理者，不知是何肺腑，可笑之至。"道光帝摆明态度是想放弃宝华峪，有大臣提议如果不想在宝华峪，可以在东陵境内继续寻找万年吉地，这时候道光帝的意图很明显，他就是不想在东陵境内选择万年吉地。由于道光帝刚刚大发雷霆，严厉处罚了一批官员，大臣们也不敢再拿出乾隆帝的祖制压他，道光帝于是如愿"逃出"东陵。

道光帝"逃出"东陵以后，按说应在西陵境内相度万年吉地，但他并没有局限在西陵境内，而是在丰润、蓟县、房山、密云等地勘察，可能是想效仿太爷爷雍正帝那般，自己另择佳地起陵，想要成为首陵。还好他最后选中了西陵境内的龙泉峪作为自己的万年吉地，是为慕陵。选定以后，道光帝将宝华峪陵寝拆除，可用部分都拉到龙泉峪用于修建新陵寝。

在修建慕陵的过程中，道光帝出于节俭的想法要求一切从简，最终慕陵裁撤了圣德神功碑楼、石像生、二柱门、方城、明楼等大型建筑，在其他方面也进行了简化。诸如地宫由起脊琉璃瓦改为蓑衣顶，并取消了地宫雕刻经文和佛像等。因此，慕陵成为清朝所有帝陵中规模最小的一座。不过慕陵虽然规模小，耗费一点也不少。比如因为雍正和乾隆两朝的大量砍伐和使用所以楠木存量很少，因此修建嘉庆帝的昌陵时，鉴于楠木本就稀少，加之白莲教起义又遍布楠木的主要生产地四川和湖北等地而严重影响了楠木的采伐和运输，因此承修大臣奏请拆除京城所有使用楠木的庙宇建筑以凑足所需楠木。嘉庆帝认为这个做法不妥，认为太劳民伤财，所以并没有采纳这个方法。根据清宫档案《内务府来文》之陵寝事务记载，最后昌陵的隆恩殿、东西配殿、隆恩门、神道碑亭、明楼等中路主要建筑全部改用松木。

到了道光帝修建陵寝，根据《清宣宗实录》记载，第一座宝华峪陵寝中规中矩地使用了东北的黄松。到了修建第二座龙泉峪陵寝时，可能是基于终于完成了自己心愿，找到真正心满意足的万年吉地的原因，"节俭"二字被道光帝抛之脑后。根据陈宝蓉《清西陵纵横》考证，慕陵的隆恩殿和东西配殿竟然用的都是名贵稀少的楠木，之前节省下的成本都用在了楠木开销之上，甚至已超过了节省下的成本。而自道光帝慕陵之后，在帝陵中使用大木构件楠木遂成绝响。

慕陵的两建一拆致其建陵的花费成为清西陵之最，对于崇尚节俭的道光帝来说，也是一种莫大的讽刺。而如此"节俭有方"的道光帝没有使得清朝振兴，反而沿着旧轨道持续衰落下去，丢给他的继承者咸丰帝一个更大的烂摊子。

昭穆相建之制

清朝入关以后，开辟了两座皇家陵园。第一座清东陵位于河北遵化市马兰峪以西的昌瑞山一带，首陵是顺治帝的孝陵。昌瑞山原名丰台岭、凤台山，根据查继佐《罪惟录》卷一六和梁份《帝陵图说》记载，此地曾在明末被崇祯帝选为万年吉地，不过还没来得及营建陵寝，明朝就灭亡了。第二座清西陵位于河北省保定市易县梁各庄以西的永宁山下，首陵为雍正帝的泰陵。

所谓的昭穆相建之制还要从雍正帝说起，他可谓清朝陵寝历史上一位至关重要的承上启下的人物，对于清朝的陵寝制度贡献甚大。雍正帝登基以后，先解决了父亲康熙帝一直没有解决的祖母孝庄文皇后的下葬问题。孝庄文皇后身为清太宗皇太极的妃嫔，入关以后先后辅佐顺治帝和康熙帝两代幼主，于康熙二十六年十二月（1688年1月）病逝，享年七十五岁。她在临终之前，再三交代孙子康熙帝"太宗文皇帝梓宫，安奉已久，卑不动尊，此时未便合葬，若另起茔域，劳民动众，究非合葬之义，我心恋汝父子，不忍远离，祗于遵化州陵茔近处安厝，我心无憾矣"。意思是她不想回关外昭陵合葬，也不要求建陵下葬，只要求安厝于孝陵附近。这给康熙帝留下一个大难题，无奈只能将孝庄文皇后生前很喜欢的慈宁宫拆运到东陵大红门东侧，建了一座临时殡宫，称"暂安奉殿"，将孝庄文皇后梓宫停放于内，作为暂时安奉之地。

孝庄文皇后不想回到关外昭陵与清太宗皇太极合葬，除却她说的卑不动尊，留恋顺治帝和康熙帝父子的原因外，背后真正的原因应该是她跟清太宗皇太极没什么感情。虽然她是皇太极后宫五妃之一，但论次序，中宫皇后是孝端文皇后哲哲，而孝庄文皇后则被册封为永福宫次西宫庄妃，只是位居最末。论受宠程度，关雎宫东宫宸妃海兰珠最受皇太极宠爱。海兰珠为皇太极生下第八子以后，皇太极史无前例地颁布大赦诏书，并称该子为皇嗣，俨然想以此子为储君，只不过此子随后便早夭，不然继承皇位的很可能是这位第八子。海兰珠死后，皇太极一度悲痛到昏迷。可以说孝庄文皇后在皇太极后宫中地位并不突出，也并非最受宠之人。儿子顺治帝也没有得到皇太极的另眼相看，顺治帝继位也是统治集团内部冲突与妥协之下的结果，并非皇太极生前指定，因此孝庄文皇后不想与皇太极合葬。

对于孝庄文皇后的安葬问题，雍正帝认为暂安奉殿是一块极佳之地。《清世宗实录》记载道："自孝庄文皇后安奉以来，我圣祖仁皇帝历数绵长，海宇乂安，子孙蕃衍，想孝庄文皇后在天之灵，极为安妥。"经过朝堂王公大臣商议以后，暂安奉殿被改建为皇后陵，是为昭西陵，于雍正三年（1725年）十二月正式将孝庄文皇后葬入昭西陵地宫。

在选择万年吉地方面，雍正帝这位改革者也并非萧规曹随。他并没有遵守子随父葬制度，而是"另立门户"。之所以如此，雍正帝的解释是康熙帝的景陵附近，也就是东陵境内没有合适的万年吉地。其实只是那么一说，这是一个很明显的借口，如果真的没有，那之后的乾隆帝、咸丰帝、同治帝就不会葬在东陵境内。至于实际原因，可能是这位改革者骨子里就有打破祖制、不守成规的思想，因此选择万年吉地时并不想拘泥于一地。雍正帝此举也被一些人认为这坐实了他篡位弑父之事，因此心虚之下要躲避父亲康熙帝。从这个角度来看，雍正帝的做法承担了巨大的政治风险，不过雍正帝似乎并不在意。

雍正帝在东陵之外相度万年吉地，刚开始中意的是九凤朝阳山。此地虽然不在东陵范围内，但亦在遵化境内，从范围上来说与东陵同处一地，也算勉强说得过去。不过对于雍正帝来说，这并不符合他的心意，因为雍正帝一贯是要么不做，要做就要尽善尽美，就要与众不同。如果在遵化境内，这意味着他的陵寝亦可以笼统地划归到东陵。还好的是再次检查之时，发现这块吉地"规模虽大，而形局未全，穴中之土，又带砂石，实不可用"。因此，雍正帝再度命怡亲王胤祥和总督高其倬等人为自己相度万年吉地。根据《清世宗实录》记载，在雍正七年（1729年）相度易州境内泰宁山太平峪为万年吉地，此地"实乾坤聚秀之区，为阴阳和会之所，龙穴砂水，无美不收，形势理气，诸吉咸备"。此地距离孝陵和景陵有数百里之远，因此雍正帝下令大臣商议在此修建陵寝是否符合古制，潜在的意思就是让大臣给他找到充足的理由。大臣们自然也明白他的意思，马上支持他，回奏道易州和遵化都与北京靠近，也并不遥远。而且泰宁山的山川格局凝聚了大地的福泽，是一块极佳之地，既可以达到选择万年吉地的要求，也符合古制。

太平峪就这样成为雍正帝的万年吉地，并于雍正八年（1730年）兴工营建，也就是泰陵，为清西陵之首陵。不做则已，要做就做出与众不同的雍正帝，如愿以偿自辟皇家陵园，占据风水主位。

雍正帝首创西陵，虽然满足了自己的愿望，却给儿子乾隆帝留下了难题：是随父亲葬于西陵，还是依照之前成例入葬东陵，抑或自己也再另择万年吉地开辟一座新的皇家陵园。这些纠结具象化到乾隆帝登基之初,他"四处出击",除却西陵和东陵,遵化、永平、密云、奉天也都派人去勘察了。最终在乾隆七年(1742年),乾隆帝将东陵境内的胜水峪确定为自己的万年吉地,是为裕陵。

胜水峪虽然是一块极佳的万年吉地,但问题也很明显,诸如地势落差太小,几乎是平坦的地势,不利于雨水排泄,而雨水积存起来很容易就会导致地宫渗水,这是很容易发现的问题。乾隆十七年(1752年),裕陵完工当年,地宫便出现渗水情况,虽然进行了施工修补,但渗水的情况始终是乾隆帝心中的一根刺。根据民国时期刊刻的《东陵盗案汇编》记载,1928年孙殿英盗裕陵时,便发现裕陵有两米多深的积水,以至于四十多天以后,前清遗老遗少前往裕陵重新殓葬乾隆帝及后妃时,地宫中水深依旧是四尺有余,于是他们找来大抽水机,昼夜不停地抽取地宫之中的积水,抽了四天四夜才将积水抽完。当时因为尸骨难辨,所以最后决定既然奉安同一地宫,就等于是同穴,那么同棺又何尝不可。因此,乾隆帝、孝贤纯皇后、孝仪纯皇后、慧贤皇贵妃、哲悯皇贵妃、淑嘉皇贵妃都被葬在乾隆帝的梓官之中,相当于四位后妃以皇帝之礼重新下葬。

既然缺点如此明显,乾隆帝为什么非要选定胜水峪作为万年吉地呢?背后还有着一层不得不说的原因,那便是他一向崇拜祖父康熙帝,看不惯父亲雍正帝,从对鳌拜身后追封和处罚曾静之事便可以看出一二。到了选择陵寝之时,乾隆帝自然是偏向于祖父乾隆帝这边,而不考虑子随父葬。而且乾隆帝选择胜水峪还有一个小心思,从东陵平面图可以看出,乾隆帝的裕陵与顺治帝的孝陵毗邻,另一侧是祖父康熙帝的景陵,是一西一东左右护卫着孝陵,如同祖孙二人一起撑起大清盛世一般,这本是父亲雍正帝的陵寝位置,但雍正帝选择去了西陵,乾隆帝自然当仁不让地填补而上,在无形之中抬高了自己的地位。虽说乾隆帝子随父葬若是去了西陵也可以获得如此地位,但虽然同是首陵,雍正帝泰陵的政治意义还是远不及东陵的首陵之顺治帝孝陵。

顺治帝身为清朝入关以后的第一位皇帝,使得清朝成为全国性政权,可以说是清朝的开国皇帝,只不过他在位时期的大多功绩实为摄政王多尔衮所创,加之

第四章 | 覆辙重蹈

清朝为了提高关外二帝地位，也一定程度上打压了顺治帝的地位。前文已述，顺治帝病逝以后，汉大臣孙廷铨提议为他上大一统王朝开国皇帝的标配"高"字主谥号，但满洲大臣鳌拜却不同意，最终反而将清太祖努尔哈赤的"武"字主谥号改为"高"字主谥号，使得顺治帝并没有真正意义上享受大一统王朝开国皇帝的待遇。不过顺治帝毕竟是清朝成为全国性政权以后的第一位皇帝，所以他也一定程度上享受着大一统王朝开国皇帝的待遇。诸如他的陵号便是参考明朝开国皇帝明太祖朱元璋的孝陵，亦取名为孝陵。孝陵的规模之大、规格之高、建筑之全，在清朝帝陵中居首，即使另一座首陵之雍正帝泰陵也不敢逾越祖制，不敢超越孝陵。因此，在不另辟皇家陵园的情况下，选择在首陵左右的崇高位置，自然以东陵孝陵为佳。

乾隆帝毕竟处在盛世，本人也挥霍无度，因此对于陵寝的建造自然是大手笔。虽然他的裕陵基本仿照的是康熙帝的景陵，但却在很多地方超过了景陵的规制。康熙帝建景陵时，为了逊避祖陵便裁掉了石像生，乾隆帝十分喜欢石像生，为了达成自己心愿，他采取了一个高明方法，那便是先为祖父康熙帝景陵补建五对石像生，再为父亲雍正帝泰陵补建五对石像生，最后为自己的裕陵修建了八对石像生，比景陵和泰陵多了麒麟、骆驼、狻猊三对，这个行为属于严重逾制。乾隆帝在其他方面也是能加便加，三路三孔桥两侧增加了三孔平桥；隆恩殿内加了佛楼；陵寝门前加了三路一孔桥；陵寝前院和后院增加了玉带河及相关桥座；地宫中则加佛像雕刻和经文等。可以说裕陵是首陵孝陵之外的清朝第一陵。

在皇帝妃嫔的妃园寝方面，乾隆帝也是大手笔不断。清朝有两座逾制的妃园寝，为景陵皇贵妃园寝和裕陵妃园寝，都是乾隆帝的"杰作"。景陵皇贵妃园寝埋葬着康熙帝的两位皇贵妃，即悫惠皇贵妃佟佳氏和惇怡皇贵妃瓜尔佳氏。根据《清高宗实录》记载，因为这二位皇贵妃曾经在宫中抚育过年幼的乾隆帝，因此乾隆帝登基以后，因感念其情，于乾隆二年（1737年）五月下谕将其园寝规制稍加展拓，以昭敬礼之意。

乾隆帝虽然只要求"其规制稍加展拓"，但他都特意下谕，要为这两位康熙帝的妃子另建园寝，因此这座园寝自然修建得十分用心：为其营建了两座方楼、明楼和带雉堞的宝城，只不过为了与帝后陵有所区别，明楼为单檐歇山顶，并不悬挂题写陵名的斗匾；增加配殿不说，而且俱为面阔五间，比昌西陵、慕陵、慕东陵的三间配殿规模还要大；享殿月台前还添置有一块"丹凤朝阳"的丹陛石，这在清代妃园寝中仅此一例；厢房还设有前廊，等同帝、后陵。由此可见，这座乾隆帝为康熙帝的两位妃子另建的园寝超越了一般妃园寝的规制。

等到乾隆帝为自己的妃嫔营建妃园寝之时，本来裕陵妃园寝已经是一座标准规制的妃园寝，但当乾隆二十五年（1760年），乾隆帝的宠妃纯惠皇贵妃葬入妃园寝以后，挥金如土的乾隆帝下令改建妃园寝。为了腾出地方增建方城和明楼，将原有的三座园寝门及两过的面阔墙拆除，移建到享殿两旁，园寝门由三座变为左右两座。最后增建方城、明楼、宝城各一座，与景陵皇贵妃园寝规格一般。并在前院增建东西配殿各一座，均为面阔五间。出于孝道考虑，裕陵妃园寝虽然逾制，但并没有超过景陵皇贵妃园寝。这两座逾制的豪华妃园寝都建于财力雄厚的乾隆朝，是清朝进入盛世的标志之一，之后的皇帝即使有心想大建也无力做到这般。

乾隆帝虽然大手大脚，并且有些肆意妄为，但办事方面力求有理有据，也为自己和父亲雍正帝为何不子随父葬想出理由，嘉庆元年（1796年）十二月，根据《清高宗实录》记载，身为太上皇的乾隆帝创建出清朝的昭穆之制：

> 向例皇帝登基后，即应选择万年吉地，乾隆元年，朕绍登大宝，本欲于泰陵附近地方，相建万年吉地，因思皇考陵寝在西，朕万年吉地，设又近依皇考，万万年后我子孙亦思近依祖父，俱选吉京西，则与东路孝陵、景陵日远日疏，不足以展孝思而申爱慕，是以朕万年吉地，即建在东陵界内之胜水峪，若嗣皇帝及孙曾辈，因朕吉地在东择建，则又与泰陵疏隔，亦非似续相继之义，嗣皇帝万年吉地，自应于西陵界内卜择，着各该衙门即遵照此旨，在泰陵附近地方，敬谨选建，至朕孙缵承统绪时，其吉地又当建在东陵界

内。我朝景运庞鸿，庆衍瓜瓞，承承继继，各依昭穆次序，迭分东西，一脉相联，不致递推递远，且遵化、易州两处，山川深邃，灵秀所钟，其中吉地甚多，亦可不必于他处另为选择，有妨小民田产，实为万世良法，我子孙惟当恪遵朕旨，溯源笃本，衍庆延禧，亿万斯年，相承勿替，此则我大清无疆之福也。

简单来说，乾隆帝定下的昭穆之制便是祖孙葬在一起，以他和祖父康熙帝同葬东陵为开始，以后便都要如此实施。为了起带头作用，他直接将嘉庆帝的万年吉地定于西陵内，意在嘉庆帝与祖父雍正帝同葬一处。说起来嘉庆帝也是憋屈，连万年吉地都不能做主。乾隆帝此举也是在某种程度上肯定了父亲雍正帝的做法，替他解了围。当然也变相批评父亲雍正帝"有妨小民田产"，选择万年吉地方面太过任性。

乾隆帝的昭穆之制也只实施了嘉庆帝一代，自道光帝开始便被破坏。道光帝之后的皇帝相度万年吉地时亦多处勘察，并没有严格实行乾隆帝定下的昭穆之制，即使偶有重复祖孙同葬一起，也只是偶然情况，并非遵循祖制而为。乾隆帝可能做梦都想不到，他生前重视的孙子道光帝，治国无方，对破坏他定下的祖制却有一套。

咸丰帝VS崇祯帝

一对理想主义者的成功与失败

道光帝晚年,在继承人选方面,清朝再度来到十字路口。道光帝共有九子,其中皇长子奕纬生于嘉庆十三年(1808年),嘉庆帝对这位皇长孙很是重视和喜爱。嘉庆二十四年(1819年),嘉庆帝封皇三子绵恺为郡王、封皇四子绵忻为亲王时,也一并将十一岁的皇长孙奕纬封为多罗贝勒,这样的待遇相当特殊,隐隐有着以奕纬作为第三代皇位继承人之意。不过奕纬却并不受道光帝的喜爱,道光帝继位以后,竟然将奕纬由多罗贝勒降至皇子位。道光十一年(1831年),郁郁不得志的奕纬病逝,被道光帝追封为多罗贝勒,赐谥号"隐志"。这两个字似乎蕴含不一般的意义,父子二人的志向似乎有着强烈的冲突,所以他只能是隐志。

皇长子奕纬之下,道光帝的子嗣曾短暂地出现过"断层"。虽然皇次子奕纲于道光六年(1826年)出生,皇三子奕继于道光九年(1829年)出生,但都早夭。直到道光十一年(1831年),随着皇四子奕詝及其间隔六天的皇五子奕誴相继出生，道光帝的子嗣开始逐渐多了起来：道光十二年十一月（1833年1月），皇六子奕訢出生；道光二十年（1840年），皇七子奕譞出生；道光二十四年（1844年），皇八子奕詥出生；道光二十五年（1845年），皇九子奕譓出生。由于之后的三位皇子出生较晚，因此道光帝只能在皇四子奕詝、皇五子奕誴和皇六子奕訢三人之间做选择。皇五子奕誴由于天性粗疏，不好读书，于道光二十六年（1846年）被过继给三叔惇恪亲王绵恺为嗣，承袭为惇郡王，等于被排除继统，所以就剩下皇四子奕詝和皇六子奕訢竞争储位。

皇四子奕詝如同嘉庆帝一般，属于乖孩子一类。他老成持重，且素有贤名。奕詝还有一个优势在于，他是在世皇子中年龄最大的，为实际上的皇长子。奕詝的生母为道光帝第三任皇后之孝全成皇后，于道光二十年（1840年）病逝。清朝在康熙年间虽然实施嫡长子继承制度失败，但随着汉化越来越深，嫡长子继承制度对于皇帝的影响还是很大的。因此，奕詝的优势比较明显。当然他的缺点也很明显，那便是才气稍逊。皇六子奕訢则能文能武，聪明不凡，深受道光帝宠爱，但奕訢并不是那么稳重，并非循规蹈矩之人。

道光帝在长期的纠结中，最终选择与他是同类人的皇四子奕詝为皇太子。对于优秀的皇六子奕訢，道光帝怀有深深的愧疚，这种矛盾而痛苦的心理，体现到他于道光二十六年（1846年）写传位密旨时，破天荒地不只是写道立皇四子奕詝为皇太子，还写道封皇六子奕訢为亲王，这是除皇位之外道光帝能给予皇六子奕訢的最高地位。谨慎的道光帝害怕这种标新立异的方法会影响到皇位传递，根据《清宣宗实录》记载，因此他在临终之前又特意写了一道谕令："皇四子奕詝着立为皇太子，尔王大臣等何待朕言，其同心赞辅，总以国计民生为重，无恤其他，特谕。"意思是立皇四子奕詝为皇太子，让诸王大臣好好辅佐他，并要以国计民生为重。

道光帝之所以选择皇四子奕詝为皇太子，是因为从传统和自己固有的守成思想出发，他想要的继承者是和自己一般的守成者或者说是循规蹈矩之人，他认为只要大清沿着既定轨道行驶下去，便可传承万世，皇四子奕詝很明显符合他的条件。至于皇六子奕䜣,虽然他有着更大的可塑性,不像皇四子奕詝那样可以"一眼望到头",可以期待一番他的作为,但这就意味着充满了不确定性。道光帝并不知道奕䜣会将大清带向何方,或许会更好,或许会更坏,缺乏魄力的道光帝自然不愿意冒这样的风险。

除却本质上的性格认同原因外,皇四子奕詝还有一大优势,那便是他的师傅是杜受田。杜受田是饱读儒家经典之人,对于传统皇位继承那一套了解得炉火纯青,对道光帝也揣摩得足够深。杜受田为奕詝出谋划策甚多,使得他可以击败六弟奕䜣。

在古代以孝治天下的环境中,杜受田教给奕詝的制胜之道就是扬长避短。既然奕詝才识不如六弟奕䜣,那么就主打仁孝,杜受田让奕詝在时政等方面能不多言便不多言,一副老成持重的样子即可,以"贤"出名,以"孝"攻心,因此使得奕詝锁定胜局。

咸丰帝在继位之初处处倚重自己的师傅杜受田,军国大事或者用人行政之事都会与杜受田商议,不说言听计从也相差不多。杜受田也开始进入仕途快车道,咸丰帝为他加封太子太傅衔,让他兼任吏部尚书,调刑部尚书,授协办大学士。

咸丰帝和杜受田这对师徒志得意满,想要一挽道光末年的颓势,想要中兴清朝,但他们很快被现实打脸。师徒二人不只要面对历经嘉道两朝被加重的乾隆末年的种种弊端,还遇到了清朝历史上最混乱的时期。这时的清朝几近亡国,而深受儒家思想熏陶的杜受田虽然从政多年,但他没有在地方上主政过,也没有担任过负责具体事务的一线职位,所以杜受田并没有处理具体政务的经验。杜受田可以看透道光帝的性格,从而助弟子成为一代帝王,但他看不透庞大王朝机器运转的逻辑。咸丰帝更是不用说,他皇子时代备受限制,没有处理政务的具体经验,继位以后亦没什么好方法。师徒二人只能用传统的儒家方式治国。而传统儒家方式对皇帝和大臣的要求都高,在王朝弊端丛生的后期根本没什么实施的空间。因此,很快他们便发现事情的发展与想象中大为不同,种种措施都被长期以来的政治黑暗所吞没,他们越努力越徒劳,局势也越来越糟糕。

咸丰二年(1852年),在江苏赈灾的杜受田因旧疾复发加之操劳过度,病逝于江苏清江浦驿台,终年六十六岁。根据《清文宗实录》记载,咸丰帝得知消息以后悲伤不已,在谕令之中如此说道:"披览遗章,不觉声泪俱下,悲痛实深,回忆书斋景况,如在目前,奉使陛辞,情尤眷恋,方冀赞襄帷幄,谠论常闻,讵料相睽两月,晤对无期耶。"之后咸丰帝更是说道:"卿之不幸,实朕之不幸也。"

咸丰帝给予了恩师杜受田超高的规格待遇,赏给他陀罗经被,赏银五千两,加恩晋赠杜受田为太师大学士,命其入祀贤良祠,并且照大学士规格为其进行赐恤,命沿途地方官亲自照料护送灵柩。咸丰帝还打破常规,不待内阁票拟,将谥之极美的"文正"谥号赐予杜受田。灵柩到京以后,咸丰帝亲自到杜府奠醊,抚棺洒泪,悲悼实深。在沉痛的哀思中,咸丰帝目睹了杜府的寒酸,心中悲痛更甚。因此,咸丰帝开始对杜受田的家人加恩:杜受田的父亲杜堮为前任礼部侍郎,咸丰帝赏他礼部尚书衔。咸丰八年(1858年)杜堮病逝,咸丰帝亲往祭奠,并赠予他大学士衔,赐给他谥号文端,并让他入祀贤良祠。杜受田的长子杜翰当时以翰林检讨外放到湖北担任学政,在咸丰帝的刻意照顾下,十五个月的时间杜翰便由从五品提升至正二品的工部侍郎,并且进入权力中枢之军机处,成为军机大臣。咸丰帝驾崩之际,杜翰更是被任命为顾命八大臣之一;杜受田的次子杜䎗被咸丰帝加恩升至侍郎;杜受田的三个孙子被咸丰帝加恩赏举人,咸丰帝允许他们可以直接参加会试。

要说清朝帝师待遇,杜受田应该独此一份。某种程度上来说,杜受田对咸丰帝是亦师亦父亦友,是当时只有二十多岁的咸丰帝的精神支柱,他的病逝甚至使得咸丰帝一度方寸大乱。咸丰帝一直认为若是有师傅杜受田在,局势不会那般恶化。实际上咸丰帝高估了自己这位恩师的能力,用传统儒家的方式治理已经糜烂不堪的大清,并不能解决根本问题,反而会使问题恶化。

"四无皇帝"的另一面

咸丰帝面对的难题在于，他不仅要直面之前历代积弊的爆发，更是要面对父亲道光帝自第一次鸦片战争以后依旧自我封闭、十几年间对外界全无了解的极端不利处境。咸丰帝在位十一年间，清朝的内忧外患全面爆发，他没有过过一天的太平日子，最后更是有些自暴自弃。因此，咸丰帝被后人称之为无远见、无胆识、无才能、无作为的四无皇帝。

某种程度上来说，咸丰帝遇到的难题与明朝的崇祯帝极为相近。咸丰三年（1853年），北伐的太平军势如破竹抵达天津近郊后，当时的京师人心惶惶，很多官员都迫不及待地寻找各种理由请假离京避难。据近人费行简《慈禧传信录》记载，咸丰帝当时对恩师杜受田之子杜翰说明朝崇祯帝不当亡而亡矣，他亦如同崇祯帝一般。虽然这只是小道消息，但是挺符合刚刚登基三年的咸丰帝的心境。咸丰帝一心励精图治，结果登基三年就遇到起义军队逼近京师之事，眼看大厦将倾，自己很可能成为亡国之君，自然不免会想起励精图治十七年却落得一个国破家亡下场的前明崇祯帝。不过咸丰帝最终并没有成为亡国之君，这个四无皇帝看似一事无成，并非拨乱兴治之主，但他也有着一定能力，并非荒淫无道之主。就以与他最为相似的崇祯帝对比中便足以看出一二。

皇帝身为天下之主，虽然在皇权高度集中的朝代被史书记载得越来越完美，甚至被刻意美化，但皇帝说到底也不过一介凡人。因此，皇帝需要庞大的官僚机构辅佐他治理国家，而且古代社会是以人治为主，而非法治为主，所以用人就显得很重要。先以用人来对比，崇祯帝可谓完败，他忠奸不识并且生性多疑，更换朝廷官员十分频繁。仅内阁成员频繁变动竟然多达五十人。内阁首辅中，周延儒和温体仁两人被列入《明史·奸臣传》。根据《明史·张凤翼传》记载，崇祯一朝兵部尚书换了十四人。根据《明史·乔允升传》记载，崇祯一朝刑部尚书换了十七人。崇祯帝还对百官施以严峻刑法，想要逼迫官员尽心尽力做出成绩，但他又做不到赏罚分明,忠臣或是被排挤或是不得好死,奸臣反而多被重用。崇祯帝如此这般作为,百官便开始躲事和畏事,不做事便不会出问题,所以他们以集体摆烂的方式应付崇祯帝。这样的政治环境很难出实干家,更难出力挽狂澜之辈,即使有也会落得如孙传庭和袁崇焕的下场。终崇祯一朝,虽然君非亡国之君,但君所用之臣多是亡国之臣,以至于李自成进军北京时一路势如破竹,抵抗者寥寥无几,朝中更是降者如云。崇祯帝号召天下勤王,只有总兵唐通前去,唐通还没起到作用便投降了李自成,最后崇祯帝落得一个众叛亲离的下场。

咸丰帝在用人方面,虽然不能说是知人善用,但也算用人有方。咸丰帝有着一定的容人之量,大体可以做到赏罚分明。以领班军机大臣文庆来说,他出身满洲镶红旗,相当务实,因此他对挽救糜烂时局开出的药方便是大力重用汉人。文庆身为一个满人,却要求全面重用汉人,他认为满人久在温柔乡,不知民间疾苦,看不出时局弊端所在,远不及汉人,只有重用汉人才可以力挽狂澜。

文庆还力主破除满汉之见,强调用人要不拘一格,可以说他是真正的满汉一体政策的实践者。基于这一想法,文庆先后向咸丰帝举荐过曾国藩、胡林翼、袁甲三、骆秉章等汉臣。在曾国藩因为建立湘军势大以后为朝廷所猜忌时,文庆也是极力保全。咸丰六年(1856年),文庆病逝,在遗疏中他还力言撤换一些无能的地方督抚大员,而他所提到的督抚大员都为满人。其他领班军机大臣诸如祁寯藻和彭蕴章,虽为迂腐之臣,并非能臣干吏,重虚名而不务实,并且对手握兵权的曾国藩多有微词和打压,但他们并非奸臣,也没有造成时局的进一步恶化。

以倚重心腹来说,继恩师杜受田病亡以后,宗室成员、铁帽子王郑亲王端华之弟肃顺得到咸丰帝的宠信,肃顺俨然成为咸丰朝中后期的第一宠臣。肃顺是一个标准的能臣干吏,他如同文庆一般,身为满洲重臣却认为只有重用汉人才能挽救时局。虽然肃顺骄横专权,但对有才华的汉臣却能做到格外优待,先后向咸丰帝举荐了曾国藩、左宗棠、胡林翼、郭嵩焘等汉臣,并且对汉臣多有袒护。

根据晚清薛福成的《庸庵笔记》记载,咸丰九年(1859年),湖广总督官文指使下属参劾左宗棠。咸丰帝曾密谕官文,授权他如果左宗棠真有不法之事,可以将其就地正法。肃顺得知以后,害怕直接劝谏咸丰帝不一定有作用,因此采取迂回方法,将密谕泄露出去。当湘籍官员向他求助时,授意他们先保荐左宗棠,引起咸丰帝注意以后,自己再出言。因此,大理寺少卿潘祖荫三次上奏保左宗棠,说道:"国家不可一日无湖南,湖南不可一日无宗棠。"湖北巡抚胡林翼也上奏保左宗棠,咸丰帝一听这左宗棠是个人才啊,对于稳定地方起到了大用,就起了爱才之心。这时候肃顺看准时机,也出言肯定了左宗棠的功劳,大力夸赞其才能。咸丰帝于是更加肯定左宗棠之才,左宗棠因此渡过危机,自此平步青云。可以说曾国藩和左宗棠等汉臣可以崛起,背后都有着肃顺及其之前的文庆的鼎力支持,而重用肃顺和文庆的咸丰帝既容忍大臣犯错,也可以听得进去建议,才使得汉臣有了极大的发挥空间。

肃顺还有一大成就,那便是帮助咸丰帝极大整顿了吏治。咸丰八年(1858年),考生罗鸿绎才学浅薄,花重金贿赂了顺天乡试正主考官柏葰的家人靳祥。柏葰通过撤换试卷的操作,用本已中试的刘成忠的试卷替换掉了罗鸿绎的试卷,罗鸿绎因此顺利中举,不过不久后东窗事发,舆论哗然。咸丰帝命肃顺、怡亲王载垣、郑亲王端华、兵部尚书陈孚恩等负责此案。肃顺是咸丰帝的头号宠臣,能力又强,郑亲王端华为肃顺之兄,他和怡亲王载垣都是咸丰帝的心腹,但两人能力稍逊,因此以肃顺为首,陈孚恩更是依附于肃顺,所以这件案子实际上是肃顺一人说了算。肃顺最后上奏咸丰帝,认为这件事干系重大,影响太过恶劣,应该从严处理,要将柏葰明正典刑。

柏葰为官清廉,并非迂腐之臣,也可说是一位能臣。他当时刚刚官拜文渊阁大学士,并掌管兵部事务,还是军机大臣,按资历仅次于领班军机大臣彭蕴章,很明显咸丰帝是要重用他。而肃顺当时不过是礼部尚书,级别明显不如柏葰,他之所以要将柏葰明正典刑,固然有助咸丰帝整顿吏治的想法,毕竟想要改变吏治久坏的局势,杀几个高官以儆效尤是最基本的操作,虽然不能根治,但可以起到很好的抑制效果,但也有借此杀掉与自己不是一个派系且有可能威胁到自己宠臣地位的大臣的因素。古代议罪有一大套路,那便是议罪是议重,然后皇帝大手一挥，赦免死罪或者减轻处罚，以此显示天子仁德。因此肃顺认为将柏葰处以极刑也说得过去，柏葰也认为咸丰帝会赦免他的死罪，最多是发配新疆之类的处罚，说不定运气好的话，等几年又可以复出，再度成为朝廷重臣也不是不可能。

咸丰帝也准备从宽处理，不想杀柏葰，但肃顺不愿意，并且极力进言，认为想要整顿吏治和励精图治，那就必须要用重典惩治。最终咸丰帝采纳了肃顺的意见。根据《清文宗实录》记载，咸丰九年（1859年），咸丰帝决定处死柏葰时，如此说道："情虽可原，法难宽宥，言念及此，不禁垂泪。柏葰着照王大臣所拟，即行处斩。"并且说道："执法严惩，正为士林维持风气。"柏葰就这样倒霉地成为咸丰帝整顿吏治，杀鸡给猴看的那只"鸡"，成为有清一代，唯一一位因为科场舞弊案而被处死的一品大员。从此直到清末科举制度被废除，都没有出现大规模舞弊事件。

在外交方面肃顺也颇有手腕。咸丰八年（1858年），俄国西伯利亚总督穆拉维约夫趁英法发动第二次鸦片战争，清朝无力北顾之际，出兵侵占黑龙江要地瑷珲，并逼迫黑龙江将军奕山与其签署了中俄《瑷珲条约》。该不平等条约令中国失去了黑龙江以北、外兴安岭以南约六十万平方公里的领土，将乌苏里江以东的中国领土划为中俄共管。之后俄国先后派彼罗夫斯基和伊格那季耶夫前往北京换约，敦促清朝按约尽快划定两国边界，意在让清廷承认此条约。咸丰帝两次命肃顺负责办理交涉事宜。之前清廷包括咸丰帝在内并没有认识到此条约的严重性，肃顺仔细查看以后发现问题严重，于是拒绝换约。他据理力争，强调黑龙江将军奕山不能代表清廷，因此《瑷珲条约》无效，并处奕山革职、黑龙江副都统吉拉明阿戴枷示众来表明态度，使得俄国方面无功而返。此事可谓外交方面的一大胜利。

不过再优秀的外交，也需要相应的实力支撑，不然获取的成果很可能会得而复失。因为当时为了镇压太平军，东北军队被调入关内，关外处于空虚状态，所以俄国完成了对黑龙江以北及乌苏里江以东地区的军事占领，之后随着英法联军攻破北京，俄国打着调停的名义狐假虎威，清廷只能被迫同意俄国的全部不合理要求。

到了局势最为恶化的咸丰十年（1860年）五月，太平天国新秀将领李秀成和陈玉成崛起，他们再破清军江南大营后，乘胜攻下多地。随后不久，第二次鸦片战争进一步扩大，英法联军由天津北塘登陆，开始进军北京，用很短时间击溃清军，迅速占领北京，咸丰帝逃到了热河避暑山庄。

在逃离之前，咸丰帝将打败太平天国最后的希望寄托在曾国藩身上。他命令曾国藩赶赴江苏，以保江南大局。曾国藩认为要真正解决问题就必须攻克南京，而要攻克南京，就首先要攻克安庆，从上游逐次攻克才可以成功。如果去江苏不控制上游有利位置的话就是本末倒置，最终还会重蹈江南大营被攻破的覆辙，因此曾国藩以种种理由拒绝听命，选择按兵不动。咸丰帝只能先给曾国藩加兵部尚书衔，并且先命令他代理两江总督一职，再实授他为两江总督，让他以钦差大臣的身份督办江南军务，又下令皖南军务归曾国藩督办。事实证明曾国藩这个大清最后的希望，在八旗军队和绿营两大官方武装力量承平日久、失去战斗力且屡战屡败的情况下，最终挽救了清廷，他坚持攻克安庆，从上游而下，最终于同治三年（1864年）打败了太平天国。

如果在崇祯朝，曾国藩或是因为违旨被处死，最轻也是下狱论罪，或是大概率成为另一个孙传庭或袁崇焕。在崇祯朝，曾国藩就不可能有崛起的机会。对于是否利用民间力量或者说是否放权于地方以拯救王朝，崇祯帝和咸丰帝截然不同。崇祯帝是丝毫不愿意分享权力，因为他深知放权于地方的弊端，所以他不会大规模开放团练并且不会借助民间的力量，那么曾国藩若是在崇祯朝自然不会有崛起的机会。

咸丰帝虽然在具体方面对曾国藩和湘军持打压态度，直到实在无人可用才放手任用曾国藩和湘军。但在大的方面，咸丰帝基于正规军队已经腐败至几无战斗力，太平天国已经定都南京，一支北伐偏师都打到天津一带的情况，干脆放权于地方，在数省大规模开放地方团练，以借助民间力量来打败太平军。曾国藩由此创建湘军，最后以此来打败了太平天国。此举虽然造成了朝廷式微、地方督抚权势日重、汉人精英全面崛起的局面,但太平天国运动之后,地方上并没有出现群雄割据的情况,朝廷对地方还是有着一定的控制力,清朝也因此又延续了几十年的国祚。

从财政方面来看,很多朝代亡国的原因其实在于财政崩溃,连军队的军饷都发不出去,并且常年拖欠饷银,又遇到延绵的战事,在这种情况下军队又怎么可能有战斗力呢?军队反而会经常性哗变反叛,王朝失去了强大的武力支撑后自然会崩溃,明朝亦是如此。所以,王朝晚期在国库空虚的情况下,考验皇帝是否有能力的标准之一就是会不会搞钱。

面对国库空虚的难题,崇祯帝的做法是加征赋税。根据《崇祯长编》卷三十八及《明史·毕自严传》记载,崇祯三年(1630年)九月,因军饷问题,户部尚书毕自严计划将原有的辽饷每亩银九厘之外再增银三厘,提高到一分二厘,共增银一百六十五万有奇,并将万历年间的辽饷加大了征收额度。而辽饷之外,崇祯朝还自开剿饷和练饷。明末三饷将百姓剥削得苦不堪言,根据李清的《三垣笔记》记载,崇祯十一年(1638年),为了筹集军饷,朝廷以国计不足为由,要暂借民间房租一年,这个举措使得京城民怨沸腾,民众直呼"崇祯"为"重征"。崇祯帝的措施造成了恶性循环,明末百姓本就苦不堪言,因此纷纷揭竿而起。在这种情况下,崇祯帝进一步剥削百姓,使得起义的百姓越来越多,农民起义军也因此获得了源源不断的兵源。最终明朝被推翻。崇祯帝可谓自掘坟墓。

崇祯十七年(1644),李自成进军北京之际,为了筹备军饷,崇祯帝号召百官捐款,结果百官一个比一个捐得少。根据谈迁《国榷》卷一百记载:"时谕三等上等三万金,皆无应。惟太康伯张国纪输二万,余不及也。"意思是天启帝的皇后张氏之父张国纪捐银二万两为最多者。但等到李自成入主北京,进行追赃助饷以后,根据彭孙贻的《平寇志》记载,大顺军"其所得金,大约侯门十之三,宦寺十之三,百官十之二,商贾十之二,共七千万两"。从这里可以看出,当时百官并非真的穷,崇祯帝应该也清楚,但他没有勇气去抄家或者逼捐,结果是百官象征性地捐了一点。崇祯帝筹备军饷的如意算盘落空,本就大势已去,军队没有军饷，士兵更不可能为他卖命，因此北京被李自成轻而易举地拿下。

清朝为了打败太平天国及捻军，面对恐怖的军费支出，咸丰帝可谓无所不用其极，他并非一味地靠剥削百姓来筹备军费。从小的方面来说，为了解决财政困难，咸丰帝动用皇家私产是丝毫不心疼，可用之物一件都不放过。根据《清代档案史料丛编》第一辑记载，当时内务府有三口金钟，重达两千多斤，上面还刻有乾隆帝的御制铭文。为了解决财政困难的问题，咸丰下令将三口金钟熔为金条和金块，共计两万七千余两。为了解决铸钱无铜的困难，咸丰帝大手一挥，下令将圆明园等皇家园囿陈设的二百二十八件铜鹤、铜瓶、铜龟熔化铸钱，化为八千七百四十七斤铜料。在大的方面，咸丰帝采取的方法也可谓五花八门，什么方法可以筹到钱就用什么方法，主要有四大方法：

一是以捐输广额的方式换取地方捐助军饷，通俗来说就是乡试名额是固定的，每年按照一定的比例录取，但是如果地方向朝廷捐款的话，就可以增加录取名额。此举虽然不能使乡试名额大幅度增加，但也足以调动地方官绅的积极性。为了地方学子有着更好的发展，为了地方更容易出大员，花钱买永久性增加的名额，可谓相当划算。因此，地方捐助军饷很是积极和普遍。不说其他，光是这个方法就比明末三饷高明太多，不用剥削百姓便能获得大额收入。

二是大开捐例，卖官鬻爵。开捐是士民通过向国家捐资纳粟以取得官职，从而步入仕途，是清朝应对财政不足的传统解决方法。咸丰帝之前，开捐并不泛滥，毕竟捐纳官员往往无心做事，反而会利用职务之便来捞外快甚至大贪特贪地收回成本，并不是那么让人放心。但为了筹备军饷，咸丰帝已经顾不得那么多了，甚至采取降价大甩卖的方式。同时咸丰帝简化了捐纳程序，即直接命令吏部下发空白凭证，由地方官员自定，采取一手交钱一手交货的方法。这样的做法导致捐纳官员的含金量直线下降，并且因为数量太多很难变成实职，只是虚衔罢了。到了后来更是出现逼捐行为，很多士绅碍于官府权威，只能如同交保护费一般花费大量银子换取几张空头官衔的黄纸。当士绅的油水被榨完以后，逼捐的对象扩大到当过大员发过财的回乡在籍官员家庭，很多大户受不了地方官府的一再

"劝捐"，只能捐出部分家产来保平安，如此这般，收捐的银两自然激增。当然这么做的副作用也很明显，那便是由此捐纳开始泛滥，加深了吏治腐败。

三是铸大钱，发行银票及钱票。为了节约成本，咸丰三年（1853年），咸丰帝还允许户部铸造当十铜大钱，也就是一枚抵十枚制钱，后来为了进一步节约成本，又增加了当五十、当百、当二百、当三百、当四百、当五百、当千的铜大钱。铸大钱毕竟需要成本，所以几乎没有成本的纸票开始大行其道。同年，咸丰帝还允许发行户部官票，又称之为银票，面额低至一两，高至五十两。之后又批准户部印制大清宝钞，又称为钱票，面额低至一千文，高至一百千文。在财政支出方面，户部以白银搭配银票和钱票来支付，往往是白银和钱票对半，甚至一度达到银二票八。这些举措极大缓解了财政危机。当然副作用也很明显，那便是如此滥发通货，自然造成了恶性的通货膨胀，变相地将钱从百姓手中夺走。

四是广泛推行厘金制度。虽然咸丰帝采取了各种办法，但只能缓解财政危机，不能堵住巨大的财政缺口，而且如此竭泽而渔也并非长久之计。按照彭泽益的《十九世纪后半期的中国财政与经济》统计，打败太平天国的军费开销，当时向朝廷的正式奏销数为一点八亿两，这应该只是一大部分或者说一部分开销，如果加上实际成本及其镇压同时期的捻军起义等其他军费开销，咸丰年间镇压叛乱的军费应该再乘以二，或者说起码过了两亿两的数量，这可是天价数字。因此咸丰帝的一系列方法并不能在根本上解决问题，只能起到缓解作用，不过地方上很快研究出了切实可行的方法。

咸丰三年（1853年），在扬州江北大营帮办军务的刑部侍郎雷以諴为了筹备军饷，他听从幕客钱江的建议，首先在里下河设立机构，在扬州城附近的仙女庙、邵伯、宜陵等镇进行派厘助饷，此举成效显著，收入颇丰，被称为"坐厘"，实际上就是商业税。同时他还在各水陆要冲设立关卡，对通过的货物按照价值强行派捐，被称为"行厘"，实际上就是商品过境税。由于明清时代实行重农轻商的政策，朝廷主要依靠农业税，商业税反而并不多，此举为清朝开辟了新的税收体系。地方上卓有成效以后，雷以諴向咸丰帝上奏，最后向全国普及商业税,并且发展得越来越完善,各类商品都要抽厘,可以说只要是商品便抽厘,征发机构也越来越庞杂,名目繁多,使得商人苦不堪言。虽然厘金制度打压了当时的商业发展,甚至可说这是一种恶税,但此税获取金额数量巨大,还不用直接压榨百姓,也算是充实国库的好方法。

地方上征收厘金以后,往往会少报甚至瞒报。朝廷并不清楚厘金到底可以带来多少收入,因此为了弥补军费开支,咸丰帝同意将征收厘金的权力下放到各省督抚手中。虽然这一行为使得朝廷对地方财政开始失去控制,地方实际上获得财政大权,开始拥权自重起来,但某种程度上也使得清朝"起死回生",解决了清朝财政枯竭的问题,使得天价的军费开支得到稳定的补充。比如曾国藩的湘军军饷来源就是依靠厘金来解决的。

虽然咸丰帝还通过官兵减俸减饷来缓解财政危机,使得官兵更加变相剥削百姓,如同铸大钱、发行银票及钱票那般使得百姓苦不堪言,进一步恶化了当时的局势,但总的来说,咸丰帝可以筹到钱并且解决了问题。诸如厘金方面,因为朝廷实在没钱,所以只能将财政压力下压到地方,令地方想办法筹备军费,最终地方想出该方法并"发扬光大"。在这个过程中,咸丰帝看似并没有起到太大作用,可以说这是放任自流的结果,但有时候放手不管比什么都管还管不好的效果好多了,像崇祯帝是什么都想管,结果却国破家亡。

总的来说,王朝生死存亡之际,咸丰帝跟崇祯帝交了两份截然不同的考卷。咸丰帝并非治国高手,也并非圣主明君,但他的政治理念清晰明了,那便是想尽一切办法保住统治,只要国家不灭亡,什么样的方法都可以。以大规模开放地方团练从而将权力下放地方来说,咸丰帝明知道这会埋下巨大隐患,如同慢性毒药一般,可以先救命再要命,但他还是毅然决然地服下,他具有一种天资不足却极度务实的精神,使得清朝摇摇欲坠地挺过了亡国难关。

崇祯帝则是一派生不逢时的圣主明君形象,他勤政、节俭、自律,自认为可以力挽狂澜,面对巨大的政治黑暗,他坚决不妥协,对大臣严苛至极,到最后成为孤家寡人一个,他始终相信自己可以解决一切问题。如果说南明是明知内斗要亡国，亡国也要内斗，那么崇祯帝则是明知不放权于地方，就不会出现新兴的力量打破僵局，国家可能会灭亡，但即使亡国，他也坚决不放权于地方，权柄绝不外分，他坚决不服权力下放地方的慢性毒药，最后使得明朝亡于他人手中。

某种程度上来说，咸丰帝和崇祯帝两人在继位之前都没有参政经验，都是以儒家经典作为治国要术，都是面对巨大的政治黑暗头破血流。只不过不同的是，咸丰帝看透了这背后的政治潜规则，于是进行了务实改变。崇祯帝则是越来越偏执，依旧生搬硬套地治国并且坚守心中的理想主义，最后感动了自己和后世人，代价却是王朝统治的崩溃。

咸丰帝虽然具有较高的灵活性，但他的问题也很大而且很明显。在第二次鸦片战争中，咸丰帝表现得可谓愚昧至极。咸丰六年（1856年）十月，英殖民主义者利用"亚罗号事件"制造战争借口时，咸丰帝重用的大臣叶名琛报喜不报忧，甚至还谎报军情，明明清军一败涂地，却上奏咸丰帝道清军两次大败英军并屡挫敌人气焰。被蒙蔽的咸丰帝自然无法判断出英法联军的真正实力，也没办法做出符合时局的正确策略，可以说第二次鸦片战争最初的失利是咸丰帝信任有加的叶名琛一手造成。最终广州城陷，不逃也不战的叶名琛被俘送往印度，死于加尔各答。一直接收各种好消息的咸丰帝突然收到广州失陷的信息相当震惊，事后细细思量的咸丰帝大为生气。

在之后的应对策略中，咸丰帝可谓昏招连连。他竟然异想天开地想要依靠团练来剿灭训练有素的英军，并将其定义为民、夷之间的战争，也就是说这是民众与英军的冲突，跟清廷没关系，然后清廷身为"中立者"，等到英军受挫后再站出来当好人，然后使得英军还要感谢清廷，到时候也好谈条件，这样问题便可以轻松解决。咸丰帝的想法太过理想化，实则毫无作用。广州附近的团练组织清楚敌人的实力，并不敢真的攻城，因此广州之后一直为英法联军所占领，直到第二次鸦片战争结束。

咸丰八年（1858年），英、法、俄、美四国公使率舰陆续来到天津大沽口外，分别照会清廷，要求清廷六日内指派全权大臣谈判，俄、美的照会还表示愿意充当"调停人",由此开始两次大沽口之战。先是英法联军炮轰大沽炮台,直逼天津城郊,扬言要攻打北京,咸丰帝慌忙另派大学士桂良和吏部尚书花沙纳为钦差大臣,赶往天津议和,清廷分别与俄、英、法、美签订《天津条约》。关于条约内容,咸丰帝认为公使驻京、内地游历、内江通商等条款威胁太大,尤其是公使面见皇帝亲递国书只是三鞠躬,这简直不可接受。因此双方又开始在此方面反复谈判,最后英法联军想要以武力威慑清廷交换《天津条约》批准书,坚持以舰队经大沽口溯白河进京,当时亲王僧格林沁负责大沽口防务,双方在大沽口交战。清军因为准备充分,所以最终击毙敌军近五百人,英法联军惨败,放弃进京,而选择南返,想要再度调兵遣将。

咸丰十年(1860年),做好准备的英法联军卷土重来,由北塘登陆,进占天津,兵锋直抵北京。清廷派人谈判,英法联军狮子大开口,双方谈判失败,之后在通州南张家湾再度谈判失败,清廷将英国派往负责洽谈停火的谈判代表巴夏礼等三十九人扣留以作人质,但并没有阻止英法联军的脚步,通州被攻陷,之后僧格林沁率军与英法联军在八里桥展开激战。这是一场冷兵器与热兵器的决战,结局自然是占据绝对人数优势的清军伤亡惨重。事已至此,咸丰帝只能逃往热河避暑山庄,将烂摊子交给一直提防的六弟恭亲王奕訢处理,最后英法联军闯入圆明园大肆掠夺并将其烧毁。之后恭亲王奕訢被迫分别与额尔金和葛罗交换了《天津条约》批准书,并订立不平等的《中英北京条约》和《中法北京条约》,作为《天津条约》的补充。

战争中俄国出兵后以"调停有功"自居,不只是强迫清廷承认《瑷珲条约》,还提出新的割地要求,强迫清廷再度与俄国签订《北京条约》,将"中俄共管"的乌苏里江以东四十万平方公里的土地划归俄国。同治三年(1864年),俄国又强迫清廷订立《勘分西北界约记》,割占巴尔喀什湖以东、以南四十四万平方公里的土地,最终胁迫清廷一共割让一百五十多万平方公里的领土,俄国成为第二次鸦片战争的最大获利者。

从以上可以看出第二次鸦片战争之所以愈演愈烈,有个重要原因在于咸丰帝在自我封闭的环境中无法接受公使面见他不行跪拜大礼、只是三鞠躬的行为，因为在传统理念中，皇帝是天子，代表上天来统治九州万方，是天下共主，是普天之下莫非王土，至于周边蛮荒之地，好一些的是藩属国，坏一些的是化外各邦，因此没有与皇帝平等的存在，也没有与天朝上国平等的国家。

这时期的清朝面对世界潮流，如同刚刚入关之际坚决抵制汉文化，守旧观念难以打破那般。在传统文化熏陶成长下的咸丰帝是一个传统到极致的皇帝，所以他在观念上不具有务实灵活性，远不如先祖康熙帝。当时清朝刚刚入关，康熙帝接受满、汉、蒙三种文化教育，又在之后接触了西方文化，所以非常务实。康熙二十八年（1689年），为了腾出手全力对付来自准噶尔部噶尔丹的挑战，康熙帝下令签订《尼布楚条约》。按照传统理念来看，这意味着康熙帝放弃了天下共主这一身份，放弃了普天之下莫非王土这一政治概念，可惜的是他的后世子孙咸丰帝反而远远不如他，最后在闭关锁国的环境中尝到了自高自大的恶果。

当然这也不能全怪咸丰帝，这是清朝历代皇帝坚持闭关锁国、不与世界接轨之下的必然结果，只不过集中爆发于咸丰一朝。某种程度上来说，咸丰帝是替之前的清朝皇帝承担了骂名。而在之前历代皇帝中，咸丰帝的父亲道光帝最为愚昧，第一次鸦片战争以后他竟然无动于衷，以至于清朝错失了十几年的发展时间，如果道光帝当时选择与世界接轨，虽然清朝不见得会立刻强大起来，但对世界局势会足够地了解。清朝因为不懂国际惯例，所以掌握的信息不对称。清朝以为英法联军在北京签订条约以后不会那么轻易退兵，很可能会驻兵，或是再起战端，但实际情况是英法联军得到了自己想要的利益，自然按照条约退兵。但俄人伊格那季耶夫却利用清廷不懂国际惯例的弱点，恐吓道英法联军不会退兵，是他居中调停才得以顺利退兵，使得清朝被迫签订诸多不平等条约，损失了大量领土。

逃往避暑山庄以后，本就身体羸弱的咸丰帝，深受帝都被破、仓皇出逃以及割地赔款的打击，有些自暴自弃，开始消极享乐起来。他将内务府的升平署成批地召到避暑山庄，醉心于戏剧，并且沉迷于酒色，想要以此麻痹自己。但忧郁的心情并没有因此变好，反而使本就不健康的身体变得更加糟糕，他开始咳嗽并且咳血，身体一日不如一日。咸丰十一年（1861年）七月十七日，咸丰帝在痛苦中于避暑山庄烟波致爽殿病逝，终年三十一岁。

咸丰帝死后上庙号文宗，上谥号"协天翊运执中垂谟懋德振武圣孝渊恭端仁宽敏庄俭显皇帝"，主谥号为"显"字，是为文宗显皇帝，都为上佳庙号和谥号。文宗庙号虽然为上佳庙号，但就实际使用来说，含金量并不高，倒也算符合咸丰帝的一生。像历史上的第一位文宗之唐文宗发动"甘露之变"，想要消灭太监的势力，结果失败遭到软禁，成为傀儡皇帝，他常常感叹自己受制于家奴，连汉献帝都不如。开成五年（840年），唐文宗抑郁而终，年仅三十二岁。这个庙号就实际情况来说，大体符合那些想要有一番作为却最终没有太大成就并且在位时间并不长的皇帝。

《清史稿》如此评价咸丰帝：

文宗遭阳九之运，躬明夷之会。外强要盟，内孽竞作，奄忽一纪，遂无一日之安，而能任贤擢材，洞观肆应，赋民首杜烦苛，治军慎持驭索，辅弼充位，悉出庙算。乡使假年御宇，安有后来之伏患哉？

《清文宗实录》这般评价：

上在位十一年，圣寿三十有一，上诞膺天命，临御万邦，缵列圣重熙之绪，际四方多事之时，旰食宵衣，勤求上理，终始一德，罔或倦勤，用能新景命，巩丕基，骏烈丰功，日星彪炳，至于若斯之盛也……上每日批览章奏，引对臣工，指示周详，洪纤毕举，军兴以来，奏报尤繁，自朝至于日中昃，不遑暇食，以视政简刑清之世，劳逸悬殊矣，孜孜求治，劳神焦思，圣体违和，多由于此，然犹未明求衣，秉烛视事，凡礼乐制度，铨选考课，兵刑农桑诸大政，及一切条教号令，莫不求精意而绝具文。而圣怀谦抑，犹以军旅未平，民生涂炭，引为己咎……昔我高宗论为君之难，以为创业难，守成更难，上膺艰大之任，当通变之时，以创为守，其势尤难，是故兵不足而兼用勇，漕不继而改海运，饷不足而更制大钱，改口岸以整盐纲，输米石以实仓庾，裁河员之冗浮，减京饷之成数，凡此新章之更革，无不与时为推迁，至矣哉，德昭宥密，业炳寰瀛，恩泽浃人心，仁风翔域外，宜乎任其劳者食其报，为其难者享其成，而乃大功未蒇，遽弃臣民，于戏痛哉，上在热河时，未尝一日忘宫阙，辛酉仲春，有诏回銮，旋以圣躬不豫，暂缓启行，自夏徂秋，寖至大渐，此亦圣心初不自料者焉，普天之下，率土之滨，含生负性之伦，航海梯山之侣，见升遐之素诏，莫不奔走号呼，若失怙恃，此可见人心之感戴者深，而深仁厚泽之所渐被者周且远也。

虽然不外乎都是一些溢美之词，但在某些方面，咸丰帝也算配得上这些评价。接手这样一塌糊涂的局面，咸丰帝虽然有着太多不足，但他在能力范围内，为了延续残破的国度竭尽全力，虽然付出割地赔款的代价，但没有使清朝亡国，某种程度上来说也算是他的一种本事。清朝也因此再度延续了半个世纪之久，虽非中兴，但也算勉强守成有方。

大清300年

王朝运转的底层逻辑

在清朝历史中，洪秀全可谓是独具一格的存在，他建立拜上帝教，搅动风云，仅仅用两年时间，便攻占南京，占据了清朝东南半壁江山。洪秀全派出一支北伐偏师，仅两万余人便打到天津近郊，使得咸丰帝都感叹要成为下一个崇祯帝。如果一开始没有选择定都南京，而是一鼓作气进行北伐，洪秀全大概率会消灭清朝，即使只是成就半壁江山的霸业，他也坚持了十四年的时间。直到同治三年（1864年）洪秀全病死，南京被攻破，太平天国运动才宣告失败。太平天国运动使得清朝元气大伤，拉开了清朝灭亡的序幕。

洪秀全其实不是一位雄才大略之人，他是一个落魄的读书人，连秀才都没有考上，在长年抑郁之下，最终断了这个念想。洪秀全虽然读书不在行，却发展了众多信徒，最后干脆扯大旗造反，竟干出了一番大事业。随着事业越大，反而暴露出他能力的不足。在定都南京后，他便不思进取并且大兴土木，过着穷奢极侈的生活。领导集团内部问题重重，爆发了天京事变，结果二号人物东王杨秀清被杀，北王韦昌辉和东王秦日纲被处死，翼王石达开则被逼出走，使得太平天国元气大伤。之后便一日不如一日，虽有李秀成和陈玉成两位新秀将领支撑大局，仍是颓势难掩，最终失败。

第四章 | 覆辙重蹈

最终打败太平天国的不是清朝的正规军队，而是依靠地方团练而崛起的曾国藩的湘军。等于晚清时代清朝内部有两股民间力量在决定中国大地的走向，朝廷的军队反而沦落到辅助位置，这是一个很奇怪的现象，从其背后也可以一窥王朝运转的底层逻辑。

洪秀全之所以可以崛起，本质上是清朝沿用历朝历代惯用的低成本统治之下的必然结果之一。所谓的低成本统治，首先要搞清楚专制王朝中大臣与皇帝的关系。在专制王朝中，衡量大臣是否成功的标准从来都不是是否清廉、是否有能力、是否爱民如子等，而是是否符合皇帝的好恶。如果可以讨得皇帝主子的开心和信任，那么即使是奸臣也可以成为被夸赞的忠臣。如果不讨皇帝开心，并且触犯了皇帝的忌讳，使其龙颜大怒，即使是爱民如子的忠臣，那也会成为奸臣。所谓忠奸之分，不在于客观事实，而在于皇帝的个人喜好，这种情况在清朝这样皇权高度集中的朝代更是普遍存在。

皇帝和大臣可以说是一种不平等的"互相依赖"关系，皇帝需要大臣辅佐自己治理国家，大臣则需要皇帝给予自己权势，只不过大臣处于弱势地位，需要皇帝来引导向善或者向恶。皇帝如果圣明，那么上行下效，不论大臣愿意与否，恶的一面会被抑制，会表现善的一面。皇帝如果昏庸，自己都肆意妄为，或者说对大臣失去了真正的控制，那么大臣恶的一面就会释放，善的一面则被抑制。大臣虽然面对皇帝畏畏缩缩，只能沦为被支配的地位，但大臣并非毫无思想的执行者，反而不少大臣不甘心做皇权的附庸，或者说不甘心被约束在框架中，因此他们一直等待机会，所以但凡王朝出现一位昏庸之主或是皇帝年老昏聩，便会出现各种问题。有野心的大臣也会趁此机会或是肆意妄为地贪腐，为自己谋取巨大的私人利益，或是一味迎合上意来获取更大的权力，然后造成更大的破坏，结果是君不正臣不贤，使局面恶化。在帝制家天下的模式下，注定不可能代代出圣主明君，因此只要昏庸乃至荒淫无度之主出现，意味着大臣们可以操作的空间增大，吏治便由此腐败起来。吏治腐败会形成官官相护之风，无形之中会腐蚀皇权并挑战皇帝的权威，更是会造成剥削百姓太甚，出现官逼民反之事。

对于官逼民反的情况，历代统治者都心知肚明，也清楚百姓被逼反的破坏力，因此有远见的统治者都会抑制吏治腐败的情况，尽量减轻百姓负担，以避免出现大规模农民起义之事。诸如雍正帝通过火耗归公、给予官员养廉银等方式避免地方官员过度剥削百姓。乾隆帝则在其在位前期多次减免百姓赋税。

随着吏治越来越腐败，官员过度剥削百姓，此举无疑是在破坏统治的基础，这时候皇帝只有两个选择。一是面对官官相护的腐败局面无从下手，只能听之任之，任由百姓被剥削放任不管，认为维护皇权统治的大臣更重要，没必要因此掀起一场腥风血雨。道光帝便是如此，深知嘉庆末年各种弊端的他，继位之初便雄心壮志地想通过清查各省陋规作为突破口来整顿吏治，结果遭到大臣明确反对以后当了缩头乌龟，于是将整顿吏治的想法放弃。二是通过铁腕手段来整顿吏治，以此将腐败问题抑制住，避免无良官员对百姓剥削太狠，导致大规模的农民起义。

一般来说，皇帝大多会选择第一种，选择妥协于官僚集团以换取官僚集团的支持，甚至还会鼓励贪腐行为。例如和珅是公认的巨贪，但对于乾隆帝来说他就是忠臣，所以乾隆帝只会奖励他保护他，绝不会拿他开刀，而这样的皇帝亲自认定的"忠臣"在历朝历代并不少见。至于弱势的百姓只能是被牺牲的一方，皇帝认为百姓掀不起什么风浪，不具有大的威胁性，对比官僚集团的反抗不值一提。结果长此以往，百姓被剥削得越来越狠，当剥削的程度过了百姓可以容忍的底线以后，暴乱的因素会充斥在底层的每个角落。这时候在黑暗的政治环境中，或是因为天灾使得百姓更加没有活路，于是百姓便纷纷揭竿而起，或是有人振臂一呼，那么自然开始出现大规模的农民起义，像洪秀全就是这样崛起的，属于时势造英雄。

在王朝后期吏治腐败的环境中，洪秀全才可以崛起，如果在政治相对清明的王朝前期，他根本没有崛起的机会。而历朝历代的大规模农民起义，本质上就在于此，官僚集团辅佐皇帝治理国家，是皇帝深化统治的关键一部分，但吏治腐败又会使官僚集团成为破坏皇权统治的重要原因之一，皇帝面对这种情况往往采取低成本的解决方式，那便是容忍官僚集团剥削百姓，以这种低成本的方式保证政权的运转，从而维持表面的繁荣。最终随着时间的推移吏治越来越腐败，文官爱钱，武将惜命，将私人利益置于国家利益之上，从而使得百姓纷纷造反，结果就是要么像洪秀全这般极大动摇了清王朝统治，要么像李自成那般直接推翻了明王朝的统治。所谓的大规模农民起义，其实是偶然之中的必然，像洪秀全只是一个落魄读书人，李自成不过一驿卒，当百姓都安居乐业时，他们的"恶"被抑制，甚至可以通过正规途径实现自己的抱负，展现自己的才能。当百姓都活不下去时，他们"恶"的一面被释放，在乱世趁势而起。

而曾国藩的湘军之所以可以崛起，也是因为吏治腐败所导致。乾隆末年的吏治腐败，历经嘉庆和道光两朝已经形成全面的政治黑暗局面，军队也不可能独善其身，将领经常性被克扣军饷，底层军士则为了生计，或是聚众闹事发生哗变，或是挥刀斩向更弱者，他们通过剥削百姓来保证自身的生活质量。面对大规模的农民起义，内部已是腐败至极的清军没有多少战斗力不说，还经常性讳败为胜。在这种情况下，咸丰帝收到军队的捷报越来越多，但是太平天国的地盘也越来越大。军队已是烂到根里，所以咸丰帝只能像祖父嘉庆帝借助民间力量那般，大规模开放地方团练，想要借助新兴的民间力量来打败太平天国。

曾国藩能在诸多地方团练中脱颖而出，咸丰帝大规模开放地方团练的举措只是给了他一个机会。还有一大关键在于，他看透了吏治腐败的本质，清楚庞大的官僚机器已经烂到根里，想要真的有一番作为，就要跳出这个腐朽的官僚机器，要另起炉灶，并且坚决不能沾染其恶习。因此，曾国藩建立赏罚分明的制度，身体力行地操练这支军队，行非常之法，做非常之事，最终自成一系，才得以打败太平天国。

从洪秀全和曾国藩的崛起背后，可以看出古代王朝低成本统治运行下的弊端。王朝后期，吏治腐败到无以复加，官官相护到皇帝都可以蒙蔽，在这种情况下想要整体改变，那无异于是与整个既得利益集团作对，即使是皇帝也需要有大智慧大勇气大毅力才可以做到。这种情况下进行内部改革还不如另起炉灶，因此能真正在王朝后期革除各种弊端，使得王朝再度强盛的中兴之主在中国历史上也寥寥无几。

　　很多人认为清朝皇权达到巅峰，各项制度也是历代中最为完善的，如果没有西方列强，清朝应该可以迈过大一统王朝统治三百年的大关，甚至可以持续更长的时间。但清朝的制度再完善，也始终在专制王朝的框架中，并没有跳出专制王朝的范围，清朝是在走历代王朝的旧路，王朝发展到后期自然如同历代王朝一般爆发各种问题。清朝后期先后爆发白莲教起义和太平天国运动，如同明朝的李自成起义一般，本质上都是由政治黑暗造成的。甚至换个角度来说，如果没有西方列强给清朝带来的冲击，使其内部团结，并且之后进行洋务运动，那么清朝都不一定在太平天国运动之后坚持近半个世纪之久。

　　可能有人认为如果没有西方列强和西方文化的传播，洪秀全就不会通过梁阿发得到《劝世良言》，也不会信仰基督教，更不会建立拜上帝教，那么便不会有太平天国运动。这种看法其实是本末倒置，不是洪秀全接触了基督教要造反，而是洪秀全本就想造反，正好接触了基督教，因此将基督教教义修改以后，以此发展信徒来造反。只要洪秀全有造反的野心，即使他没有接触过基督教，也可以通过别的教义来发展信徒，也可以建立别的教。诸如可以建立拜大帝教，虚构或者"改造"一位大帝，来宣扬自己的信仰发展信徒，效果是相同的。而且如前文所说，洪秀全身为不得志的读书人，他之所以可以崛起，是因为当时百姓已经被剥削到极限，是乱世出枭雄，而不是枭雄造就乱世。在那样的乱世之下，没有洪秀全，也会有王秀全、李秀全、张秀全等站出来造反。

第四章 | 覆辙重蹈

回光返照，走向终结

顾命八大臣

咸丰十一年（1861年），咸丰帝病逝，他只有一位子嗣载淳，因此自然由载淳继位，是为同治帝。随着之后同治帝和光绪帝都绝嗣而死，也意味着清朝的秘密立储制度实际上被废除，之后的皇位传递由太后懿旨指定。

同治帝继位时年仅六岁，因此咸丰帝临终之前进行了一系列布局以保证皇权平稳过渡。根据《清代档案史料丛编》第一辑记载，咸丰帝立载淳为皇太子，以怡亲王载垣、郑亲王端华、协办大学士肃顺、侍卫内大臣景寿、兵部尚书穆荫、吏部侍郎匡源、工部侍郎杜翰、太常寺少卿焦佑瀛八人辅佐，赞襄（辅助，协助之意）一切政务，是为顾命八大臣，以他们来实际代行皇权。又授予中宫皇后钮祜禄氏即日后的慈安太后"御赏"印章，授予载淳"同道堂"印章，由其生母懿贵妃即日后的慈禧太后掌管。凡是"赞襄"大臣所拟圣旨，要在起首盖"御赏"之印，末尾则盖"同道堂"之印，也就是说要让两宫太后来监督顾命八大臣，起到政治平衡的作用。

同治帝是清朝第三位幼年登基的皇帝，咸丰帝设计的政治格局很明显参考了之前顺治帝和康熙帝两位幼年登基的皇帝之成例，可谓是多方考虑。为了避免出现第二个摄政王多尔衮，在顾命八大臣的至亲人选上，理论上恭亲王奕䜣最为适合，但咸丰帝将其排除，反而选择了自己的亲姐夫景寿。景寿是一位老好人，没野心没能力，也让咸丰帝放心。顾命八大臣有两位远支宗室即怡亲王载垣和郑亲王端华，还有一位皇亲国戚景寿和一位宗室大臣肃顺，其他成员则是军机大臣，其中一位军机大臣杜翰还是恩师杜受田之子，成员结构多元化，可以互相制衡，也不容易出现诸如鳌拜这样的权臣，最大程度上保证了同治帝日后可以顺利亲政。

　　这只是咸丰帝个人能力的极限安排，就实际来说，咸丰帝这一安排可谓漏洞百出。专制社会是依靠人治而不是法治，在缺乏制度上的保证的背景下，要想平衡政治势力，对政治格局的安排要求是非常高的。统治者要考虑到方方面面，要把握住人性，才有一定可能营造出勉强保持平衡的局面。很明显咸丰帝并没有充分考虑到人性，导致之后出现了大问题。前文提及的怡亲王载垣和郑亲王端华以肃顺马首是瞻，其他四位军机大臣也都听从肃顺，至于景寿这个唯唯诺诺的老好人则无足轻重，所以相当于顾命八大臣一开始就形成了以肃顺为首的情况。肃顺为人骄横，又独断专权，已经隐隐有着不受皇权控制的迹象。肃顺成为顾命八大臣之首以后，引起同治帝的生母慈禧太后的极大不满，即使是性格柔顺的慈安太后也不满肃顺的所作所为。另一边，留守京城收拾烂摊子并且控制住局面的恭亲王奕䜣也对这一安排极其不满。

　　恭亲王奕䜣与咸丰帝这对兄弟的故事也颇有意思。虽然他们同父异母，但在道光二十年（1840年）正月，咸丰帝的生母孝全成皇后病逝，此后道光帝便让恭亲王奕䜣的生母静贵妃抚养咸丰帝。兄弟二人朝夕相处，兄友弟恭，手足情深。后因争夺储位，加之咸丰帝得师傅杜受田之助，获胜有取巧之嫌，兄弟二人之间也心生嫌隙。咸丰帝继位以后对奕䜣优待有加，并且按照惯例将养母静皇贵妃尊为康慈皇贵太妃以后，还破例按照皇太后的待遇待之，可谓仁孝有加。在咸丰三年（1853年）十月太平天国北伐军逼近北京之际，咸丰帝更是打破祖制，命奕訢入值军机处。而在此之前，只有嘉庆朝的成亲王永瑆在嘉庆帝亲政以后短暂入值过军机处，之后因不符定制而被罢军机处行走。虽然咸丰帝此举有着迫于时局危急的原因，但对于奕訢也称得上信任和重用。

根据王闿运的《祺祥故事》记载，兄弟二人失和于咸丰五年（1855年）六月康慈皇贵太妃病重之际。虽然康慈皇贵太妃享受着皇太后的待遇，但毕竟不是真的皇太后。清朝定制是皇帝生母可以尊为皇太后，养母并不能尊为皇太后，所以咸丰帝再感激养母也并没有打破这一成例。奕訢知道康慈皇贵太妃心心念念的就是想要一个皇太后的名分，因此有一天他探视完正要离开寝宫时遇见了正好来探视的咸丰帝，咸丰帝问起康慈皇贵太妃的状况，恭亲王奕訢跪着流泪说道母亲已经时日无多，想要一个封号才能瞑目。咸丰帝一时尴尬无比，不知该如何回答，只是含混不清地哦哦了两声。恭亲王奕訢一听大喜，马上去军机处"传旨"礼部，准备册封事宜，礼部据此上奏尊康慈皇贵太妃为康慈皇太后。咸丰帝得知此事以后大怒，当时他还没有子嗣，却先封奕訢生母为皇太后，这不是自己给自己找麻烦吗，不过他没办法拒绝，如果直接拒绝，岂不是出尔反尔。

如果说出实情是奕訢矫旨，那可是要论死罪的，虽然兄弟二人不和，但还不至于像雍正帝那般对兄弟进行残酷打压。咸丰帝只能不情不愿地在咸丰五年七月初一（1855年），晋封养母为康慈皇太后。七月初九，心满意足的康慈皇太后病逝。虽然正史上关于奕訢矫旨之事并没有记载，毕竟是皇家秘辛，不被记载也属正常。之后的历史发展也在进一步佐证这件事的真实性，根据《清文宗实录》和《清史稿》记载，咸丰帝追封养母为皇太后之后，对其身后待遇进行减杀：一般皇后谥号是先上十二个字，之后由子孙加到十六个字，但咸丰帝为养母上谥号"孝静康慈弼天抚圣皇后"，只有八个字，而且不按照惯例为康慈皇太后系丈夫道光帝的主谥号"成"字，因此不能称之为成皇后，自然也不能升附太庙。本来按照惯例加上丈夫主谥号，简称为孝静成皇后，现在却只能称之为孝静皇后。孝静皇后出殡西陵的时候，咸丰帝没有按照惯例亲自护送。入葬陵寝地宫之时，咸丰帝也没有参加永安大典。咸丰帝还以道光帝生前将孝静皇后的葬位定于慕陵妃园寝为理由,并没有再建陵寝,而是将慕陵妃园寝改建为慕东陵,只是加了少量建筑,可谓不伦不类,相当寒碜。

奕訢也受到惩罚,竟然因为在生母丧礼上"于一切礼仪多有疏略之处",被罢军机处行走等实职,虽然仍在内廷行走,但发回上书房读书。咸丰帝在谕令的最后,意味深长地说道:"俾自知敬慎,勿再蹈愆尤,以副朕成全之至意。"以此可以看出,咸丰帝并非真心晋封养母为皇太后,否则他既然打破祖制晋封,又何必在其身后待遇上多处缩减,并且找借口惩罚奕訢呢?兄弟二人自此失和并且关系更加疏远。等到英法联军打到北京城下,咸丰帝将烂摊子交给奕訢处理,颇有些将他推进火坑的意思。奕訢在京城兢兢业业地进行善后,结果还是没有得到皇帝四哥的信任,他怎么可能甘心,又怎么会甘心呢?

在这种情况下,奕訢与两宫太后联合起来,争取到了掌握京畿与直鲁重兵的兵部侍郎胜保和僧格林沁的支持,又获得在京百官的支持,由此发动了辛酉政变,推翻了顾命八大臣体制。政变之后,怡亲王载垣和郑亲王端华被赐自尽,肃顺被斩杀于菜市口,本就是"凑数"的景寿被象征性处罚削职,但仍留公爵及额驸品级,不久被重新起用。穆荫被撤职流放。匡源、杜翰、焦佑瀛俱被革职。顾命八大臣原拟的"祺祥"年号也被废除,并被改为"同治"年号,意在共同治理国家。政治格局变成两宫太后垂帘听政,宗藩辅政。恭亲王奕訢被授为议政王,为领班军机大臣,开始正式登上历史舞台。奕訢的生母孝静皇后也得到了大行皇后的一切正常待遇。同治元年(1862年)四月,两宫太后以同治帝的名义下发诏书,为奕訢的生母孝静皇后加谥懿昭端惠,系道光帝谥号"成"字,谥号被改为孝静康慈懿昭端惠庄仁和慎弼天抚圣成皇后,是为孝静成皇后。九月初二日,将孝静成皇后神位升祔太庙。

奕訢通过洋务运动大展拳脚,因为他精通洋务,所以在当时还被人称为"鬼子六",为开明派的代表人物之一。辛酉政变将肃顺这个能臣排挤出权力核心并且斩杀,使得清朝的另一种历史可能性断绝。肃顺并非顽固守旧之人,他主张重用汉人，他如果进行改革，或许会有更多的可能性。不过也算是清朝的运气使然，虽然内部倾轧中折损了肃顺，但还有恭亲王奕䜣。奕䜣当时被留守北京全权与洋人交涉，深刻感受到对方之强大，所以才会发愤图强，要开展洋务运动。

皇权衰落以后，统治集团内部也开始争权夺利。面对窃取皇权的慈禧太后，奕䜣可谓"先天不足"，明显不是其对手，在同治四年（1865年）被罢议政王职务。光绪十年（1884年），奕䜣为首的军机处大臣突然被全体罢免，时称"甲申易枢"。奕䜣自被罢黜后越来越消沉，被磨平了棱角，遇事也变得犹豫不决，虽然于光绪二十年（1894年）再获起用，但也没什么大的作为。光绪二十四年（1898年），奕䜣病逝，享年六十五岁，谥号为"忠"。

随着奕䜣屡遭打压，还有光绪七年（1881年）慈安太后的病逝，慈禧太后成为大清实际的当家人。她的儿子同治帝和侄子兼外甥光绪帝不过是傀儡皇帝罢了，并且他们在慈禧太后的专权强势下也活得不如意。同治十三年（1874年）十二月初五日，憋屈的同治帝病死，享年仅仅十九岁，死后上谥号"继天开运受中居正保大定功圣智诚孝信敏恭宽毅皇帝"，上庙号穆宗。穆宗庙号是带有褒义的好庙号，可能参考的是明穆宗隆庆帝，隆庆帝虽然在位时间短暂，但在位时期进行隆庆开关，也是有一番作为。同治帝虽然没有实权，一生受制于母亲慈禧太后，但在位时期清朝开展同治新政，所以为他上穆宗庙号也算合适。如果咸丰帝泉下有知，自己的独子同治帝这般草草落幕，也许会后悔当年没有效仿汉武帝进行立子杀母之举，而这时期的清朝也进入最后的回光返照时期。

虚假的中兴

度过内忧外患全面爆发的咸丰朝之后，清朝开始成为散装政权。海关税务司和关税由外国人掌握，第一任总税务司英国人李泰国于咸丰九年（1859年）上任。四年以后，英国人赫德接任总税务司，在这个实权职位上工作了近半个世纪之久。在武力支柱方面，因为八旗军队和绿营中看不中用，所以清廷实际上依赖的是曾国藩的湘军、李鸿章的淮军以及袁世凯的北洋军队这类私人所属性质浓重的军队。地方财政大权和兵权也渐渐落入地方督抚手中，朝廷只剩下人事任用权，后来这项权力也受到了侵蚀。不过还好的是，因为有着西方列强在一旁虎视眈眈，所以某种程度上反而使得内部势力团结在一起。虽然地方坐大，朝廷式微，但并没有因此爆发内乱，汉人精英诸如曾国藩、左宗棠、李鸿章等手握私人军队的大臣也没有趁王朝衰落之际进一步发展，而是与朝廷团结在一起，之后也并没有演变成为诸如东汉放权于地方的局面，可以说清朝这时形成了一个诡异的平衡局面。

国家开始进入大体稳定的时期，加之与西方列强暂时处于和平状态，清朝竟然出现了同光中兴。当然对比真正的中兴来说，所谓的同光中兴并非真正的中兴。同光中兴的核心在于洋务运动，而洋务运动的核心在于以西方科技来为腐朽的体制续命。

两次鸦片战争的爆发，尤其是第二次鸦片战争使得国都被破，咸丰帝仓皇出逃，最终病死于避暑山庄。付出惨痛的代价之后，清朝这才开始真正睁眼看世界。在恭亲王奕䜣的发起下，加之地方实力派曾国藩、李鸿章、左宗棠、张之洞等人支持，清朝开始师夷长技以制夷，大规模引进西方先进的科学技术，兴办近代化军事工业和民用企业。通俗来说是清朝引进西方的科技，并且将地方的汉人精英加入权力核心之中，为清朝注入一股新兴生机，因此清朝才有着些许中兴之势。

不过，清廷并没有对体制进行改革，也没有通过大力整顿吏治等传统方式来使政权健康运转。清朝依旧吏治腐败，政治的全面黑暗并没有得到改变，统治阶级依旧腐朽至极，因此所谓的中兴只不过是回光返照罢了。光绪二十一年（1895年），随着甲午战争的失败，北洋海军全军覆没，意味着洋务运动的失败。甲午战争的失败并非军事装备的问题，更多是因为内部的政治黑暗而导致的，军队外强中干，各派系明争暗斗，明知大敌当前无底线内斗会失败，但依旧坚持无底线内斗，即使战败也无所谓，只要能扳倒洋务派首领李鸿章那便是值得的。在这样政治黑暗的环境中，所有的成果都可能被推翻。

可以说清朝依旧是在旧的轨道下行驶，即使学习西方科技，也没有本质上的改变，最多延缓了其灭亡的时间，所以清朝晚期的发展是乏善可陈的。虽然清朝和历代王朝历史发展和故事是不一样的，但只是在一条旧轨道反复行走之下的不同故事罢了，即使清朝的发展增加了些许西方元素，也不过尔尔。在这样的旧轨道之下，灭亡的结局已经注定。

颓废的晚清值得称道的地方也就是虽然其在海上惨败，但在陆地上还是取得了一些成果。光绪元年（1875年），左宗棠任钦差大臣督办新疆军务，开始了收复新疆之战。清军陆续收复了中亚浩罕国（在今费尔干纳盆地）军官阿古柏侵占的天山南北诸地，阿古柏也在此期间暴死。清军的胜利粉碎了英、俄两国吞并新疆的阴谋。以清军胜利为后盾，曾国藩之子曾纪泽于光绪七年（1881年）成功与沙俄议定《伊犁条约》，付出一定代价之后使得沙俄军队退出伊犁，次年清廷收回伊犁。受此影响，清朝也开始深化对新疆的统治。光绪十年（1884年），清廷正式在新疆设省，刘锦棠成为首任甘肃新疆巡抚。

机关算尽一场空

光绪三十四年（1908年）十月二十一日，光绪帝驾崩，终年三十八岁。二十二日，实际统治中国长达四十七年之久的慈禧太后病逝，享年七十四岁。这对母子"冤家"以这种奇怪的方式落幕，一辈子活在慈禧太后阴影之下的光绪帝，到死也没有走出阴影，反而死在了慈禧太后前面。

光绪帝之死也成为清末的一大谜案，当时很多人认为他是被毒死的，这类野史传言也是不少。后来根据考古发现，光绪帝竟然真是被毒死的。2008年，经过"清光绪帝死因"专题研究课题组对光绪帝残留的一缕头发的鉴定，《清光绪帝死因研究工作报告》证实其死于砒霜中毒。不过科学手段虽然可以查明光绪帝的真正死因，但随着时间的流逝已经寻找不到一百年前的杀人凶手，只能通过逻辑和史料两方面来推理。

以谁是最大受益者来说，自然是慈禧太后，她死后光绪帝肯定会亲政，以光绪帝对她的恨意，肯定会疯狂报复，慈禧太后的身后之名肯定保不住。毕竟这有例可鉴。清初摄政王多尔衮突然死去，被架空多年的顺治帝亲政以后便对其疯狂报复，慈禧太后自然害怕自己成为下一个摄政王多尔衮。而在史料方面，曾任光绪帝起居注官十九年的恽毓鼎在《崇陵传信录》如此写道："皇帝卧病在床，免率百官行礼，辍侍班。上闻之大恸。时太后病泄数日矣。有僭上者，谓帝闻太后病，有喜色。太后怒曰：'我不能先尔死！'"意思是慈禧太后病重之时，不想让光绪帝在慈禧太后死后亲政的人诬陷光绪帝，对慈禧太后说光绪帝听到慈禧太后病重时很是高兴，慈禧太后一听大怒，说道她不能死在光绪帝前面。

光绪帝为咸丰帝七弟醇亲王奕𫍽之子，母亲为慈禧太后之胞妹婉贞，原本与皇位无缘。同治十三年（1875年），同治帝无嗣而崩，本来按理说应该在溥字辈择一小辈过继于同治帝入继大统，像咸丰帝的六弟恭亲王奕䜣之子载澂是最合适的人选。道光帝一脉，咸丰帝虽然排序第四，但就实际情况来说是实际上的皇长子。当皇长子一脉绝嗣以后，自然应该选择皇次子一脉，皇五子奕誴已被过继出去，等于皇六子奕䜣是实际上的皇次子，他这一脉最适合过继到支脉继承皇位。但很明显慈禧太后绝不会允许政敌恭亲王奕䜣的儿子登上皇位，那对自己是极其不利的。而且如果溥字辈成为皇帝，自己便是太皇太后，不再是皇太后也不好再垂帘听政。所以最后慈禧太后选择了与自己血缘最近、既是同治帝堂弟亦是表弟的光绪帝。光绪帝当时只有四岁，也方便慈禧太后继续操纵大权。

光绪帝从小被慈禧太后抚养，对这位养母是又敬又怕。光绪帝并没有深沉的心机，虽然有着中兴清朝之心，属于开明派，但性格有些偏激，过于理想化。光绪帝久在深宫之中，又没有深沉的心机，他既做不到像太爷爷嘉庆帝那般完美伪装自己，耗死乾隆帝再顺利亲政，也做不到像伯父咸丰帝那般善于表演，处处展现自己的仁孝，使得道光帝最终选择他为继承人。光绪帝不说将一切都表现在脸上，也是相差不多。光绪帝志大才疏，虽然戊戌变法的本意是好的，但改革措施多是理想化而不切实际，其效果可想而知。光绪帝在戊戌政变以后不只彻底被架空，更是失去了慈禧太后的信任，被囚禁于中南海瀛台涵元殿，过着高级囚徒的凄凉生活。慈禧太后还想以大阿哥溥儁取光绪帝而代之，要不是各国公使和朝廷内外都反对，光绪帝就会成为废帝，所以母子二人处于撕破脸的状态。在这种情况下，无论光绪帝听到慈禧太后病重有没有露出喜色，慈禧太后都有足够的动机要毒死这个不听话的傀儡皇帝。

光绪帝死后，慈禧太后对身后皇位继承人的安排也是耐人寻味。她将光绪帝的异母弟醇亲王载沣立为摄政王，并立载沣之子溥仪为帝，这是一个看似奇怪且低级，实则对慈禧太后有益处的安排。如果慈禧太后没有挺过这一关死去，朝廷权力是三分的，溥仪为虚君，载沣虽为摄政王，但他作为一个根基薄弱的老实人，无论是从自身功绩还是性格方面，都做不到大权独揽，而且还有慈禧太后的侄女隆裕太后（光绪帝皇后）制约着他，所以载沣做不到肆无忌惮，并且他还要感谢慈禧太后将他的儿子立为皇帝。如果直接立载沣为皇帝，参考同治帝死后的兄终弟及，由光绪帝继位，载沣虽然也会感激慈禧太后，但也会认为自己继位理所当然。等到他彻底掌握大权，难免他不会想起慈禧太后虐待自己哥哥光绪帝之事，到时候清算不清算慈禧太后也只是一念之间。而且载沣继位的话，慈禧太后的侄女隆裕皇后不仅不能升为隆裕太后，地位更是尴尬无比，对于载沣也自然起不到制衡作用，这是慈禧太后所不能接受的。如果慈禧太后挺过这一关，那么溥仪年幼，隆裕太后无能力，慈禧太后便可以继续垂帘听政实际掌握大权。若是立载沣为帝，载沣年富力强，慈禧太后即使可以挺过这道生死大关，但也已日薄西山，很可能在不久的某一天便病重死去，朝臣肯定会拥护载沣，这对慈禧太后继续掌握大权可是一大挑战。慈禧太后这一操作最大程度上满足了自己的利益，可以进一步避免自己死后被清算，这对她来说可谓最佳安排。

慈禧太后属于精致的利己主义者，她只想着自己如何继续掌权，还有死后免遭政治清算，完全不顾江山社稷。清朝当时已经风雨飘摇，朝廷式微，对日益坐大的地方已经没有多少控制力，全靠慈禧太后炉火纯青的统治艺术来维持着对地方的控制。即使如此，在光绪二十六年（1900年）的庚子事变中，慈禧太后向十一国宣战后，两江总督刘坤一、湖广总督张之洞、两广总督李鸿章、闽浙总督许应骙、四川总督奎俊、铁路大臣盛宣怀、山东巡抚袁世凯随即和各参战国达成协议，称为东南互保，并且称皇室诏令是义和团挟持下的"矫诏"和"乱命"。东南各省违抗慈禧太后支持义和团的命令使清廷颜面扫地，清朝对地方的控制也进一步被削弱。在这种情况下，按理说立一位年富力强者为皇帝才是正确的选择，慈禧太后却选择了年幼的小皇帝溥仪以及仁厚的摄政王载沣，他们并非雄才大略之人，隆裕太后亦是无才略之人。此时的清廷权力分散，更是没有可以身负重任之人，这样的政治安排根本应对不了王朝末世的局面，遇到真正的挑战只会不堪一击。最后事实证明确实如此，这样的政治安排极大加速了清朝灭亡。

庚子事变时国都再次被破也没有打醒清朝。所谓的清末新政，也并没有真正地改革清朝的腐朽体制，所谓的君主立宪制更是一场彻头彻尾的骗局，实际上清廷丝毫不愿放权，朝廷依旧打着各种改革的名义固执地走在旧轨道之上，统治集团明知清朝不改革会亡国，但是亡国也不愿改革，彻底从上到下失去了民心。开明之士看透了清朝无可救药的本质，只能通过武装暴力推翻。因此，1911年辛亥革命爆发，清朝统治集团惊慌失措，毫无应对之法，于是在袁世凯的连哄带骗下，清朝于1912年灭亡。

这个中国历史上最后的王朝，在历史上留下了太多的篇章，有辉煌有耻辱。清朝是封建王朝最后的辉煌，它不幸地遇到了三千年未有之变局，彻底暴露出自我封闭处处顽固不化的本质。清朝所有的进步都是挨打之后的痛定思痛，但是伤疤总是好得太快，所谓的学习也只是学到了皮毛，不过是自欺欺人。最终清朝在一场场的骗局中，成为历史的尘埃。